교사들의
에듀테크
활용 Bible 바이블

머리말

　　디지털 전환이 가속화되면서 에듀테크는 교육 분야에서 많은 주목을 받고 있습니다. AI 디지털교과서 도입 정책과 교사 주도의 교실혁명의 물결은 에듀테크의 높아진 지위를 실감하게 합니다.

　　디지털 전환이 가속화되면서 에듀테크가 교육의 효과성을 얼마나 높일 수 있는지에 대한 객관적인 증거가 더욱 중요해지고 있습니다. 이러한 증거는 현장에서 직접 확인되고 수집되어야 하며, 현장의 목소리는 에듀테크의 실제적 가치를 평가하는 가장 신뢰할 수 있는 근거가 됩니다. 이 증거가 풍부해질수록 기업은 더 나은 솔루션을 설계할 수 있고, 연구자는 의미 있는 데이터를 확보하며, 교사들은 수업 개선을 위한 구체적인 전략을 세울 수 있습니다.

　　이 책은 그 증거에 대해 이야기합니다. 특히 가장 중요하다고 생각되는 현장의 사례와 목소리를 담는 데 집중했습니다.

　　이 책은 두 주체를 위해 쓰여졌습니다. 첫째로 선생님에게 유용한 에듀테크를 소개하고, 현장에서의 구체적인 사례를 통해 수업 개선을 위한 다양한 아이디어를 제공하기 위해 쓰여졌습니다. 이를 통해 선생님들은 자신만의 에듀테크 활용 전략을 수립하는 데 실질적인 도움을 받을 수 있을 것입니다.

　　둘째로, 기업에게 현장의 목소리를 들려주고자 쓰여졌습니다. 기업은 이 책을 통해 실제 교실에서 어떤 제품과 서비스가 교육 혁신에 기여하고 있는지, 또한 현장에서 요구하는 개선점이 무엇인지에 대한 중요한 통찰을 얻을 수 있을 것입니다. 이러한 피드백은 기업이 더욱 현장 친화적이고 효과적인 솔루션을 설계하는 데 중요한 기반이 될 것입니다.

이 책이 탄생하기까지 애써주신 에듀테크스쿨의 대표 집필진 김은해 선생님, 김혜민 선생님, 원정민 선생님, 유수근 선생님, 이다봄 선생님, 이세미 선생님께 깊이 감사드립니다.

또한, 이 책의 기획을 맡아주신 이티에듀와 신혜권 대표님, 그리고 에듀플러스에도 깊은 감사의 말씀을 올립니다.

에듀테크스쿨의 초창기부터 소중한 파트너로서 함께해 주신 모든 분들 덕분에 이 책이 빛을 볼 수 있었습니다.

이 책이 많은 선생님과 교육 관계자분들께 유익한 길잡이가 되기를 바랍니다.

에듀테크스쿨 대표
엄태상(전주자연초 교사)

차례

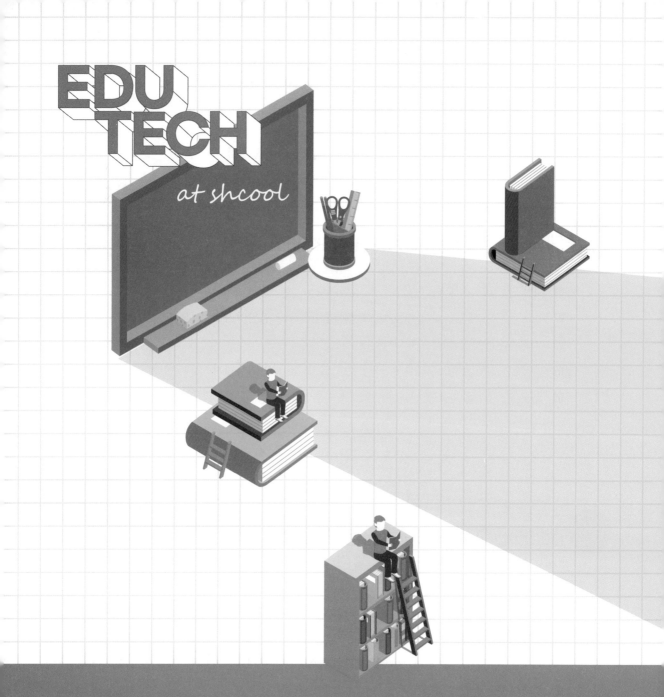

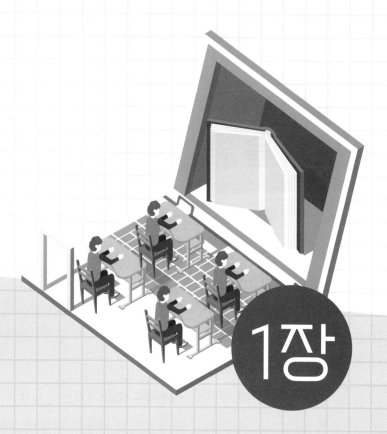

에듀테크와 AI, 교육의 미래를 설계하다

1장

01

에듀테크,
'교육'을 위한 기술

동덕여고
김재남

우리는 각자의 가치관과 태도라는 이정표를 따라 삶의 방향과 방식을 결정합니다. 이러한 삶의 이정표를 찾아가는 과정이 바로 '교육'입니다. "배운 대로 산다"라는 말이 시사하듯, 교육은 일상의 작은 선택부터 개인과 사회 구성원으로서의 장기적 성장까지 이끄는 인간적, 사회적 발달의 원동력입니다.

과거의 교육은 '무엇'을 가르치고 배울 것인지에 집중했습니다. 평균적인 학습자의 수준에 맞춰 학업 역량 향상을 목표로 학습 내용의 '전달'에 초점을 두었기에, 특정 학습자에게는 최적일 수 있으나 다른 학습자들의 필요는 충분히 고려하지 못했습니다. 하지만 현대 교육은 이전과는 다른 방향으로 발전하고 있습니다. 단순히 '무엇'을 가르칠 것인가에서 나아가, '어떻게' 효과적으로 가르치고 배울까에 초점을 맞추고 있습니다. 특히 인공지능과 디지털 기술은 '모두를 위한 맞춤 교육'을 현실로 만들어 가고 있습니다. 각 학습자의 개별 특성과 요구를 고려한 교육을 할 수 있는 것입니다. 단순한 지식 전달을 넘어 깊이 있는 이해와 실제적인 학습이 학생들의 현재와 미래의 삶에 유의미한 영향을 주고 있습니다. 이렇게 모두를 위한 맞춤 교육을 가능하게 하는 도구가 바로 '에듀테크(educational technology)', 즉 교육 기술입니다.

2020년대에 들어서면서 COVID-19 팬데믹으로 인해 교육 환경에 큰 변화가 일어났고, 에듀테크는 폭발적으로 발전했습니다. 에듀테크 서비스와 제품의 수가 해마다 몇 배씩 늘어났을 뿐만 아니라, 교수 자료, 평가와 피드백, 교사나 학생 지원 도구처럼 다양한 용도와 목적에 맞게 서비스와 제품이 세분화, 체계화되었습니다. 또한 에듀테크를 적용한 서비스와 제품에 대한 연구뿐 아니라 교육 현장에서의 활용성을 높이기 위한 연구와 정책도 늘어나고 있습니다.

다양한 요소로 인해 교실과 수업의 모습이 달라지는 것을 보고 접하며 많은 물음이 떠올랐습니다. 더 나은 수업을 위해 에듀테크를 어떻게 활용해야 할까요? 인공지능과 더불어 디지털 시대를 살아가는 우리는 어떤 마음가짐과 비전을 지녀야 할까요? 어떻게 하면 학생들의 배움과 성장을 진정으로 도울 수 있을까요? 매일 변하는 교육 현장에서 다양한 학생들과 함께 배우고 성장하는 교육자로서 이러한 질문에 대한 생각을 나누고자 합니다.

2023년 유엔 산하 교육·과학·문화 기구인 유네스코는 "교육에서의 기술, 누구를 위한 도구인가?"라는 제목으로 세계교육 현황보고서[*]를 발표했습니다. 이 보고서는 "디지털 기술이 교육을 변화시켰으나 완전히 바꾸지는 않았다(Digital technology has changed but not transformed education.)."라고 밝히며, 에듀테크의 영향에 대한 공정한 증거 부족, 에듀테크 활용 교육에 대한 접근의 불평등, 안전과 웰빙을 위한 규제의 필요성을 포함한 여러 메시지를 전했습니다. 또한 보고서는 교내 휴대전화 사용을 금지한 여러 국가의 사례를 들며 학교에서 스마트폰을 포함한 디지털 기술과 도구를 제한적으로 사용할 것을 촉구했습니다.

유네스코의 메시지에서 알 수 있듯이 디지털 기술은 긍정적 효과와 함께 부정적 영향을 교육 환경에 가져왔습니다. 인공지능을 활용한 여러 기능이 더해지며 디지털 윤리와 관련한 문제도 대두하고 있습니다. 생성형 인공지능을 비롯한 디지털 기술 서비스와 제품이 교육 현장에서 점점 더 영향력을 높여가고 있습니다. 이러한 상황에서 에듀테크와 교육에 주어진 과제는 무엇일까요?

첫째, '교육'을 위한 에듀테크를 만들고 그것을 제대로 활용하는 것입니다. 이를 위해 에듀테크 서비스와 제품의 교육적 효과를 판단할 공정한 증거(evidence)가 필요합니다. 국내외 여러 교육 연구 기관은 이미 에듀테크 증거 이론과 확보 절차를 체계적으로 구축해 두었기에 앞으로 이러한 증거를 충분히 확보할 수 있을 것입니다.

핵심은 증거의 양보다 질을 갖추는 것입니다. 교육적 효과성은 교수자, 학습자, 교육

---

[*] UNESCO(2023). Global education monitoring report 2023: Technology in education: A tool on whose terms?

환경을 포함한 수많은 요인을 종합적으로 고려할 때 명확히 판단할 수 있습니다. 에듀테크 생태계의 세 주체인 기업, 교육자, 연구자가 협력하여 에듀테크를 연구, 개발, 실증하는 과정의 정착이 필요한 이유가 여기에 있습니다. 이 과정을 통해 양질의 증거를 확보하고, 제대로 에듀테크의 효과성을 분석한 다음에 다양한 교육 환경에 맞는 서비스와 제품을 선별적으로 적용해야 합니다. 어떠한 서비스나 제품도 개발과 동시에 완성할 수는 없으므로 지속해서 사용자 의견을 듣고 개선하는 과정이 뒤따라야 합니다. 그래서 '교육'을 진정으로 돕는 에듀테크를 만들고 제대로 활용하려면 에듀테크 개발자, 사용자, 연구자 모두가 협력하는 생태계의 활성화가 중요합니다.

에듀테크 생태계 활성화를 주도하는 대표적인 기관 중 하나는 에듀테크 소프트랩입니다. 국내 여러 지역에서 운영하고 있는 에듀테크 소프트랩은 학교 현장과 에듀테크 기업을 이어주고, 공교육에 적합한 에듀테크를 개발하여 활용할 수 있도록 지원합니다. 또한 이 전문기관은 에듀테크 적합성 검증을 위한 실증 프로그램 운영뿐 아니라 다양한 교육 관계자를 대상으로 디지털 전환을 위한 연수와 체험 기회도 제공합니다. 에듀테크 소프트랩과 같은 교육 연구 기관을 통해 축적한 공정한 증거들은 실제 교육적 효과성을 갖춘 에듀테크가 안정적으로 자리 잡도록 도울 것입니다.

둘째, 어느 누구도 예외 없이 성장할 수 있도록 돕는 것입니다. 교육 기술은 너무나 빠르게 변화하고 있습니다. 그 속도를 따라가지 못하는 학생, 교사, 학부모가 소외되지 않도록 주의해야 합니다. 스마트 기기와 기술이 더욱 널리 보급되어 활용도가 높아질수록 그 반대편에서는 점점 더 많은 이들이 어려움을 호소하고 있기 때문입니다.

따라서 다양한 학습자의 필요와 특성을 고려하는 보편적 학습 설계(Universal Design for Learning)를 기본으로 하여 다양성, 형평성, 포용성(Diversity, Equity, Inclusion)의 핵심 가치를 반영하는 에듀테크와 교육 환경을 조성해야 합니다. 보편적 학습 설계의 3가지 원칙은 다양한 참여 방법, 다양한 표상 방법, 다양한 행동과 표현 방법의 제공입니다. 이에 더하여 '다양한 사용자들이 특정한 환경, 정보, 서비스 또는 제품을 손쉽게 이용할 수 있는 정도'를 뜻하는 접근성(accessibility)을 확보하는 것은 특정 사용자만이 아니라 모두에게 이롭다는 사실을 잊지 말아야 합니다.

더 나아가 전환을 위한 보편적 설계(Universal Design for Transition)를 교육에 적용할 필요가 있습니다. 이것은 보편적 학습 설계(UDL)의 3가지 원칙에 다양한 평가 방법, 자기 결정, 다양한 생활 영역, 다양한 자원과 관점의 4가지 원칙을 추가하여 학생들이 학교를 떠난 이후에도 삶을 준비할 수 있도록 지원하는 교육적 틀입니다. 전환을 위한 보편적 설계를 더욱 실질적으로 연구하여 교육 현장에 적용한다면 모든 학습자가 교육과정을 마치고 성공적으로 사회로 진출할 수 있도록 도울 수 있습니다. 학교 교육을 넘어 평생 교육에 이르기까지 에듀테크는 효과적인 학습과 성장을 돕는 매우 유용한 도구가 될 수 있습니다.

요컨대 보편적 학습 설계와 전환을 위한 보편적 설계의 핵심은 다양성이라고 할 수 있습니다. 학습자의 다양성을 충분히 수용하고, 각자 원하는 방법으로 생각을 표현하고 평가받을 수 있도록 학습을 설계하는 것이 핵심입니다. 그래서 저는 수업에서 피그잼(FigJam)과 같은 협업 및 소통을 위한 에듀테크 도구를 사용합니다. 글, 도표, 사진, 영상과 같은 여러 형태로 학습 자료를 제시하고, 글뿐만 아니라 손 그림, 목소리 녹음, 이모티콘을 포함한 다양한 방식으로 학생들이 자기 생각을 표현할 수 있도록 합니다. 배움의 모습은 학생마다 다를 수 있음을 인정하는 것입니다. 또한 학생들이 배운 내용을 자기 삶과 연계하여 친구

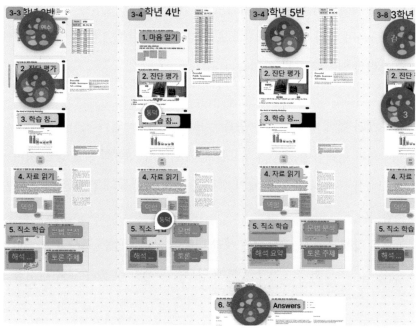

그림 1-1-1 협업 및 소통을 위한 에듀테크 도구 피그잼(FigJam)을 활용한 개별, 모둠학습 자료

들과 함께 토론하고 성찰하며 배움을 더 의미 있게 성장으로 이어갈 수 있도록 돕습니다.

셋째, 주도성(agency) 확립에 이바지하는 것입니다. 경제협력개발기구(OECD)[*]에 따르면 학생 주도성(student agency)의 개념은 학생들이 '자기 삶과 주변 세상에 긍정적 영향을 미칠 능력과 의지가 있다'라는 원칙에 기반합니다. 여기에서 주도성은 '책임감 있게 행동하는 능력'을 뜻하며, 개인과 사회에 이익이 되도록 주도성을 적용하기 위해 학생들에게 기초적인 '인지·사회·정서적 기술'이 필요하다고 밝히고 있습니다. 학생들이 주도적으로 배우고 그 배움을 삶에 연계할 수 있는 교수 학습 설계에도 에듀테크는 큰 역할을 할 수 있습니다. 그동안 물리적, 공간적, 시간적 제약으로 구현하기 어려웠던 학습 방식을 가능하게 하고, 역량을 키울 지원 체계를 제공할 수 있기 때문입니다.

학생들의 주도성을 키우기 위한 가장 기본적인 단계는 학생들의 관심사와 개별적인 특성을 수업에 반영할 수 있는 기회를 열어주어 학생들이 수업을 함께 만들어 가도록 참여시키는 것입니다. 그래서 저는 학생들이 수업 활동에 대한 의견을 제시하고 자신의 감정과 생각을 돌아볼 수 있도록 패들렛(Padlet)과 같은 의견 나눔 및 소통을 돕는 에듀테크 도구를 사용합니다. 학생들은 수업에서 다루고 싶은 주제를 제안하고, 주제별로 생각을 정리한 후 친구들과 나누며 자신이 수업의 주체라는 점을 깨달을 수 있습니다. 주도적 학습 경험을 바탕으로 학생들은 수업의 주요 구성원으로서 자기 삶과 더불어 다른 이들의 삶에 긍정적 영향을 미칠 능력과 의지를 키울 수 있습니다.

학생 주도성과 함께 유념할 것은 공동 주도성(co-agency)입니다. 이 개념은 학생, 교사, 학부모, 지역사회가 협력하여 공동의 목표를 향해 나아가도록 '학생'을 돕는 것이 중요함을 강조합니다. 교육을 구성하는 네 주체의 협력은 우리 학생들의 진정한 성장과 발달에 꼭 필요한 요소입니다.

마지막으로 학생 주도성, 공동 주도성과 더불어 살펴볼 것은 교사 주도성(teacher agency)입니다. 교육 전문가로서 주도적으로 본래 임무를 수행할 수 있는 교육 환경을 조성한다

＊ OECD(2019). Student agency for 2030: OECD future of education and skills 2030 concept note.

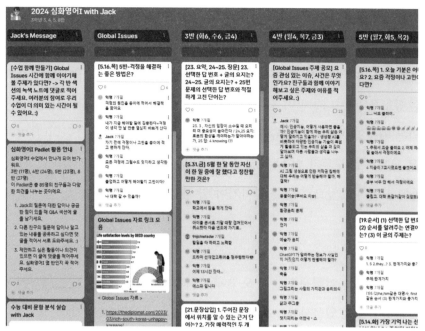

그림 1-1-2 의견 나눔 및 소통을 위한 에듀테크 도구 패들렛(Padlet)을 활용한 수업 자료

면 교사는 단순한 지식 전달자가 아니라 수업의 방향 설정, 학생과의 상호작용, 다양한 교수법 적용을 통해 적극적으로 학습을 돕는 역할을 성공적으로 해낼 수 있습니다. 교사 주도성을 높이는 가장 대표적인 사례는 전문 학습공동체라고 할 수 있습니다. 학교 안과 학교 밖 교원 학습공동체를 통해 교사가 스스로 무엇을 배우고 싶은지 결정하고, 동료 교원과 협동하여 학습하면서 교육 전문성을 키우는 것입니다. 유념할 것은 교사 주도성을 확립하려면 개인 차원을 넘어서 사회적, 정책적인 지원도 필요하다는 점입니다. 그래서 2024년 교육부가 발표한 교원역량개발지원 제도 도입은 교사에게 필요한 역량을 진단하고 개발을 돕는 전문적 지원 차원에서 큰 의미가 있다고 볼 수 있습니다. 교사의 자발적 성장을 위한 환경 조성은 곧 교육 발전의 초석을 다지는 일이기 때문입니다.

지금도 교육은 디지털 기술을 통해 끊임없이 진화하고 있습니다. 그리고 우리는 생성형 인공지능과 같은 첨단 기술이 교육 현장에 도입되면서 교육의 본질과 혁신 사이에서 적절한 균형점을 찾아야 하는 시점에 서 있습니다. 이제 교육의 진정한 의미와 목적을 다시 한번 분명히 되짚어볼 때입니다. 앞서 밝혔듯 교육은 삶의 이정표를 찾아가는 과정입니다.

따라서 기술이 발전할수록 오히려 인간다움이란 무엇인지에 더 집중하게 됩니다. 오늘의 교육이 내일 우리의 삶을 만든다는 점에서 교육 기술의 발전이 가져올 미래는 우리가 지금 어떤 선택을 하느냐에 달려있습니다. 그 선택의 과정에서 기술은 학습자들이 스스로 길을 찾아갈 수 있도록 돕는 나침반이 되어야 합니다. 또한 교육자와 학습자가 함께 만들어 가는 의미 있는 배움의 여정에서 에듀테크는 든든한 징검다리가 되어야 합니다. 마침내 우리는 더 나은 교육으로 '모두가 더 나은 삶을 살 수 있는 세상'을 만나고 있습니다. 이러한 맥락에서 함께 고민하고 앞으로 답을 찾아가야 할 세 가지 핵심 질문을 나누며 글을 마무리하고자 합니다.

첫째, 에듀테크는 어떻게 단순한 도구에 그치지 않고 교육의 본질적 가치를 실현하는 진정한 조력자가 될 수 있을까요?

둘째, 디지털 격차가 새로운 교육 불평등으로 이어지지 않으려면 우리는 어떤 노력을 기울여야 할까요?

셋째, 학생, 교사, 학부모, 지역사회의 공동 주도성(co-agency)을 확립하고 모두 함께 성장하기 위해 각자 어떤 역할을 할 수 있을까요?

'교육을 위한 기술(technology)'이자 '교육을 실현하는 기술(skill)'인 에듀테크로 우리 모두의 삶이 더 나아지는 내일을 그려봅니다.

02

에듀테크를 활용하여
사회로 나아갈 준비하기

슬기초
권예은

다양한 요구와 수준의 학생들이 모여 학습하는 특수학급에서는, 국어와 수학 등 교과 수업은 물론, 학생들이 독립적인 삶을 영위하도록 돕는 다양한 기본 생활 습관, 사회 적응 교육 등을 실시합니다. 최근에는 요즘 시대 상황에 맞추어 디지털 관련 학습이 필수 교육 과제로 떠오르고 있습니다.

디지털 세계의 발전은 우리 사회를 급격히 변화시키고 있으며, 이러한 변화로 학생들 삶의 형태에도 변화가 생기고 있습니다. 발전된 디지털 기술 덕분에 편리하고 질 높은 삶을 영위할 수 있게 되었으나 장애인, 노인 등 디지털 취약계층의 삶은 이전보다 더 어려워지고 있는 것이 현실입니다.

학교에서는 이러한 사회의 변화 흐름에 맞추어 디지털 활용 기술, 키오스크 활용 방법, 안전한 전자 상거래 방법 등 학생의 자립 생활을 돕는 기술 등을 지도해야 합니다. 특히 키오스크는 공공장소와 상업시설 설치 비율이 늘어 학생들은 많은 장면에서 해당 기술을 마주하게 됩니다. 키오스크 활용 교육은 단순 교육의 차원을 넘어 학생들의 수동적인 삶을 능동적인 삶으로 변화시키며, 자기 결정권을 행사하며 살아갈 수 있도록 돕습니다. 또한, 타인과 소통에 제한이 있는 청각장애, 자폐성 장애 학생에게는 대면 상호작용의 부담을 줄여주는 등 학생의 삶에 긍정적 영향을 줍니다.

특수교육 대상 학생들은 학생 개개인의 특성에 맞춰 학습 내용을 반복하여 지도해야 하며, 그 학습 개념을 일반화시키기 위해 실제 상황에서 연습하고 익혀야 하는 경우가 많습니다. 하지만, 학교의 여건 등으로 모든 상황과 장면을 만들어 줄 수 없습니다. 이러한 현실적인 제약 속에서 학생들의 능동적인 소비 활동을 돕기 위해 어떤 방법으로 필요한 기술을 지도할 수 있을까요? 이러한 현실적인 어려움을 돕는 에듀테크가 있습니다. 바로 '무인 정보 단말 체험 프로그램(키오스크)'입니다.

교육부 국립특수교육원에서는 특수교육 대상 학생의 디지털 정보 격차 해소와 학생들의 교육권 보장을 목적으로 무인 정보 단말 프로그램(키오스크)을 개발하였습니다. 이 프로그램은 메뉴 선택, 카드 투입, 바코드 스캔, 영수증 출력 등 실제 키오스크와 동일한 기능을 탑재하고 있어 더 유의미한 체험이 가능합니다. 학생들은 공공기관, 의료기관, 문화생활 시설, 요식업, 유통 점포, 교통 부분 등 다양한 분야의 키오스크를 체험할 수 있습니다. 또한, 학생의 개별 특성을 고려한 맞춤형 참여가 가능하도록 보편적 설계를 한 것이 큰 장점입니다. 화면 해설, 수어, 교정적 피드백, 화면 확대 등 학생의 장애 정도를 고려한 설계가 되어 있으며, 학습 참여 정도를 고려한 수준별 난이도 조절이 가능합니다. 해당 프로그램의 여러 특징과 장점을 살펴보았을 때, 특수교육 대상 학생을 위하여 개발된 프로그램이지만, 일반 학생을 대상으로 활용하였을 때도 교육적 효과가 매우 클 것이라고 예상됩니다.

그럼, 무인 정보 단말 체험 프로그램의 주요 기능과 현장의 사례를 자세히 살펴보겠습니다.

 무인 정보 단말 체험 프로그램은 어디에서 설치할 수 있나요?

 무인 정보 단말 체험 프로그램은 교육부 국립특수교육원에서 학생들 교육을 목적으로 개발된 프로그램입니다. '국립특수교육원-에듀에이블' 사이트에 접속한 후, '에듀테크-무인 정보 단말기 교육' 탭에 접속하여 설치할 수 있습니다.
무인 정보 단말 체험 프로그램은 PC, 태블릿 버전 모두 설치할 수 있으며 무료로 사용할 수 있습니다.

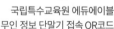

국립특수교육원 에듀에이블
무인 정보 단말기 접속 QR코드

맞춤형 활동을 구성해요

교실에는 다양한 수준과 특성의 학생들이 있습니다. 특수교육 대상 학생, 다문화 학생, 기초학습 능력 부진 학생 등 그 형태가 점점 다양해짐에 따라 교사는 학생들의 개별 요구를 고려한 수업 진행에 한계가 있습니다. 특히 학생들의 디지털 역량을 신장시키기 위한 에듀테크 활용 개별화 수업은 더 큰 부담과 현실적 어려움이 있습니다. 그러나 국립특수교육원에서 개발한 무인 정보 단말 체험 프로그램은 이러한 한계를 보완하는 맞춤형 수업 구성이 가능합니다.

먼저, 무인 정보 단말 체험 프로그램은 학생의 개별 특성과 장애 정도를 고려한 맞춤형 수업이 가능합니다. 프로그램은 모든 학생의 유의미한 참여를 돕는 다양한 기능을 포함하여 설계됐으므로 클래스 설정 시 학급 학생들의 기본 레벨을 설정하면 수준에 맞는 학습이 가능합니다.

학습 수준은 크게 두 단계로 설계되어 있어 학생들이 자신의 수준에 맞게 활동할 수 있으며, 이는 진단평가(진단 톡톡)를 통해 개별 학생의 수준이 설정됩니다. (설명에 앞서, 특수교육에서는 학생의 장애 정도와 학습 수행 능력에 따라 ㉮, ㉯, ㉰ 수준으로 나누어 교육목표 및 자료를 구성하기도 합니다.) ㉮ 수준 학생은 글자를 읽을 수 있으나 독립적으로 의미 파악이 어려워 교사의 부분적인 지원이 필요한 경우이며, ㉯ 수준은 글을 이해하기 어려우나 그림 등 시각적 자료를 제공하면 동작 모방은 가능한 전반적인 지원이 필요한 학생입니다. 해당 프로그램을 실제 활용할 당시, 저학년 특수교육 대상 학생으로 구성된 학급의 특성을 반영하여 기본 세팅을 ㉯ 수준으로 설정하였고, 오반응 시 프로그램에서 제공하는 단서를 통해 정반응할 수 있도록 설정한 후 활동을 진행하였으며 학생들이 유창하게 수행할 수 있을 때 수준을 상향 조정하였습니다.

그 외, 무인 정보 단말 체험 프로그램은 학생의 신체적 어려움으로 인한 장벽을 해소하는 음성 및 시각 단서 제공 등의 기술이 포함되어 있습니다. 눈이 보이지 않아 화면 구성을 알기 어려운 학생을 위한 화면 해설 교육 자료와 화면 확대, 음성 출력 서비스, 듣는 것에 어려움이 있는 학생을 위한 수어 해설 프로그램까지 특수교육 대상 학생의 다양한 필요가 반영되었습니다. 그 외에도, 교정적 피드백 기능 등 학생의 신체·인지적 장애로 인한 참여의 제한을 돕는 교육 자료, 기능 등이 탑재되어 있어 학생들의 적극적인 참여를 지원합니다. 실제 학급에서 글을 읽지 못하는 학생을 위해 음성 출력 기능을 활용하였는데, 이 기능이 없었더라면 교사가 학생을 개별적으로 지원하느라 개별 학생 지원으로 전체적인 수업 진행에 어려움이 있었을 것입니다.

이처럼 무인 정보 단말 체험 프로그램은 학생들의 다양한 특성을 고려하여 학습 환경을 조성할 수 있기에 특수교육 대상 학생뿐만 아니라 다문화 학생, 한글 미해득 초등학생에게도 유용하게 활용될 수 있습니다.

그림 1-2-1 **청각장애 학생을 위한 수어 해설 교육 자료**

그림 1-2-2 **클래스 수준 설정**(음성 출력, 학습 레벨 등)

무인 정보 단말 체험 프로그램은 단계학습과 자유 실습 모드로 구성되어 있는데, 특히 단계학습 모드를 활용하면 앞서 언급한 학생 수준 맞춤형 참여가 가능하여 질 높은 배움의 시간을 만들 수 있습니다. 단계학습은 '준비 톡톡', '학습하기', '실습하기', '평가하기'로 구성되어 있는데, '준비 톡톡'은 학생의 조작 능력, 무인 정보 단말 기능 이해 수준 등을 진단하여 키오스크 활용 절차, 기계의 구성 등을 학생의 수준에 맞게 제시하고, 이어서 맞춤형 평가 활동을 제공합니다. 장애 정도가 심하거나 학습 내용 이해가 어려운 학생들의 경우 반복 학습이 필요한데, 수행 능력에 따라 점차 심화된 활동 참여가 가능해지니 기능을 익히기에 매우 유익하였습니다.

맞춤형 클래스 설정은 어떻게 해야 할까요?

국립특수교육원 에듀에이블 사이트에 접속한 후 에듀테크→무인정보단말기 교육 탭을 클릭합니다. 교사용 자료 자료란에는 교사용 안내서와 함께 교육 자료 관리자 페이지 탭이 있습니다. 교육 자료 관리자 탭에 접속하여 교실 등록 후 교실 정보를 수정합니다.

교실 정보 수정 탭에서는 학생들의 기본 학습 레벨 정도, 단서 출력 시간, 음성 출력 유무 등을 선택할 수 있습니다. 학급 학생들의 구성을 고려해 맞춤 설정하여 활용할 수 있습니다.

다음으로, 무인 정보 단말 체험 프로그램에서는 **다양한 기관의 키오스크를 체험할 수 있습니다.** 프로그램에 탑재된 키오스크 사용처는 개발 단계에서부터 현장 교원을 대상으로 설문하여 선정한 만큼, 실제 학생들에게 교육해야 할 주요 기관, 점포들이 포함되어 있어 더 매력적입니다. 공공기관(도서 대출, 행정복지센터 민원 처리), 의료기관, 문화생활 시설(영화관 매표), 요식업(패스트푸드 음식 선택 및 결제), 유통 점포(무인점포, 물건 결제), 교통 부분(버스, 지하철, 비행기, 기차표 발권 등) 등 실제 학생들의 삶과 밀접하게 연관된 다양한 기관들의 키오스크를 체험할 수 있습니다.

특히, 키오스크에 탑재된 상품의 메뉴가 시중에서 판매하는 물건들로 구성되어 있어 학생들이 큰 흥미를 보였으며, 글을 읽지 못하는 학생들도 적극적으로 참여할 수 있었습니다.

그림 1-2-3 **학생 조작 능력 평가 문항**

그림 1-2-4 **키오스크 기능 학습 단계**

그림 1-2-5 **실습 모드**(대형 마트)

실제와 유사하게! 모의 체험을 해요

무인 정보 단말 체험 프로그램은 단순 기능 연습에 그치지 않고, 실제와 유사한 체험이 가능한 점이 큰 장점입니다. 태블릿 PC에 프로그램을 설치하여 실제와 유사한 형태의 키오스크로 물건을 주문하고 구매하는 연습을 할 수 있는데, 특히 교사용 교실 관리 사이트에 접속하면 학생들이 선호하는 물건 또는 마트 체험 학습에 판매할 상품 등의 콘텐츠를 업로드하여 활용할 수 있습니다. 도서관 기능을 활용 시 교실에 비치된 도서의 이미지를 등록하여 현실감 있는 활동을 진행할 수 있습니다.

특수학급에서는 학생들의 일상생활 적응을 돕기 위해 학생의 독립적인 삶 영위를 위하여 교과 내용 외 올바른 물건 구매 방법 등의 자립 기술도 지도합니다. 무인 정보 단말 체험 프로그램이 개발되기 전에는 시중에 판매하는 계산대 교구로 활동하여 단순 역할 놀이의 형태로 수업하였으며, 의미 있는 연습이 불가능했습니다. 실제 학생들은 물건을 판매하는 것이 아닌 구매하는 기술을 익혀야 하기 때문입니다. 단순 물건을 구매하는 절차에 따른 기술을 지도할 수는 있었지만, 현장(마트, 영화관)에서 이를 적용해 보았을 때 연습 시 활용했던 내용들은 실제와 방법상의 차이가 있어 현실적인 도움이 되지 못하였습니다. 특히 실제와 유사한 환경에서 수많은 반복 학습을 해야 기술을 습득하는 중증 장애 학생들에게는 학습 효과가 크지 않았습니다. 교실에서 교구를 활용하여 가상 환경을 구성한 수업을 해도, 실제 현장에서 학생들이 마주하는 환경과 너무나도 다른 상황이기 때문입니다.

반면에, 무인 정보 단말 체험 프로그램의 경우 카드 결제, 간편 결제(네이버페이, 카카오페이 등) 등 실제 결제 시 빈번하게 사용하는 기능들이 탑재되어 있어 현장 적용 시 유의미한 체험이 가능할 것으로 판단했습니다. 자신이 원하는 물건을 직접 선택하고 결제 과정에서 카드 삽입, 영수증을 출력하는 과정까지 학생들은 과제를 세분화하여 단계적으로 오랜 기간 기술을 연습하였습니다.

이후 실제 학생들과 소비자와 판매자 역할을 정하여 모의 마트 체험을 한 뒤, 실제 지역사회에 나가 키오스크를 활용한 물건 구매 체험을 했습니다. 실제 상황과 유사한 환경에서 충분한 연습을 거쳐 학생들이 활동에 쉽게 참여할 수 있었습니다. 동일 형태의 기계가

그림1-2-6　태블릿 PC를 활용한 모의 체험

아니었음에도, 학생들은 키오스크 활용 기술을 익혀 유창한 수행을 보였으며, 학생들이 학습한 기술을 일반화시키기에 매우 효율적인 프로그램이었다는 결론을 도출할 수 있었습니다.

　　이러한 교육은 학급 차원의 일회성 교육으로 끝내지 않고, 가정과 연계하여 반복 학습함으로써 학생들이 타인의 도움 없이 독립적으로 기술을 수행할 수 있도록 계획하여 진행하였습니다.

　　디지털 기술의 비약적 발전은 사회에 새로운 변화를 요구하며, 이에 발맞춰 교육 현장에서도 실질적인 자립 생활을 돕는 디지털 활용 교육이 필수 과제로 떠오르고 있습니다. 학생들에게 요구되는 디지털 활용 능력은 단순히 디지털 기계를 다루는 수준을 넘어, 키오스크를 활용한 경제생활, 앱을 활용한 로봇 청소기 가동 등 자동화된 디지털 사회 적응을 돕는 기술로 그 의미가 확장되었습니다. 소개한 무인 정보 단말 체험 프로그램은 공공기관, 의료기관, 문화시설 등 다양한 환경 체험과 단계적인 학습을 통해 학습 개념의 일반화를 돕고, 실제 사회에서의 적응력을 높여주었습니다. 이처럼 에듀테크는 단순히 교과 수업을 보조하는 역할에 그치지 않고, 학생들이 능동적이고 주체적인 삶을 살아가도록 성장시키는 데 큰 역할을 합니다.

03

에듀테크 뉴노멀 시대 속
에듀테크 리터러시

대구삼덕초
김서진

교육의 새로운 일상, 에듀테크

뉴노멀(New Normal)은 새로운 일상, 새로운 기준을 의미합니다. 큰 변화와 위기 이후에 형성되는 새로운 상황이나 환경이 기준이 되면서 일컬어지는 단어로 새롭게 태어난 변화가 일시적 현상이 아니라 장기적으로 지속될 것으로 예상되거나 기존의 관념이나 방식에서 벗어나 새로운 사고와 접근이 필요한 상황을 뜻합니다. 큰 변화 뒤에는 새로운 뉴노멀이 등장합니다.

코로나19로 온 세상이 뒤집힌 이후, 에듀테크가 교육 현장을 뒤집었습니다. 코로나로 인해 학교가 문을 닫던 초기 교사들은 교육을 이어가려는 노력의 방안으로 에듀테크를 적극적으로 활용하기 시작했고 여러 교육 콘텐츠와 온라인상에서도 학생들과 소통할 수 있는 많은 플랫폼이 발전하기 시작했습니다. 학교가 정상화되어 마스크를 벗으며 이전처럼 수업할 수 있는 지금에도 에듀테크는 사라지지 않고 뉴노멀로 자리 잡고 교육 현장에서 활용되고 있습니다. 이름하여 에듀테크 뉴노멀 시대가 도래한 것입니다.

'에듀테크(EduTech)'는 교육(education)과 기술(technology)의 융합을 통해 교육 분야에 혁신을 가져오는 다양한 도구와 방법론을 의미합니다. 에듀테크는 학생들의 학습 경험을 향상하고 교육의 접근성을 높이는 것을 목표로 합니다. 에듀테크를 활용한 교육은 온라인 플랫폼을 통해 지리적 제약 없이 누구나 교육 콘텐츠에 접근할 수 있게 되어, 다양한 배경을 가진 학습자들에게 교육의 기회를 제공합니다. 또한 상호작용성은 에듀테크의 중요한 요소입니다. 게임 기반 학습, 퀴즈, 토론 포럼 등의 요소를 통해 학생들이 능동적으로 참여하고 소통할 수 있는 환경을 조성합니다. 이를 통해 학생들은 더 깊이 있는 학습을 경험하고, 동기 부여도 향상됩니다. 더불어 교육 현장에서 중요하게 여겨지는 평가도 에듀테크를 통해 효율적으로 이루어질 수 있습니다. 데이터를 기반으로 학생들의 학습이 누적 기록되며, 최근에는 AI를 활용한 자동화된 평가 시스템과 피드백 메커니즘을 통해 학생의 성취도를 신속하게 평가하고, 필요한 지원을 즉시 제공할 수 있습니다.

사실 코로나19 이전에 에듀테크가 없었던 것은 아닙니다. 에듀테크라는 용어는 1990년대 후반부터 사용되기 시작했고 2000년대 초반 인터넷과 디지털 기술의 발전이 에듀테크의 성장에 큰 영향을 미쳤습니다. 코로나19를 극복하기 위해 이전보다 많은 교사가 에듀테크를 대중적으로 활용하며 앞서 언급한 이점들을 경험하고 지속적으로 활용하게 되었습니다. 이에 따라 온라인 교육 플랫폼과 다양한 학습 도구들이 등장하였고 최근에는 수업뿐만 아니라 생활지도, 진로 진학지도, 행정, 콘텐츠 저작까지 다양한 분야에서 더욱 발전하고 있습니다. 더욱 발전하는 에듀테크 시장과 교육 현장에서 우리는 '에듀테크(EduTech) 뉴노멀 시대(New Normal)'를 살고 있습니다.

교육현장에 fit하게, 에듀테크 실증

에듀테크 뉴노멀 시대에서 새로운 에듀테크들이 쏟아지고 있고, 기존 에듀테크들의 기능들은 나날이 발전하고 있습니다. 교육 현장에서 다양한 에듀테크들이 적용되고 각 기능이 제 역할을 수행하기 위해서는 '에듀테크 실증'의 역할이 중요합니다. 아무리 좋은 기능과 도구더라도 교육 현장과 맞지 않으면 활용될 수 없기 때문입니다.

에듀테크 실증(實證)이란 에듀테크가 실제 교육 현장에 적합한지 증명해 내는 작업입니다. 에듀테크 실증 작업을 통해 교사가 대상이 되는 에듀테크를 수업에 적용해 보고 교육과정 적합성이나 교육 효율성 등 다양한 항목을 따져 개선해야 할 기능들을 요구하면 기업에서 이를 반영해 줌으로써, 에듀테크는 교육 현장에서 더 실용적이고 효과적으로 발전할 수 있습니다. 또 대상 에듀테크의 수업안이나 수업 활용 가이드라인을 만들어 더 많은 교육 현장에서 쉽게 활용될 수 있도록 도울 수 있습니다. 필자 또한 미리캔버스, 자작자작, 핑퐁 로봇 등 플랫폼부터 피지컬 컴퓨팅 로봇까지 교육과 관련된 기술이나 도구 범위에 속하는 에듀테크 실증에 참여하여, 수업에 에듀테크를 활용하면서 학생들 수준에 적합한 난이도나 수업에서 요구되는 사항들을 고려하여 기능이 신설 또는 개선될 수 있도록 피드백하고 이를 기업에서 반영해 준 경험이 있습니다.

에듀테크 실증을 위해 전국의 교사들이 자발적으로 모여 '에듀테크 스쿨'이라는 연구회를 꾸렸으며, 각 시도교육청이 주관하고 관련 기관들이 운영하는 '에듀테크 소프트랩'이 구축되었습니다. 에듀테크 실증 사업에 참여하는 교사들은 학교 현장과 에듀테크 기업을 연결하여 공교육에 적합한 에듀테크가 개발되고 활용될 수 있도록 지원하는 역할을 합니다. 에듀테크 품질 및 공교육 적합성을 검증하고, 기업과 함께 개선하는 실증 프로그램 운

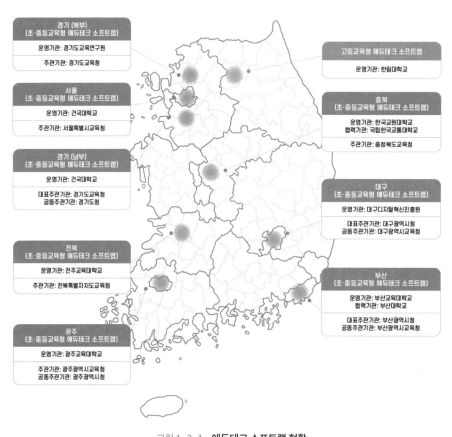

그림 1-3-1 **에듀테크 소프트랩 현황**
출처 케리스 홈페이지, https://www.keris.or.kr/main/cm/cntnts/cntntsViewPop.do?cntntsId=1681

영하는 것입니다. 이를 바탕으로 공교육 내 잠재적인 수요가 있지만, 개발된 에듀테크가 많지 않은 분야의 에듀테크 개발 및 도입을 장려할 수 있습니다.

필자 또한 에듀테크 스쿨 연구회와 에듀테크 소프트랩, 에듀테크 실증전문가 양성 연수 등을 통해 다양한 에듀테크 기업들과 매칭되어 실증할 기회가 있었습니다. 실증 사업을 수행하면서 다양한 에듀테크들의 숨겨진 기능들을 많은 선생님이 몰라서 못 쓰시는 경우도 많고, 조금만 개선하면 수업에서 더 효율적으로 활용될 수 있을 것으로 생각되는 부분도 많았습니다. 실증 사업의 가장 큰 장점은 수업에서 적용해 보고 어려움이 생기거나 부족한 점을 기업과의 직접적인 협의를 통해 개발 및 보완 방향을 함께 설정할 수 있다는 것입니다. 이러한 에듀테크 실증 사업을 통해 다양한 분야의 에듀테크들은 더욱 발전하며 교사들이 수업에서 활용할 수 있는 도구 선택의 폭도 확대되고 있습니다.

그림 1-3-2 에듀테크 소프트랩을 중심으로 하는 공교육 에듀테크 생태계
출처 교육부 블로그 https://m.blog.naver.com/moeblog/223361592972

에듀테크 뉴노멀 시대 속, 에듀테크 리터러시

다양한 분야에서 발전하고 쏟아지는 에듀테크가 실제 수업에서 유용한 도구로 적용되기 위해서는 교사가 사전에 계획한 수업 내용 특성에 적합한 에듀테크 도구들을 검토·비교하여 선택하는 과정이 필수적입니다. 교사들은 급격히 발전하고 확대된 에듀테크 시

장에서 어떤 에듀테크 도구를 선택해서 수업할지를 고민하고 수업의 목적과 주제에 적합한 기능이 탑재되어 효율적으로 활용할 수 있는 에듀테크 도구를 선택할 수 있어야 하며, 학생들 또한 수업 중 탐구 문제를 해결하기 위해, 교사와 함께 여러 수업에서 익혔던 다양한 에듀테크 도구 중 최적의 도구를 떠올리고 활용해야 합니다.

이때 필요한 능력이 '에듀테크(EduTech) 리터러시(Literacy)'입니다. 각 에듀테크 도구의 기능을 이해하고 목적에 맞게 활용하는 능력입니다. 리터러시(Literacy)는 문해력이라는 뜻으로, 문자로 된 기록을 읽고 거기 담긴 정보를 이해하는 능력을 뜻합니다. 최근에는 리터러시 앞에 여러 단어를 붙여 새롭게 이름 지어진 능력들이 많습니다. '미디어 리터러시', 'AI 리터러시' 등은 비슷한 맥락에서 생겨나고 활용되는 단어들이며 크게 '디지털 리터러시'에 포함됩니다. '디지털 리터러시'는 새롭게 개정된 2022 개정 교육과정에서도 매우 중요하게 다루어지는 능력입니다.

다양한 에듀테크들의 예로, 저작 활동에 특화된 캔바, 미리캔버스, 망고보드, 투닝, 온라인 환경에서의 협업 및 쌍방향 소통에 특화된 패들렛, 띵커벨, 구글 플랫폼, 퀴즈에 특화된 카훗, 멘티미터, 퀴즐렛, 생활지도 및 과제 관리에 특화된 다했니/다했어요, 아이스크림

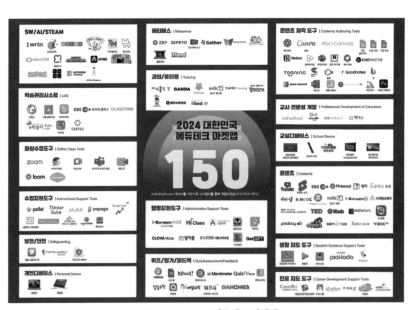

그림 1-3-3 **2024 에듀테크 마켓맵**
출처 러닝스파크 AskEdTech.com

하이클래스, 클래스팅 등의 도구가 있습니다. 러닝스파크에서는 이러한 다양한 분야의 에듀테크들을 분류한 에듀테크 마켓맵을 제작하기도 했습니다. 교사와 학생들은 다양한 분야의 에듀테크 도구의 기능들을 이해하고, 자신이 활용할 수업이나 과제 해결의 성격과 목적에 따라 유용하게 선택할 수 있어야 합니다.

에듀테크 뉴노멀 시대에서 교사와 학생이 각 에듀테크 도구의 기능을 이해하고 목적에 맞게 활용하는 능력 에듀테크 리터러시를 가져야 하는 이유를 정리하면 다음과 같습니다.

첫째, 효율적인 학습 지원이 가능합니다. 교사와 학생이 에듀테크 도구의 기능을 이해하면, 학습 자료를 효과적으로 활용하고 학습 과정을 효율적으로 관리할 수 있습니다. 둘째, 개인 맞춤형 학습을 돕습니다. 에듀테크 리터러시는 학생들이 자신의 학습 스타일과 필요에 맞는 도구를 선택하고 활용할 수 있게 해줍니다. 이는 학습의 질을 높이는 데 기여합니다. 셋째, 정보 분석 및 비판적 사고 능력을 향상시킵니다. 다양한 정보가 넘치는 시대에서, 에듀테크 리터러시는 교사와 학생이 정보를 비판적으로 분석하고 평가하는 능력을 기르는 데 도움을 줍니다. 넷째, 협업 및 소통 능력 향상합니다. 디지털 도구를 사용한 협업은 학생들이 학교 외의 다양한 환경이나 사회에 진출하여서도 타인과 소통할 때 필수적으로 사용됩니다. 에듀테크 리터러시는 효과적인 소통과 협력을 가능하게 합니다. 마지막으로 창의성과 문제 해결 능력을 개발할 수 있습니다. 자신이 선택한 에듀테크 기술을 활용하여 창의적인 아이디어를 제시하고 문제를 해결하는 과정에서 에듀테크 리터러시는 중요한 역할을 합니다.

에듀테크 뉴노멀 시대 환경에서 살아가는 교사와 학생들에게 에듀테크 리터러시는 변화된 교육 현장에서 성공적으로 학습하고 미래 사회에 적응하여 주어진 과제들을 해결할 수 있도록 돕는 필수적인 역량입니다.

학급에서 활용할 에듀테크를 선정할 때 고려해야 할 사항에는 무엇이 있나요?

 에듀테크 실증 평가항목을 참고하여 학급에서 사용하는 디바이스, 학생들의 수준이나 에듀테크 활용 능력 등을 고려하여 선정하면 좋을 것 같습니다.

요소	평가 항목	평가 문항
교육적 요소	교육과정과의 연계성	• 교육과정 내용과 연계되거나 부합하는가?
	활용 확장성	• 학습 진행에 도움이 되는 내용이나 기능이 지원되는가? • 학습자와 학습 내용 간 상호작용 요소로 구성되어 있는가?
	콘텐츠의 다양성	• 다양한 교육 방법이 지원되는가?
	콘텐츠의 적합성	• 콘텐츠 내용이 정확하고 일관성 있는가? • 콘텐츠 내용 수준이나 난이도가 적절한가? • 콘텐츠의 분량이 적절한가?
	역량 함양	• 교과 또는 핵심 역량을 함양할 수 있는가?
	학업성취도	• 학업 성취도 향상 및 지식 습득의 유용성에 기여하는가?
	흥미/동기유발	• 학생들의 흥미와 학습 동기를 유발하고 지속하는가? • 학습의 몰입도에 기여하는가?
기술적 요소	기능성	• 계정이 연동되는가?(구글/네이버 등) • 교사의 계정 관리 권한이 있는가?(탈퇴 및 일괄 가입)
	안정성	• 특정 상황에서 멈추었던 기능이 정상적으로 회복되는가? • 작업의 자동저장이 가능한가? • 사용자 활용 환경에서 적절한 로딩속도가 지원되는가?
	호환성	• 네트워크 변경 시 정상적으로 동작하는가? • 다양한 환경에서 오류없이 동작하는가?
	사용성, 사용자 편의성	• 사용자가 직관적으로 이해할 수 있는 쉬운 기능을 제공하는가? • 기존 경험으로 제품을 쉽게 사용할 수 있고, 사용할 때 예상 결과대로 동작하는가? • UI가 앱이나 웹에서 자연스럽게 보이는가?
	접근성	• 사용자 누구든 다양한 환경(모바일/크롬북/iOS/안드로이드)에서 사용 가능한가?

04

AI 시대에 필요한 문해력 'AI 리터러시(인공지능 문해력)'

대구월배초
김태현

AI 시대에 필요한 AI 리터러시

리터러시(문해력)란 사전적으로 '문자를 읽고 쓸 수 있는 일 또는 그러한 일을 할 수 있는 능력'을 의미합니다. 인간에게 리터러시는 중요한 인지 능력 중 하나로, 교육, 업무, 일상 등 다양한 생활에서 필수적인 능력입니다. 올바른 리터러시를 통해 필요한 정보를 추출하고 습득하여 그것을 적절하게 활용함으로써 문제를 효과적으로 해결할 수 있기 때문입니다.

그러나 리터러시는 시대의 변화에 따라 그 형태와 방식이 지속적으로 진화하고 있습니다. 특히 현대사회에서는 다양한 형태의 리터러시가 요구됩니다. 디지털 기술의 발전으로 정보의 양이 급증하고 그 형태도 다변화됨에 따라, 개인은 단순한 읽기와 쓰기 능력을 넘어서는 '그 이상의 능력'을 가져야 합니다. 예를 들어 디지털 리터러시는 컴퓨터와 인터넷을 사용하여 필요한 정보를 검색하고, 소셜 미디어에서 소통 및 협업하며, 온라인 상황에서 윤리적 판단을 내릴 수 있는 능력까지 포함합니다. 또한, 하루에도 수많은 미디어 콘텐츠와 마주하는 요즘 미디어 리터러시는 현대인이 갖추어야 할 필수 역량이 되었습니다. 다양한 매체에서 단순히 콘텐츠를 소비하는 것을 넘어서 매체 속 메시지의 의미와 목적을 이해하고 정보의 진위를 평가하는 능력까지 갖추어야 합니다.

이러한 변화는 우리가 살아가는 사회의 복잡성과 정보의 양이 증가함에 따라 더욱 두드러지며, 교육 시스템에서도 이러한 다양한 형태의 리터러시를 강조해야 할 필요성이 커지고 있습니다. 현대사회에서 성공적으로 살아가기 위해서는 다양한 리터러시 능력을 함양하는 것이 필수적이며, 이는 개인의 성장뿐만 아니라 사회의 발전에도 크게 기여할 것이기 때문입니다.

최근에는 ChatGPT의 등장과 함께 하룻밤 사이에도 놀라울 만큼 발전된 생성형 AI 기반의 서비스들이 쏟아지고 있습니다. 생성형 AI의 등장은 기술, 경제, 사회, 문화 등 다양한 분야에 걸쳐 큰 변화를 가져왔고 그 영향력 또한 확장되고 있습니다. 즉, 우리는 말 그대로 AI 시대에 살고 있으며, 이러한 AI 시대에 발맞추어 새로운 문해력 또한 필요해졌습니다. 바로 인공지능에 대해 이해하고 활용할 줄 아는 능력을 의미하는 'AI 리터러시(인공지능 문해력)'입니다. AI 리터러시란 AI의 작동 원리, 활용 방법, 윤리적 고려 사항 등을 이해하고, AI 도구와 기술을 적절하게 활용할 수 있는 능력이라 할 수 있습니다. 예전의 문해력은 '문자'를 읽고 쓸 줄 알아야 했다면 AI 시대에는 '인공지능'을 새로운 문자처럼 이해하고 쓸 줄 알아야 한다는 것을 의미합니다.

AI 리터러시 핵심 역량[*]

그렇다면 AI 리터러시를 갖추기 위한 세부 핵심 역량에는 어떤 것들이 있을까요? 첫 번째로는 'AI 이해' 역량입니다. AI 관련 제품이나 서비스를 사용하면서 AI 기술을 식별하고 이해하는 능력을 의미합니다. 사용자가 AI의 기본 개념과 작동 방식을 알고, 다양한 AI 기술이 어떻게 적용되는지 이해하는 것을 포함합니다. 교사는 챗봇, 추천 알고리즘, 이미지 인식 기술 등의 AI 응용 프로그램을 통해 실제로 학생들이 AI 기술들을 경험하게 하고 이러한 기술

그림 1-4-1 **AI 리터러시 핵심 역량**

[*] 챗GPT 시대, 인공지능 리터러시의 필요성과 역할(장미경, 2024.04.30.) 한국과학창의재단 KOFAC 이슈페이퍼(2024.4호) 일부 발췌 및 참고

이 어떻게 작동하는지 인식할 수 있도록 하는 과제를 제공함으로써 AI 이해 역량을 길러줄 수 있습니다. 이러한 이해가 바탕이 될 때 학생들은 AI의 장점과 한계를 인식할 수 있고 AI 기술을 더 효과적으로 활용할 수 있게 됩니다. 이는 AI 사용자인 학생들이 필요에 따라 적절한 AI 솔루션을 선택하고 적용할 수 있는 능력을 기르게 하며 다양한 상황에서 AI를 적절히 활용할 수 있게 합니다.

두 번째로는 'AI 활용' 역량입니다. AI 기술을 활용하여 작업을 능숙하게 수행할 수 있는 능력을 의미합니다. 이는 AI 도구와 애플리케이션을 실제로 사용하여 문제를 해결하고, 효율성을 높이는 능력입니다. 예를 들어, 데이터 분석가가 머신러닝 알고리즘을 사용하여 데이터를 분석하고 인사이트를 도출하거나, 마케팅 담당자가 AI 기반의 고객 분석 도구를 활용하여 타겟 마케팅 전략을 수립하는 경우가 이에 해당합니다. 학교에서는 학생들이 AI를 실제로 활용하여 문제를 해결할 수 있도록 그룹 프로젝트를 제시할 수 있습니다. AI 활용 역량은 개인의 업무 효율성을 높일 뿐만 아니라 더 나아가 조직의 성과를 극대화하는 데 기여합니다. 따라서 학생들이 미래 직업 세계에서도 필수적으로 갖추어야 할 AI 역량이라 할 수 있습니다.

그렇다면 AI에 대해 이해하고 활용할 줄 안다고 해서 AI 리터러시를 갖췄다고 할 수 있을까요? 2021년 OECD 국제학업성취도평가인 PISA 결과 중 '디지털 문해력' 관련 내용을 분석한 보고서에 따르면 우리나라 학생들의 문해력 영역의 점수는 OECD 평균 점수보다 높았으나 디지털 정보 파악 능력에서는 하위권을 차지했다고 합니다. 한국 청소년들은 사실과 의견을 식별하는 역량과 스팸 메일 식별을 통해 정보의 신뢰성에 접근하는 역량 관련 평가에서 낮은 점수를 보였습니다. IT 강국인 우리나라 학생들의 기본적인 문해력은 높은 편이고 스마트 기기 활용도 및 숙련도는 향상되고 있지만 필요한 정보를 비판적 시각으로 이해, 분석하여 추출하고 정보의 진위를 판단하는 디지털 리터러시 역량은 하위권에 머물렀습니다. 즉 스마트 기기를 능숙하게 활용한다고 해서 디지털 리터러시 역량까지 갖췄다는 것은 아니라는 점을 시사합니다.

AI 또한 마찬가지일 것입니다. 우리는 AI의 출력 결과를 단순히 받아들이는 것에 그치지 않고 그 결과를 검토하고 평가할 수 있어야 합니다. 이때 필요한 역량이 바로 세 번째, '비판적 판단' 역량입니다. AI가 도출한 결과를 비판적 시각으로 분석, 해석하고 수용 여부에 관한 판단을 내릴 수 있는 역량을 의미합니다. 교사는 학생들에게 AI의 예측 결과를 실제 데이터와 비교해 보도록 하여 AI의 결과가 얼마나 신뢰할 수 있는지를 평가하게 하거나 AI의 결과물 도출 과정에서 발생할 수 있는 편향성을 검토하게 하는 과정을 통해 비판적 판단 능력을 길러줄 수 있습니다. 이 과정을 통해 학생들은 AI 기술의 적용 과정에서 발생할 수 있는 오류나 한계를 인식하고 AI를 자신의 상황이나 맥락에 맞게 선별하여 활용할 수 있습니다.

마지막으로 '윤리적 책임' 역량입니다. AI 기술 사용과 관련된 책임과 위험을 올바르게 파악할 수 있는 능력을 의미합니다. AI 기술의 발전과 함께 개인정보 보호, 데이터 윤리, 알고리즘의 편향성 등 다양한 윤리적 문제들이 대두되고 있습니다. 따라서 학교에서도 학생들이 AI 기술을 사용할 때 이러한 윤리적 고려 사항을 이해하고 책임 있는 방식으로 활용할 수 있도록 교육해야 합니다. 윤리적 책임 역량은 AI를 활용할 때 보다 책임감 있는 선택을 할 수 있도록 하고 AI가 사회에 긍정적인 방향으로 기여할 수 있도록 도와주기 때문에 반드시 다른 역량들과 함께 강화되어야 합니다.

AI 리터러시 교육

개인이 가진 리터러시(문해력)에 따라 문제 해결 능력, 얻을 수 있는 정보 등에 격차가 생기고 이에 의한 여러 가지 제약과 정보 소외 문제가 뒤따랐듯이 AI 시대에도 개인이 가진 AI 리터러시(인공지능 문해력)에 따라 정보 이해, 직업 경쟁력, 사회 활동 참여 등 여러 측면에서 편차가 생길 수 있습니다. 이러한 차이는 결국 사회적 불평등으로 이어질 수 있으며, 따라서 모든 개인이 AI 리터러시를 갖추는 것이 절대적으로 중요합니다.

우리 미래 세대가 기본적인 AI 리터러시를 갖추어 AI를 필요한 만큼 적절하게 사용할 수 있도록 'AI 리터러시 교육'이 필수적으로 이루어져야 합니다. 현재 교육부에서는 2022 개정 교육과정에서 AI 리터러시 교육의 필요성을 느끼고 AI 리터러시 진단 도구를 개발하고 새롭게 등장하는 AI에 적합한 AI 윤리 교육 자료를 개정, 보완하여 학교에 배포하는 등

AI 리터러시 함양과 관련한 대비책들을 마련하고 있습니다.

특히, 2022 개정 교육과정은 모든 학생에게 AI에 대한 이해를 높이고 리터러시를 향상시키는 여러 방안을 포함하고 있습니다. 각 교과목에 AI 관련 내용을 통합하여 학생들이 다양한 맥락에서 AI를 이해할 수 있도록 교육과정을 설계하고 AI 기술의 사회적 영향과 윤리를 배울 수 있는 AI 윤리 교육도 강조하고 있습니다. 또한, 이러한 AI 교육이 이론이 아닌 실습을 통해서 학생들이 직접 AI 기술을 적용할 수 있는 기회를 제공해야 한다고도 강조합니다.

아울러 직접 현장에서 AI 리터러시 교육을 적용하는 교사의 역할 중요성 또한 높아지고 있는 가운데 앞으로도 학교 AI 리터러시 교육의 방향에 대한 계속된 논의와 의견 수렴이 필요할 것으로 보입니다. 교육 현장에서 교사들은 앞서 2022 개정 교육과정에서도 강조했듯이 학생들에게 AI의 기본 개념을 가르치는 것뿐만 아니라, AI를 활용한 프로젝트나 실습을 통해 학생들이 실질적으로 AI를 이해하고 활용하는 경험을 쌓을 수 있도록 지원해야 합니다.

또한, 교육기관은 AI 리터러시 교육이 단순한 기술 교육이 아니라 비판적 사고와 문제 해결 능력을 기르도록 초점을 맞춰야 합니다. 예를 들어 학생들이 AI 기술을 활용하여 사회 문제를 해결하는 프로젝트를 수행하게 함으로써 AI의 실질적인 활용 방법과 그로 인

그림 1-4-2 AI 윤리 및 사회적 영향 토의 수업 장면

한 사회적 책임을 동시에 배울 수 있습니다. 이러한 접근은 학생들이 AI를 단순한 도구로 보는 것이 아니라 그 사용에 따른 윤리적 책임을 인식할 수 있도록 도와줍니다.

결론적으로 AI 리터러시는 현대사회에서 필수적인 능력으로 자리 잡고 있으며, 이를 통해 개인은 자신의 삶을 더욱 풍요롭고 의미 있게 만들 수 있습니다. 따라서 교육 시스템과 교육 구성원들은 이러한 변화를 반영하여 AI 리터러시 교육을 체계적으로 마련하고 모든 학생이 AI에 대한 이해와 활용 능력을 제대로 갖출 수 있도록 지속적으로 노력해야 할 것입니다.

 Q. 학교 현장에서 활용할 수 있는 'AI 리터러시' 수업 사례에는 어떤 것들이 있을까요?

 A.

1. 프로젝트 기반 학습
학생들이 실제 AI 프로젝트를 수행하도록 할 수 있습니다. 예를 들어, 학생들이 특정 문제를 해결하기 위해 간단한 머신러닝 모델을 구축하고, 이를 통해 데이터를 분석하는 과정을 경험하게 합니다. 이 과정에서 데이터 수집, 정보 처리, 모델 학습, 결과 분석 등의 단계에 대해 배울 수 있습니다.

2. AI 윤리 및 사회적 영향 토의, 토론 학습
AI의 윤리적 문제와 사회적 영향을 주제로 한 토의, 토론 수업을 할 수 있습니다. 학생들이 AI 기술이 사회에 미치는 긍정적 및 부정적 영향을 분석하고, 그에 대한 자신의 의견을 논의하도록 합니다. 이를 통해 비판적 사고 능력을 기르고, AI의 책임 있는 사용에 대한 인식을 높일 수 있습니다.

3. AI 도구 활용 교육
학생들에게 다양한 AI 도구와 플랫폼을 사용해 보는 기회를 제공하여 학생들이 AI의 기초 개념을 이해하고 AI를 능숙하게 활용할 수 있도록 돕습니다. 나아가 AI 도구를 활용하여 글, 동영상, 포스터 등 다양한 콘텐츠 제작 수업으로 진행할 수도 있습니다.

4. AI 관련 사례 탐구 학습
의료, 금융, 교육 등 다양한 산업에서 AI가 어떻게 활용되고 있는지를 사례 연구를 통해 살펴보게 합니다. 또한 AI 기술의 윤리적 문제를 다루고 있는 사례 탐구를 통해 AI 기술이 사회에 미치는 긍정적, 부정적 영향을 탐구하고 책임 있는 사용 방안을 제안하는 과제를 수행하게 할 수도 있습니다.

05

학생 주도 프로젝트에서의
에듀테크 효과성

소선여중
김은해

2022년 개정 교육과정이 발표되면서 미래 사회의 핵심 역량으로 '디지털 리터러시' 가 강조되고 있습니다. 초등학교에서는 이미 소프트웨어 교육이 필수화되어 학생들이 블록 코딩을 경험하고 있습니다. 하지만 중학교에 진학한 후에는 정보 교과 시간에만 코딩을 다루다 보니, 학생들이 가진 컴퓨팅 사고력을 다른 교과와 연계하여 발전시키기 어려웠습니다.

더욱이 최근 AI 시대를 맞아 단순한 코딩 능력을 넘어, 디지털 도구를 창의적으로 활용하여 문제를 해결하는 능력이 더욱 중요해지고 있습니다. 예를 들어, ChatGPT와 같은 AI 도구들이 등장하면서 학생들은 이제 코드를 직접 작성하는 것보다 AI와 협업하여 원하는 결과물을 만들어내는 능력이 더 필요해졌습니다. 이러한 변화는 교육 현장에서도 새로운 접근법을 요구하고 있습니다.

필자는 중학교 1학년 국어 주제 선택 수업에서 이러한 고민을 해결하고자 했습니다. '게이미피케이션(Gamification)'이란 게임의 요소와 메커니즘을 다른 분야에 적용하는 것을 의미합니다. 게이미피케이션을 교육에 적용하면 학생들의 자발적 참여와 학습 동기를 높일 수 있습니다. 특히 게임은 학생들에게 가장 친숙한 디지털 콘텐츠이면서, 동시에 다양한 교육적 요소를 포함할 수 있는 매체입니다. 스토리텔링, 문제 해결, 논리적 사고, 창의적 표현 등 여러 역량을 자연스럽게 결합할 수 있기 때문입니다.

이러한 특성을 바탕으로 국어과의 '소설의 구성 단계'를 학습하면서, 동시에 학생들이 자신만의 게임을 직접 제작하는 프로젝트를 계획했습니다. 이 프로젝트는 단순히 두 가지 활동을 병행하는 것이 아니라, 문학적 창작과 디지털 제작이 유기적으로 연결되도록 설계했습니다. 즉, 학생들이 직접 만드는 문학 작품 시나리오는 단순한 문학 줄거리가 아닌,

문학적 구성과 디지털 상호작용이 결합된 새로운 형태의 창작물이자 게임이 되도록 했습니다.

수업을 시작하기 전, 학생들에게 전체 프로젝트의 진행 과정과 게이미피케이션의 교육적 의미를 상세히 설명했습니다. 이는 학생들이 단순히 '게임을 만드는 재미있는 활동'이 아닌, '의미 있는 학습 경험'으로 받아들이게 하기 위함이었습니다. 특히 이 과정에서 학생들의 흥미와 교육적 가치의 균형을 맞추는 것이 중요했습니다. 단순히 재미만을 추구하거나, 반대로 너무 교육적인 면만 강조하면 학생들의 자발적 참여를 끌어내기 어렵기 때문입니다.

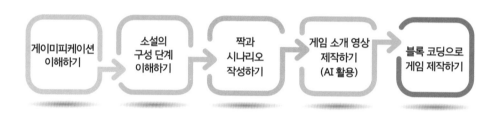

소설의 구성으로 시나리오 작성하기

학생들은 먼저 짝과 함께 자신들이 만들 게임의 시나리오를 구상했습니다. 이때 국어 시간에 배운 소설의 5단계 구성(발단-전개-위기-절정-결말)을 적용했습니다. 학생들은 이 과정에서 문학적 지식을 실제 창작에 적용하는 경험을 했습니다. 특히 게임이라는 매체의 특성을 고려하여, 플레이어의 선택에 따라 이야기가 분기될 수 있는 부분을 고민하며 더욱 입체적인 구성을 만들어냈습니다.

흥미로운 점은 학생들이 기존 소설의 일방향적 서사 구조에서 벗어나, 양방향 상호작용이 가능한 새로운 형태의 이야기 구조를 고민했다는 것입니다. 예를 들어, 발단 부분에서 주인공의 성격이나 특성을 플레이어가 선택할 수 있게 하고, 이 선택이 이후 전개되는 사건에 영향을 미치도록 설계하는 학생들이 있었습니다. 또한 위기 상황에서 여러 가지 해결 방법을 제시하고, 각각의 선택이 서로 다른 결말로 이어지도록 구성하는 등 게임의 특성을 살린 창의적인 시도가 돋보였습니다.

"선생님, 저희 게임에서는 주인공이 도망갈지 맞서 싸울지 선택할 수 있게 하고 싶어요!"라며 적극적으로 의견을 제시하는 학생들의 모습에서, 문학 창작에 대한 새로운 흥미를 발견할 수 있었습니다. 더 나아가 일부 학생들은 "만약 플레이어가 이런 선택을 하면 어떻게 될까요?"라는 질문을 스스로 던지며, 다양한 가능성을 탐구하는 모습을 보였습니다.

시나리오 작성 과정에서는 학생들의 협업 능력도 자연스럽게 향상되었습니다. 짝과 함께 작업하면서 서로의 아이디어를 조율하고, 더 나은 방향을 찾아가는 과정이 이루어졌습니다. 특히 한 학생이 제시한 아이디어를 다른 학생이 발전시키는 경우가 많았는데, 이는 창의적 협업의 좋은 예시가 되었습니다. "이렇게 하면 어떨까?"라는 제안이 "그러면 이것도 추가하면 좋겠다!"는 반응으로 이어지면서, 처음 구상했던 것보다 더 풍성한 이야기가 만들어졌습니다.

또한 기존 소설 작품에서 배운 복선이나 상징과 같은 문학적 장치들을 게임에 적용하려는 시도도 있었습니다. 예를 들어, 게임 초반에 등장하는 사소한 오브젝트나 대화가 후반부에 중요한 단서가 되도록 설계하거나, 특정 아이템이나 캐릭터에 상징적 의미를 부여하는 등 문학적 기법을 자연스럽게 활용했습니다.

그림 1-5-1 **시나리오 작성 중인 학생 모니터 화면**   그림 1-5-2 **구글 클래스룸을 활용한 과제 관리**

AI와 함께하는 게임 소개 영상 제작

다음 단계로 학생들은 AI 영상 제작 도구인 '브루'를 활용하여 자신들의 게임을 소개하는 영상을 제작했습니다. 작성한 시나리오를 영상 대본 형식으로 각색하는 과정에서 학생들은 같은 내용이라도 매체에 따라 다르게 표현되어야 함을 배웠습니다. 특히 게임의 핵심 요소를 1~2분 내외의 영상으로 압축하는 과정에서 '무엇을 어떻게 전달할 것인가'에 대해 깊이 고민하는 모습을 보였습니다.

브루의 AI 기능은 학생들의 창의성을 자극했습니다. AI가 제안하는 다양한 연출 방식과 효과음을 검토하면서, 학생들은 자신들의 아이디어를 더욱 효과적으로 표현하는 방법을 고민했습니다. 예를 들어, 게임의 긴장감 넘치는 장면에서는 AI가 추천한 드라마틱한 배경음악을 활용하거나, 게임의 주요 캐릭터를 소개할 때는 AI가 제안한 다양한 화면 전환 효과를 시도해 보는 등 적극적인 실험이 이루어졌습니다.

특히 인상적이었던 것은 AI와의 상호작용 과정에서 학생들이 보여준 탐구적인 태도였습니다. "선생님, AI한테 이렇게 설명하니까 더 좋은 아이디어를 줬어요!"라며 AI와의 소통 방식을 스스로 개선해 나가는 모습이 인상적이었습니다. 학생들은 AI에 단순히 "영상을 만들어줘"라고 요청하는 것이 아니라, 자신들이 원하는 분위기와 효과를 구체적으로 설명하며 더 나은 결과물을 만들어내려 노력했습니다.

영상 제작 과정에서 학생들은 또한 타겟 시청자를 고려한 콘텐츠 제작의 중요성을 배웠습니다. 자신들의 게임을 처음 접하는 사람들에게 어떻게 하면 효과적으로 소개할 수 있을지, 어떤 정보를 먼저 전달해야 할지 등을 고민하며 구조적인 스토리텔링 능력을 기를 수 있었습니다. 이 과정에서 일부 학생들은 "게임 플레이 화면을 먼저 보여주고 스토리를 설명하는 게 좋을까요, 아니면 스토리를 먼저 소개하고 게임 플레이를 보여주는 게 좋을까요?"와 같은 구체적인 고민을 하기도 했습니다.

이 과정에서 디지털 기술을 단순히 사용하는 것을 넘어, 창의적인 도구로 활용하는 능력을 기를 수 있었습니다. 특히 AI와의 협업은 미래 사회에서 필수적으로 요구될 AI 리터러시를 자연스럽게 습득하는 기회가 되었습니다. 학생들은 AI의 제안을 무조건적으로 수용하는 것이 아니라, 비판적으로 검토하고 선택적으로 적용하는 판단력을 기를 수 있었습니다.

그림1-5-3 학생이 만든 게임 소개 영상

스토리텔링 게임 제작하기

프로젝트의 마지막 단계는 '헬로메이플'을 활용한 게임 제작이었습니다. 헬로메이플은 블록 코딩으로 게임을 만들 수 있는 플랫폼으로, 학생들은 자신들이 작성한 시나리오를 실제 게임으로 구현했습니다. 시나리오와 영상 제작 과정에서 쌓은 아이디어와 기획력을 바탕으로, 학생들은 드디어 자신들만의 인터랙티브 스토리텔링 게임을 만들기 시작했습니다.

이 과정에서 흥미로웠던 점은 학생들의 코딩 수준 차이가 오히려 긍정적으로 작용했다는 것입니다. 코딩에 능숙한 학생들은 더 복잡한 게임 메커니즘을 구현하려 노력했고, 초보 수준의 학생들은 기본적인 기능이라도 완성도 있게 만들어내려 했습니다. 특히 일부 학생들은 "이런 기능을 넣고 싶은데 어떻게 하면 될까요?"라며 적극적으로 질문하고, 문제 해결을 위해 다양한 시도를 하는 모습을 보였습니다.

코딩 과정에서 발생하는 어려움은 학생들의 협력으로 해결되는 경우가 많았습니다.

예를 들어, 캐릭터의 움직임을 구현하는 데 어려움을 겪는 학생이 있으면, 다른 학생이 자신의 코드를 공유하며 도움을 주는 식이었습니다. "저는 이렇게 했더니 잘 됐어요!"라며 서로의 노하우를 공유하는 모습은 협력 학습의 좋은 예시가 되었습니다.

무엇보다 컴퓨터실에서 제어 프로그램으로 학생들의 작업 화면을 모니터링하고 제어할 수 있어, 수업 집중도를 효과적으로 관리할 수 있었습니다. 이는 디지털 도구를 활용한 수업에서 가장 우려되는 부분인 학생들의 집중력 분산 문제를 해결할 수 있는 효과적인 방법이었습니다. 학생들이 게임 제작에 몰입해 있는 동안, 교사는 각 학생의 진행 상황을 실시간으로 확인하고 필요한 도움을 즉각 제공할 수 있었습니다.

게임 제작 과정에서 학생들은 프로그래밍의 기본 개념들을 자연스럽게 습득했습니다. 변수의 활용, 조건문의 적용, 반복문의 사용 등이 게임의 다양한 요소를 구현하는 데 필요했기 때문입니다. 예를 들어, 게임 속 캐릭터의 체력이나 점수를 관리하기 위해 변수를 사용하고, 특정 조건에 따라 다른 이벤트가 발생하도록 조건문을 활용했습니다.

특히 인상적이었던 것은 학생들이 게임의 완성도를 높이기 위해 보여준 끈기와 열정이었습니다. 처음에는 단순한 기능만 구현하려 했던 학생들도, 점차 더 복잡한 기능을 시도해 보려는 도전 정신을 보였습니다. "이번에는 배경음악도 넣어보고 싶어요", "캐릭터가 아이템을 먹으면 특수 능력을 얻게 하고 싶어요"라는 식으로 계속해서 새로운 아이디어를 제시하며 게임을 발전시켜 나갔습니다.

결과적으로 학생들은 단순한 게임 제작을 넘어, 디지털 스토리텔링의 새로운 가능성을 경험했습니다. 자신들이 만든 이야기가 실제로 플레이 가능한 게임으로 구현되는 것을

그림 1-5-4 **짝과 함께 게임을 제작 중인 학생들**

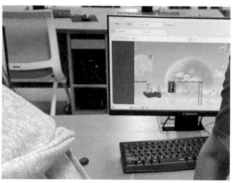

그림 1-5-5 **완성된 게임을 실행하는 학생들**

보면서, 학생들은 큰 성취감을 느꼈고 이는 다음 창작 활동에 대한 동기부여가 되었습니다. 더불어 이러한 경험은 디지털 시대의 새로운 문학 형식에 대한 이해와 관심으로 이어졌습니다.

이번 프로젝트를 통해 디지털 도구를 활용한 교육의 세 가지 중요한 효과를 확인할 수 있었습니다. 첫째, 학생들의 자발적 참여를 끌어낼 수 있었습니다. 둘째, 교과 간 융합을 자연스럽게 실현할 수 있었습니다. 셋째, 다수의 학생을 효과적으로 관리하면서도 개별적인 피드백을 제공할 수 있었습니다.

특히 학생들이 프로젝트의 전체 과정을 미리 이해하고 참여했다는 점, 그리고 각자의 수준에 맞는 성취를 경험했다는 점에서 진정한 의미의 학생 주도성을 실현했다고 볼 수 있습니다. 앞으로도 이러한 에듀테크 활용 수업이 더욱 확대되어, 학생들이 미래 사회에 필요한 역량을 키울 수 있기를 기대합니다.

시나리오 작성에서 어려움을 겪는 학생들을 위한 팁이 있나요?

유명 게임이나 소설의 구성을 분석하는 예시를 먼저 보여주면 도움이 됩니다. 또한 "만약 주인공이 ~라면?"과 같은 질문으로 상상력을 자극하는 것도 좋은 방법입니다.

06
데이터와 인공지능으로
이루어 내는 교실 혁명

대구동변초
이세미

수많은 데이터의 보고(寶庫), 교실

유난히 2024학년도에 들어 '빅데이터', '생성형 인공지능', '디지털 혁신', '데이터 리터러시' 등 생소한 단어들이 교육 현장에 자주 등장하고 있습니다. 그만큼 정보기술의 변화가 변혁의 파도가 되어 교실의 문턱을 넘을 만큼 본격화되었다는 의미일 겁니다. 그러나 데이터라는 단어는 우리에게 다소 어렵고 낯설게 다가옵니다. 데이터의 사전적 의미를 찾아보면 '이론을 세우는 데 기초가 되는 사실. 또는 바탕이 되는 자료.'라고 서술되어 있습니다. 쉽게 말해, 데이터란 '사실을 나타내는 정보 혹은 자료' 정도로 설명할 수 있습니다. 그렇다면 교육적 맥락에서 수집할 수 있는 정보 혹은 자료라고 하면 어떤 것이 떠오르나요? 학생들의 출석부, 학업 성취도 평가 결과, 상담록, 학생들의 통계학적 정보 등 아주 다양한 데이터들이 선생님의 서랍 속에 그리고 온라인 파일 속에 저장되어 있습니다. 이처럼 교실은 우리 학생들과 관련된 교육 데이터의 보고(寶庫)라고 할 수 있습니다.

데이터는 그 자체로 가치를 지니기보다 어떻게 분석하고 활용하느냐에 따라 가치를 지니게 됩니다. 그렇다면 우리에게 이러한 질문 하나가 남게 됩니다.

"우리는 교육 데이터를 어떻게 그리고 왜 분석해야 하는가?"

데이터를 활용하기 위해서는 분석의 목적이 명확해야 합니다. 분석 자체가 목적이 아니라 분석하는 이유, 분석의 시점, 분석 방법에 따라 다른 결과를 얻을 수 있기 때문이지요.

데이터 분석을 통해 가치를 찾아내는 일을 교육적 맥락에 적용한다면, 학습자의 학습을 원활히 하고 교수자를 지원할 수 있는 역할을 위한 기반 기술로써 빅데이터를 활용하는 것을 예시로 들 수 있습니다.[*]

데이터를 분석하고 활용하여 학습자의 학습을 원활히 하고 교수자를 지원한다는 문장에서 '데이터'는 두 가지 정보를 제공할 수 있습니다. 먼저, 데이터는 학습자가 '얼마나 무엇을 알고 있는지'에 대한 정보를 제공할 수 있습니다. 학습자가 해당 주제를 얼마나 알고 있고, 어떤 것을 알고 있는지를 확인하면 이후 활동의 난이도를 조정하거나 학습자의 배경지식과 관심사에 따라 수업 자료를 재구성할 수 있습니다. 이는 학습 동기를 높이고 진정한 의미의 학습자 주도 수업을 가능하게 합니다. 예를 들어, 교사 A는 초등학교 5학년 도덕 수업 시간에서 '디지털 세상 속 문제'에 대한 수업을 진행하고자 합니다. 이때, 교사 A는 학습자의 배경지식을 확인하는 과정을 통해 학습자들이 디지털 세상 속 문제에 대한 앎이 '악성 댓글', '사이버 중독'과 같이 제한적 사례에만 머무르고 있음을 알게 됩니다. 교사 A는 이어지는 수업에서 '가짜뉴스', '디지털 그루밍(digital grooming)', '딥페이크(deep-fake)'와 같이 다양한 사례를 다루며 주제에 대한 학습자의 앎을 확장하는 방향으로 활동을 구성하거나, '악성 댓글 문제'에 대해 관심이 있다는 것을 확인하여 악성 댓글이 달리는 이유, 악성 댓글과 인권의 관계, 해결 방안에 대해 더욱 심도 있게 주제를 다루는 방향으로 수업을 구성하는 계획을 세웁니다. 이처럼 학습자의 배경지식을 수업 계획에 반영하여 더욱 학습자의 눈높이에 맞춘 수업, 우리 학급만의 특색 있는 수업을 진행할 수 있습니다. 이때, 가장 기본적인 데이터의 수집 방법은 학생들에게 일일이 종이를 나누어 주고, 해당 주제에 대해 알고 있는 것을 모두 적은 후, 공통되는 단어를 직접 찾아내는 것입니다. 그러나 이는 교사의 인지적, 정의적 부하(load)를 가중하는 결과를 초래합니다. 종이를 수집하고 분류하고 공통적인 단어를 추출하는 작업까지 모두 교사가 해야 할 일이기 때문입니다.

이때, 디지털 도구의 도움을 받으면 이러한 교사의 부하 문제를 해결할 수 있습니다. 대표적으로 '멘티미터(mentimeter)'라는 프로그램을 활용하면 학습자의 응답을 실시간으로 수집하고 공통되는 단어의 크기를 크게 보여주는 '워드 클라우드(word cloud)' 방식으로 데

---

[*] 미래교육을 위한 빅데이터의 교육적 활용 방법(김자미, 2019). 행복한 교육. 2019년 6월호. 일부 발췌

미디어 세상 속 문제?

87 responses

그림 1-6-1 **멘티미터(mentimeter)의 워드 클라우드 기능**

이터를 시각화할 수 있습니다(그림 1-6-1). 워드 클라우드는 텍스트 데이터로부터 중복되는 키워드의 크기를 크게 시각화하여 보여줌으로써 한눈에 텍스트 데이터의 분석 결과를 확인할 수 있습니다. 멘티미터는 1인 1태블릿 환경에서 학생들이 간단히 알고 있는 것을 단어로 입력하면 교실 모니터에 우리 학급의 공통적 인식과 배경지식 현황을 눈으로 확인할 수 있습니다.

둘째, 데이터는 학습자가 '무엇을 얼마나 모르고 있는지'에 대한 정보를 제공합니다. 학습자가 배울 내용에 대한 출발점 혹은 배운 내용에 대한 이해 정도를 정확하게 진단하여 학습자에게 꼭 맞는 피드백과 추가 자료를 제공할 수 있습니다. 다시 말해, 학습자 맞춤형 수업을 실현할 수 있습니다. 2025년부터 도입 예정인 AI 디지털 교과서(이하 AIDT)에 대한 기대와 우려가 공존하고 있는 가운데, AIDT는 학생들의 학습 데이터를 수집하고 분석하여 개인화된 학습 경험을 제공하는 데 목적이 있습니다.[*] AIDT는 문제 풀이 결과, 학습 참여도, 학습 진도 등의 다양한 학습 활동을 데이터로 수집하여 AI가 학생 개개인의 학습 상태를 진단하고 분석하여 학습자와 교사를 각각 지원하도록 설계합니다. AIDT의 데이터 분석 결과는 대시보드의 형태로 제공되는데, 대시보드는 학습 데이터를 시각화하여 한눈에 알아볼 수 있도록 제공되는 자동차의 계기판과 같은 역할을 합니다. 다시 말해, 학습자와 교사 모두 학생별 '학습 내비게이션'을 손에 쥐게 되는 것입니다.

＊ AI 디지털 교과서 추진 방안, 교육부(2023.6.).

완료율	정답률	AI분석	점수					전체 문항 수	1회 정답 수
			유형문제	유형 오답 쌍둥이 문제	AI맞춤 문제	실력 테스트	실력 오답 쌍둥이 문제		
-%	-%	AI분석	-점	-점	-점	-점	-점	—	—
-%	-%	AI분석	-점	-점	-점	-점	-점	—	—
100%	100%	AI분석	100점	/점	93.8점	95점	100점	29	27
100%	59.5%	AI분석	50점	83.3점	31.3점	70점	0점	37	17
-%	-%	AI분석	-점	-점	-점	-점	-점	—	—
100%	76.5%	AI분석	70점	50점	43.8점	85점	100점	34	20
100%	67.6%	AI분석	75점	50점	50점	74.5점	33.3점	34	20

그림 1-6-2 **웅진 스마트올 AI의 대시보드**

각종 AI 코스웨어[*]를 통해 AIDT의 대시보드 기능을 체험할 수 있습니다. [그림 1-6-2]는 필자가 사용하고 있는 웅진 스마트올 AI의 대시보드입니다. 필자는 AI 코스웨어를 활용하기 전에는 수학 수업에서 학생별 수준 차이가 매우 커서 수업을 진행하기가 어려웠습니다. 학급 전체 단위로 개념을 이해하고 수학 교과서 문제를 함께 풀고 난 후, 수학 익힘책을 개별로 푸는 일종의 학급 루틴이 있었는데, 수학 익힘책을 푸는 단계에서 문제 풀이 속도가 매우 달라 곤란한 상황이 벌어지곤 했습니다. 일부 학생은 또래에 비해 문제를 빨리 풀어서 추가적인 문제를 요구하는가 하면, 일부 학생은 교사의 도움 없이 문제를 풀 수 없어 수학 익힘책까지 넘어가지 못하는 경우도 종종 발생했습니다. 수학 수업 시간마다 수준별 문제 풀이를 위해 부가적인 문제지를 인쇄하고 배부하는 데 시간과 에너지를 소모하느라 힘든 것도 당연한 일이었습니다. 이러한 문제는 AI 코스웨어를 사용한 후 말끔히 해결되었습니다. 개별적으로 문제지를 인쇄할 필요 없이 학생 계정으로 로그인한 후, 자신의 속도와 수준대로 문제를 풀이하고 오답을 점검하고 맞춤 문제를 풀어나갈 수 있었습니다. 교사는 대시보드를 통해 학생들의 실시간 학습 양상을 점검하고 추가적인 도움이 필요한 학생을 판별하여 직접 피드백을 주거나 도움을 지원할 수 있게 되었습니다.

---

[*] AI(인공지능)와 코스웨어(교육용 소프트웨어)의 결합어로 인공지능 기술을 활용한 교육 콘텐츠를 제공하는 교육용 소프트웨어를 의미한다.

이처럼 디지털 기술의 발전으로 교사와 학생은 과거에 비해 더욱 손쉽게 학습 데이터를 수집하고 분석할 수 있게 되었습니다. 현재 알고 있는 것과 모르는 것을 효율적으로 진단하고 교사의 전문성으로 후속 활동 및 보충·심화 자료를 처방하여 학습자의 성장을 위한 맞춤형 지원이 가능하게 된 것입니다. 결과적으로, 우리 교실은 더욱 정확한 정보를 기반으로 학습과 평가가 이루어지며 교육의 질적 향상을 기대할 수 있게 되었습니다.

교실의 뜨거운 감자, 생성형 인공지능!

데이터만큼이나, 2024년도에 뜨거운 감자로 떠오르는 것은 바로 '생성형 인공지능'입니다. 생성형 인공지능이란 기존의 콘텐츠를 활용하여 새로운 텍스트, 이미지, 소리, 영상 등의 콘텐츠를 만들어 내는 모든 인공지능을 의미합니다. 이러한 인공지능은 우리가 앞서 이야기한 다양한 형태의 데이터를 기반으로 학습하고 발전합니다.

그렇다면 지금 사회는 왜 생성형 인공지능에 열광할까요? 먼저, 생성형 인공지능은 어려운 코딩 없이 자연어로 사람과 대화하듯 묻고 답하며 문제를 해결할 수 있습니다. 이 점은 생성형 인공지능이 사용자층을 확보할 수 있는 결정적 이유이기도 하지요. 둘째, 기존 검색엔진은 여러 개의 검색어로 지식을 찾아야 했다면 챗GPT와 같은 텍스트 기반 생성형 인공지능은 단 한 개의 좋은 프롬프트로 원하는 답을 찾을 수 있습니다. 다시 말해, 개개인의 정보 접근성이 매우 높아졌다고 할 수 있습니다. 셋째, 미디어 조작 능력과 무관한 콘텐츠를 대량 생산할 수 있습니다. 다시 말해, 누구든 별도의 미디어 생성 능력을 갖추지 않더라도 인공지능의 힘을 빌려 원하는 콘텐츠를 단번에 만들어 낼 수 있는 '크리에이터(creator)'가 될 수 있다는 말입니다. 우리의 손에 과연 '도깨비방망이'가 쥐어진 것입니다.

이렇게 '간편한' 인공지능의 빠른 발달은 과연 우리 교실에 청신호일까요, 아니면 적신호일까요? 혹자는 인공지능의 간편함이 인간을 게으르게 만들고, 나아가 생각하는 힘을 빼앗을 수 있다고 우려를 표합니다. 하지만 이러한 인공지능의 발달을 유보하거나 외면하기보다 좋은 교육 자료로 이용하는 방법을 연구하여 수업 사례를 만들고 공유하여 새로운 교육의 시대를 열기 위한 노력이 필요합니다. 피하기에는 이미 우리 삶에 너무나도 깊이 파고들었고 생성형 인공지능의 고도화 속도도 매우 빨라지고 있기 때문입니다. 우리 아이들이 살아갈 미래 사회에서는 인공지능에 명령을 내리는 방법인 '프롬프트 엔지니어링(prompt engineering)', 인공지능을 능동적으로 사용하고 조작할 수 있는 '인공지능 리터러시(literacy)' 등의 새로운 역량을 길러야 합니다. 이에 따라 교육 현장에서도 급변하는 사회의 변화에 맞추어 인공지능 시대를 살아 나갈 미래 사회 역량을 키워주어야 할 것입니다.

디지털 시대의 교육, 인공지능의 날개를 달다

2014년도에 개봉한 영화 '그녀(her)'를 아시나요? 이 영화는 인공지능 운영체제 '사만다'와 육체적 인간 '테오도르'의 사랑 이야기를 다루고 있습니다. 미래의 미국을 배경으로 하는데, 영화 속 벌어지는 광경이 놀랍게도 현재, 2024년에 현실이 되고 있습니다. 2000년대, 한 인간이 인공지능이라고 하는 실체 없는 존재의 목소리와 인간이 대화를 나누는 일은 지극히 '환상적'이고 '비현실적'인 것이었을 것입니다. 그러나 ChatGPT-4.0가 출시되고 우리는 인공지능의 목소리와 자연스럽게 안부를 전할 수 있는 시대를 맞이했지요. 이처럼 웹 2.0 시대를 넘어, 제3의 구술성이라 불리는 '뉴 뉴미디어' 시대를 살아가던 우리에게 또 다른 커뮤니케이션 양식이 생성되었고, 인간 대 인간이 미디어라는 매체를 통해 소통하는 방식에서 나아가 소통의 대상을 인공지능으로 확장할 수 있게 되었습니다. 우리의 교육도 이러한 시대의 흐름에 발맞추어 소통의 대상을 인간으로 한정 짓는 것이 아니라, 인공지능을 의사소통의 대상으로 수용하여 이를 활용하는 방안을 숙고해야 할 때가 온 것이지요. AIDT는 교사를 지원하는 'AI 보조교사' 기능과 학습자를 지원하는 'AI 튜터' 기능을 제공합니다. 다시 말해, 학습자에게는 한 명의 담임 교사 외에 필요할 때 언제든 불러 질문할 수 있는 보조 선생님이 생기게 된 것입니다. 교사에게도 도움이 필요할 때 부담 없이 이야기를 나눌 수 있는 동료 교사가 한 명 생기는 것이지요.

생성형 인공지능은 교사의 역할만 수행하는 것은 아닙니다. 내 옆의 동료 학습자가 될 수도 있지요. 예를 들어, 과거 교실에서 의사소통의 대상은 옆에 존재하는 친구뿐이었고 이는 교실 표현 교육의 시공간적 한계로 지적되었습니다. 이제는 생성형 인공지능이 새로운 의사소통의 대상으로 지목되면서 이러한 한계들을 모두 극복할 수 있다는 가능성을 보입니다. 생성형 인공지능은 또래 친구로서, 면담하고자 하는 가상의 존재로서, 혹은 해당 주제에 대한 심도 있는 토론을 펼칠 수 있는 전문가로 기능할 수 있으며 이러한 소통은 실시간으로 일어날 수 있는 것이지요.

[그림 1-6-3]은 초등학교 학생들이 투닝(Tooning)이라는 에듀테크에서 제공하는 경찰관 챗봇과 대화를 나누는 모습입니다. '추체험 학습', '핫 시팅'이라는 이름으로 가상의 존재와 면담하고 소통하는 교육 방법이 이제는 한층 더 실재감이 더해지게 된 것이지요. 디지털 도구의 발전으로 말입니다. 이 외에도 역사적 인물과 대화하기, 소설 속 주인공과 면담하기, 유명 전문가와 소통하기, AI와 토론 연습하기 등으로 확장하여 의사소통 교육의 내용적 범위를 확장할 수 있게 되었습니다.

생성형 인공지능, AIDT, AI 코스웨어 등 에듀테크 도구의 발달로 우리는 교육 데이터를 손쉽게 수집·분석하고, 이를 활용해 수업을 재구성하거나 또래 외의 대화 상대를 교실로 들일 수 있게 되었습니다. 기존의 교실 수업에서 경험했던 걸림돌을 뛰어넘을 수 있는 강력한 도구를 손에 쥔 지금, 우리는 교실을 어떤 모습으로 변혁해야 하는가, 어떤 교사로 변화해야 하는가에 대한 질문에 응답할 차례입니다.

그림 1-6-3 **생성형 인공지능 챗봇과 토론하는 모습**

생성형 인공지능을 수업에서 활용할 때, 유의해야 할 점에는 무엇이 있을까요?

 우선, 잘 알려진 챗GPT는 만 18세 이하의 학생은 사용하지 못하도록 이용 연령 제한이 있는 도구입니다. 따라서, 학교에서는 활용하고자 하는 생성형 인공지능의 이용 연령 제한 사항은 반드시 확인해야 합니다. 뤼튼(wrtn)의 경우, 청소년 보호 정책이 마련되어 있는 생성형 인공지능 도구로 학급에서 활용하기에 적합합니다.

둘째로, 조사 수업이나 글쓰기 수업 시, 학생들이 생성형 인공지능을 만능 도구로 인식하지 않도록 지도해야 합니다. 짧은 요구나 질문에도 높은 수준의 글을 생성하거나 원하는 답변을 해주는 생성형 인공지능으로 인해 학생들의 사고 기회를 제한할 수도 있습니다. 따라서, 글쓰기 전, 쓰고자 하는 글의 주제에 관해 마치 친구와 대화를 하듯 경험을 떠올려 보거나 자료 조사의 틀을 마련하는 초안 작업에서 활용하여 학습 부담감을 줄이는 효과를 얻는 방향으로 지도해야 합니다.

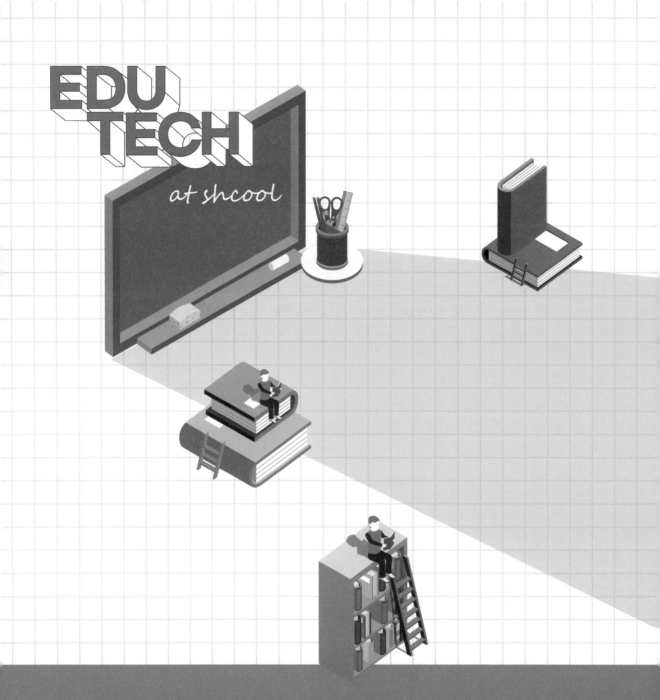

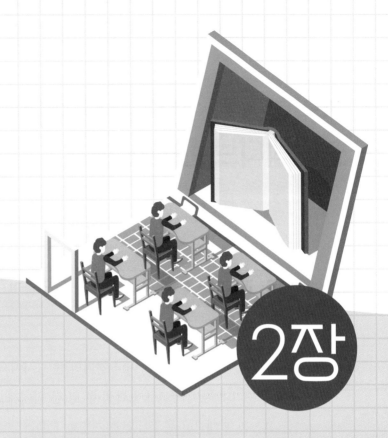

2장

에듀테크와 함께하는
학생 참여형 수업

과밀학급 속 학생 중심 수업의 보고 인터랙티브 콘텐츠 보드

서울서이초
제수연

에듀테크, 과밀학급 문제의 열쇠가 될 수 있을까?

저출산 문제가 심각하지만, 서울이나 경기의 큰 도시에서는 오히려 과밀학급이 문제가 됩니다. 학생 수가 많아지면 교사가 학생 한 명 한 명에게 쏟을 수 있는 시간은 필연적으로 줄어듭니다. 학생 개인의 특성에 맞춘 개별화 교육과정을 실현하기에도 무리가 따릅니다. 또한 학생 개인에 대한 세심한 피드백을 통한 과정 중심 평가를 실시하기도 어려워집니다. 이처럼 과밀학급 문제는 현재 대한민국 교육이 지향하는 학생 중심 수업 활동에 여러 제약을 겪게 합니다.

특히 제가 근무하고 있는 학교는 학급당 학생 수가 30명을 훌쩍 넘는 과밀학급입니다. 훌륭한 어린이들이 각자의 최선을 다해 학습 활동에 매진하지요. 그러나 심혈을 기울인 활동 결과를 모두와 나누지 못하고 수업이 끝나버리면 학생들은 시무룩해집니다. 그러다 보니 활동의 산출물이 나오는 학생 중심 수업을 할 때 항상 마음도 다리도 바빠지곤 했는데요. 쏜살같이 흘러가는 40분을 붙잡아 놓을 수 없다면 어떻게 이 문제를 해결할 수 있을까요?

이러한 상황을 타개할 묘안으로 인터랙티브 콘텐츠 보드를 제안합니다. 실제로 초등학교 등 교실 현장에서 활발하게 활용되고 있는 패들렛, 띵커벨 보드, 퀴즈앤 보드 등이 그것입니다. 코로나19의 확산으로 원격수업이 진행되면서 학생 개인의 의견이나 과제를 안정적으로 공유하기 위한 방안이 강구되었습니다. 그 과정에서 적용되기 시작한 인터랙티브 콘텐츠 보드(이하 패들렛 등)는 다시 교실 안에서 이루어지는 수업에서도 그 역할을 다하고 있습니다. 학생 중심 수업을 진행할 때, 특히 과밀학급에서 패들렛 등이 빛을 발하는 경우를 사례와 함께 소개합니다.

모든 학생이 누리는 결과 공유의 기회

학생 중심 교육활동의 끝에는 산출물이 남기 마련입니다. 그러나 학급 인원이 너무 많은 경우, 학생 전원의 작품을 일일이 소개하고 감상하기란 불가능한데 패들렛 등을 활용하면 이러한 시간적 한계를 극복할 수 있습니다. 학생이 자신의 학습 결과물을 패들렛 등에 업로드함과 동시에 공유가 시작된 것이니, 모두가 발표의 기회를 얻은 것입니다. 누가 먼저 발표할지 정하고, 자리에서 일어나고, 교실 앞으로 나왔다가 들어가며 낭비되는 수업 시간을 줄일 수도 있습니다.

또한 수줍음이 많아 직접 발표하는 것에 어려움을 겪는 학생들은 공유 보드에 자신의 과제를 업로드하며 표현의 기회를 얻을 수 있습니다. 실제 현장에서는 시간적 제약뿐만 아니라 이러한 정의적 장벽도 높습니다. 자신감 있는 학생들만 발표에 나서고 그렇지 않은 일부 학생들은 미처 참여하지 못하는 상황이 반복되기 쉬운데요, 친구들 앞에 서서 발표할 용기가 아직 부족한 학생들에게 패들렛 등은 선물입니다. 목소리 대신 글로 작품을 소개하고 발표할 수 있으니 나를 보여줄 자신감을 점진적으로 얻을 수 있습니다.

학습 결과물 한눈에 둘러보기

교탁 앞에 서서 발표하는 경우 뒷자리에 앉은 학생은 내용을 충분히 전달받기 어려울 때가 많습니다. A4 사이즈에 담긴 글이나 그림을 30명이 넘는 학생이 모인 교실에서 함께 보고 나누기란 늘 곤란한 일이었죠. 매번 실물화상기를 활용하는 것도 번거로운 일입니다.

패들렛 등을 활용하면 이러한 문제를 단번에 해결할 수 있습니다.

학생들이 자기 작품을 각자 사진으로 찍어 올리면 순식간에 한 페이지에 수십 개의 데이터가 공유됩니다. 학생들은 자신이 더 깊이 들여다보고 싶은 작품을 골라 충분히 감상할 수 있습니다. 하트 모양의 공감 표시를 남기거나, 별점을 매기고 점수를 부여할 수도 있습니다. 댓글로 소감을 남기는 것은 학생들이 특히 선호하는 활동이기도 합니다. 학생들은 자신이 노력을 쏟아 만든 과제를 공유함으로써 배움을 더 깊이 내재화합니다.

관심이 가는 작품 직접 선택하여 살펴볼 수 있다는 것도 큰 장점입니다. 기존 교실에서는 발표하고 있는 하나의 작품에 학생 전체가 집중해야 했습니다. 그러나 공유 보드에 접속하면 어떤 내용부터 살펴볼지 학생 스스로 결정할 수 있지요. 덕분에 자연스럽게 감상에 대한 몰입이 높아지고 더욱 밀도 있는 학습 경험을 얻습니다. 개인의 흥미나 관점에 따라 인상 깊게 느껴지는 작품이 다 다르니까요. 이렇게 학생에게 자율권을 부여하는 공유 보드를 통해 주도적이고 깊이 있는 학습이 이루어집니다.

[그림 2-1-1]과 [그림 2-1-2]는 6학년 학생들을 대상으로 시 낭송회를 준비하는 수업에 패들렛을 활용한 화면입니다. 학생들은 직접 지은 시를 패들렛에 공유하고, 친구들의 시를 읽어본 뒤 자신의 감상을 댓글로 나누었습니다. 시 낭송회는 무려 학부모 공개 예정이라 모두 정성을 다해 작품을 창작하였습니다. 그리고 자신의 시와 어울리는 시화를 생성형 AI를 활용해 제작하였습니다. 그 시화 역시 같은 패들렛 페이지에 섹션을 나누어 게시하도록 지도하였습니다. 더 나아가 시를 낭송할 때 깔고 싶은 배경음악을 유튜브에서 직접 골라 보기도 했습니다. 이렇게 한 수업에 대한 다양한 자료들을 한 곳에 정리하니 각각의 내

그림 2-1-1 **시 낭송회 준비 수업 화면(1)**

그림 2-1-2 **시 낭송회 준비 수업 화면(2)**

용을 더욱 연결성 있게 감상할 수 있었습니다.

상호작용의 편리성 증가

인터랙티브 콘텐츠 보드를 활용하면 교사가 학생에게 개별적인 피드백을 제공하기 편리합니다. 과밀학급에서 40분이라는 한정된 수업 시간 내에 모든 학생의 과제를 살피고 즉각적인 피드백을 제공하는 것은 불가능에 가깝습니다. 그러나 패들렛 등에 학생의 작업물을 공유하는 방식이라면 교사가 피드백을 제공할 수 있는 시간은 40분 이상으로 늘어납니다. 활동지를 걷고 수기로 코멘트를 남긴 뒤 다시 일일이 주인을 찾아 돌려주는 귀찮은 과정은 필요 없습니다. 수업 이후 교사가 패들렛 등에 공유된 학생 과제를 살피고 코멘트를 남기면 학생은 언제든 이를 확인하고 반영할 수 있습니다.

또한 학생 간의 상호작용도 다채로워집니다. 마음에 드는 작품에 '좋아요'를 누르거나, 별점으로 동료평가를 실시할 수 있습니다. 우수 작품을 가리는 투표를 하기도 편리하고 발표에 대한 감상을 나누기도 용이합니다. 기존 교실에서는 손을 들고 말을 하며 차례를 기다려야 했지만 패들렛 등에서는 각자 댓글을 남기고 읽어볼 수 있습니다. 40분이라는 한정된 수업 시간 동안 훨씬 풍부한 상호작용이 이루어집니다.

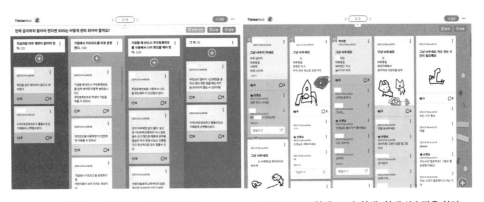

그림 2-1-3 **토론 상호작용 화면**   그림 2-1-4 **학생-교사, 학생-학생 상호작용 화면**

디지털 자료 공유에 편리

학생 작품이 도화지에 그린 그림이나 재활용품으로 만든 장식품이라면 교실 앞에 가지고 나와 친구들에게 편하게 보여줄 수 있습니다. 그러나 직접 촬영한 사진, 인터넷에서 찾은 뉴스 영상 같은 경우에는 어떨까요? 이전에는 학생들이 USB를 챙겨 다니며 자료를 옮겨 담거나, 교사의 이메일 주소를 받아 적어 파일을 전송하는 방식으로 공유하곤 했습니다. 그러나 패들렛 등을 활용하면 더 쉽게 디지털 자료를 공유할 수 있습니다.

[그림 2-1-5]는 날씨 좋은 봄날을 맞아 밖으로 나간 미술 시간에 촬영한 사진들을 패들렛에 공유한 화면입니다. 마치 AR 게임의 화면처럼, 실제 세상 위에 디자인된 그림을 한 층 얹어 새롭게 연출하는 기법을 활용했습니다. 활짝 만개한 꽃나무를 배경으로, 푸른 하늘을 배경으로, 웃긴 친구 얼굴을 배경으로 한바탕 신나게 사진을 찍었습니다. 이제 학생들이 찍은 사진을 다 함께 둘러보며 감상을 즐길 일만 남았는데 이때 패들렛을 활용하면 빠르고 간편하게 수업을 진행할 수 있습니다. TV에 패들렛 입장 QR코드만 띄워주면 자기 작품을 바로 업로드할 수 있습니다. 본문에는 작품의 제목과 작가의 의도를 덧붙이고, 친구들의 감상을 댓글로 받아볼 수도 있습니다. 예전에는 패들렛 없이 어떻게 수업했는지 놀라울 지경입니다.

[그림 2-1-6]은 'Animated Drawings'라는 프로그램을 활용한 움직이는 네 컷 만화 만들기 수업의 장면입니다. 학생들이 종이에 열심히 그려낸 캐릭터를 카메라로 스캔하여 관

 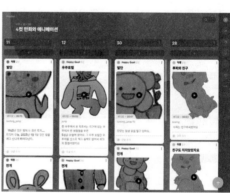

그림 2-1-5 **사진 자료 공유 화면** 그림 2-1-6 **영상 자료 공유 화면**

| 그림 2-1-7 뉴스 영상 링크 공유 화면 | 그림 2-1-8 구글 아트앤컬처 작품 링크 공유 화면 |

절 포인트를 인식하면 다양한 동작으로 움직이는 영상을 출력할 수 있습니다. 점프하는 모습, 달리는 모습, 춤추는 모습 등의 영상을 보며 자신이 구상한 만화에 어울리는 동작을 선택해 다운로드합니다. 이렇게 생성한 gif 파일도 패들렛으로 공유할 수 있습니다.

최근 학교 현장에서 에듀테크 활용이 활발해지고 있습니다. 이에 따라 사진이나 영상뿐만 아니라 다양한 형태의 디지털 자료를 공유해야 하는 경우가 많아집니다. 구글 아트앤컬처에 들어가면 매우 다양한 미술 콘텐츠를 경험할 수 있습니다. 온라인 미술관 관람이나 게임뿐만 아니라 온라인 작품 만들기 활동도 많습니다. [그림 2-1-8]은 구글 아트앤컬처에서 도자기를 빚은 뒤 개인별로 작품 링크를 공유한 화면입니다. 링크를 따라가면 친구가 빚은 도자기의 모습과 그 점수를 확인할 수 있습니다. 그 페이지에서 바로 도자기 만들기에 참여할 수도 있습니다.

6학년 2학기 국어 6단원에서 '뉴스를 보고 세계에 관심 가지기'를 주제로 수업한 사례도 소개합니다. 교사가 적절한 뉴스를 골라 학생에게 보여줄 수도 있지만, 이 수업에서는 학생들이 직접 뉴스를 선택하도록 했습니다. 자신의 관심사에 따라 뉴스를 찾아보고, 가치있는 뉴스는 공유하도록 지도했고 이때 띵커벨 보드를 활용했습니다. 유튜브 링크를 복사하여 보드에 붙여넣기만 하면 손쉽게 공유할 수 있습니다. 이렇듯 여러 애플리케이션을 넘나드는 에듀테크 활용 수업에서 패들렛 등은 디지털 학습 허브의 역할을 합니다.

아카이빙되는 학생들의 배움

공들인 과제물을 수업이 끝나자마자 버릴 수 없으니 교사가 수합하여 보관하는 경우가 있습니다. 그러나 과밀학급의 경우 그 양이 매우 많기에 모든 산출물을 쌓아 놓고 보관하는 방식은 비효율적입니다. 학습 활동의 결과를 사진으로 남겨 패들렛 등에 공유하면 배움의 결과를 오래 보관하기에 용이합니다. 책상과 학생으로 가득 찬 좁은 교실의 수납공간을 차지할 일도 없습니다.

그림 2-1-9 띵커벨 보드 아카이브 화면   그림 2-1-10 패들렛 아카이브 화면

인터랙티브 콘텐츠 보드 플랫폼별 요금제와 Tip

현재 패들렛 무료 버전은 3개의 보드를 활성화해 둘 수 있습니다. 패들렛의 3개 제한이 너무 부족하게 느껴지시나요? 활용을 마친 보드는 데이터를 삭제하지 않고 아카이브할 수 있습니다. 아카이브된 보드는 3개 제한에 카운팅 되지 않으니 새로운 보드를 생성할 수 있습니다. 또한 앞서 보관해 둔 데이터가 다시 필요할 땐 아카이브를 해제하고 바로 이용할 수 있습니다. 덕분에 과거 수업의 흐름과 결과들을 오랜 시간이 지난 뒤에도 생생하게 살펴보며 활용할 수 있습니다. USB나 개인 드라이브, 클라우드를 사용하지 않아도 차곡차

곡 데이터를 쌓아둘 수 있는 겁니다. 아이스크림 띵커벨 보드는 100개까지 활성화할 수 있고, 보관은 10개까지 할 수 있습니다.

 유료 버전과 무엇이 다른가요?

 각 요금제는 사용 목적과 규모에 따라 선택하시면 됩니다. 에듀테크 관련 결제 가능한 예산이 있다면 학교용 요금제를 활용하는 것을 추천합니다.

무료 버전 (Neon 요금제)		• 패들렛 생성 수: 3개 • 파일 업로드 제한: 파일당 최대 20MB • 기본 기능 제공: 멀티미디어 게시물 작성, 실시간 협업, 다양한 형식 옵션 등 • 슬라이드쇼 기능: 클릭 한 번으로 프레젠테이션 생성 가능 • 무제한 보드 크기: 제한 없이 보드 확장 가능 • 사용자 지정 도메인: 사용자 지정 도메인 설정 가능
유료 버전	골드	• 패들렛 생성: 20개 • 파일당 최대 100MB • 맞춤화 옵션 증가: 다양한 테마와 레이아웃 사용 가능 • 가격: 월 8,900원 또는 연간 89,000원
	플래티넘	• 패들렛 생성: 무제한 • 파일당 최대 500MB • 모든 맞춤화 옵션 제공: 전체 테마, 배경, 레이아웃 사용 가능 • 가격: 월 14,900원 또는 연간 149,000원
	팀	• 패들렛 생성: 팀원 무제한 • 파일당 최대 1GB • 팀 관리 기능: 역할 및 권한 관리, 사용자 활동 모니터링 등 • 가격: 팀 규모에 따라 다름
	학교	• 패들렛 생성: 무제한 • 파일당 최대 1GB • 교육기관 전용 보안 • 관리자 제어 기능: 교사 및 학생 계정 관리, 접근 권한 설정, 콘텐츠 모니터링 등 • 가격: 10인 기준 연간 약 1,485,000원

과밀학급이라는 현실적 제약 속에서도 학생 중심의 배움을 실현하는 방법은 에듀테크의 스마트한 활용에 있습니다. 이번 글에서는 특히 인터랙티브 콘텐츠 보드의 이점을 소개했습니다. 패들렛 등은 학생들에게 결과를 공유할 기회를 제공하고, 창의적이고 몰입도 높은 학습 환경을 조성하며, 교사와 학생 간의 상호작용을 풍부하게 만들어줍니다. 또한 디지털 자료와 학습 결과물을 효과적으로 아카이브하며 시간과 공간의 한계를 극복할 수 있습니다. 이러한 도구들은 단순한 수업 보조 도구를 넘어, 학생들이 자신의 배움을 주도적으로 탐구하고 표현할 수 있는 무대를 제공한다는 점에서 중요한 의미를 갖습니다.

코로나 팬데믹 이후 어느덧 교실 안으로 들어온 에듀테크는 학생의 몰입을 높이고 불필요한 과업을 제거하고 있습니다. 21세기가 요구하는 창의적이고 주체적인 인간을 길러내기 위해 초등교육 현장에서 실현되어야 할 것은 바로 학생 중심 수업입니다. 에듀테크를 현명하게 활용하기 위한 노력과 실천은 이와 같은 우리 교육의 과제를 풀어내는 열쇠가 될 것입니다.

02

규칙만 알면
나만의 음악을 만드는 송메이커

성심학교
김나현

기본교육과정의 수학 교과는 구체적인 조작 활동을 통해 학생들의 수학적 사고력을 확장시키는 교과입니다. 더불어 수학적 지식을 실생활이나 다른 교과와 연결하여 생활 속 문제를 합리적으로 해결하고 그 과정에서 수학의 유용성과 가치를 인식하고 즐겁게 참여하며 협력하고 도전하는 태도를 기를 수 있어야 합니다. 특수학교에 재학 중인 학생들의 경우, 대부분 특수학급 학생들보다 수업에 집중하는 시간도 짧고, 수업 내용을 이해하는 것이 어려운 학생들이 많습니다. 따라서 수업을 준비할 때, 학생들의 장애 특성과 정도를 파악하고 학생들이 직접 경험하고 실생활과 연계하는 활동을 반복적으로 제공해서 학생들이 경험을 통해 충분히 이해할 수 있도록 해야 합니다. 또한 학생들이 수업에 흥미를 느끼고 참여할 수 있도록 개개인의 특성에 맞게 재구성한 자료를 다양하게 제공해 주어야 합니다.

2015 기본교육과정 수학 3~4학년(나)의 9단원인 규칙 찾기(2) 수업을 준비하면서 다양한 장애 특성 학생들이 흥미를 느끼고 참여할 수 있는 방법이 없는지 고민하였습니다. 평소에 규칙 찾기 단원의 수업을 할 때는 교실 내의 다양한 사물이나 학생들이 좋아하는 장난감을 이용해서 반복되는 물체의 규칙을 따라 다음에 올 물체를 찾아서 놓거나, 교과서의 붙임 딱지를 활용하여 다음에 올 것에 해당하는 붙임 딱지를 붙이는 등의 간단한 활동을 학생들이 충분히 이해할 수 있도록 반복했습니다. 그러나 이러한 활동들은 학생들의 흥미를 오랜 시간 유지하는 것이 어려웠습니다. 이에 대한 대안 활동으로 다양한 색 블록을 활용하여 ABAB, AABB, ABB, AAB 등의 규칙에 맞는 블록 쌓기 활동을 했었는데 이것 또한 학생들에게 큰 흥미를 주지 못했습니다.

그림 2-2-1 규칙을 활용하여 색 블록 쌓기 활동을 하는 모습

그러던 중 학생들이 좋아하는 태블릿을 활용하여 음악 교과와 융합을 하면 어떨까 하는 생각을 하였습니다. 그래서 다음과 같이 총 9차시로 해당 단원을 계획하여 수업했습니다.

차시	제재	교과
1	규칙(ABAB, AABB)에 따라 2가지 물건과 붙임 딱지를 붙이기(1)	수학
2	규칙(ABB, AAB)에 따라 2가지 물건과 붙임 딱지를 붙이기(2)	수학
3	반복되는 물체의 배열 규칙에 따라 다음에 올 물건 놓기	수학
4	반복되는 물체의 배열 규칙에 따라 다음에 올 물건을 정해진 장소에 옮기기	수학, 체육
5	반복되는 물체의 배열 규칙에 따라 다음에 올 것에 해당하는 붙임딱지 붙이기	수학
6	반복되는 색의 배열을 알고 다음에 올 색을 넣어 그림 완성하기	수학, 미술
7	반복되는 색의 배열을 알고 다음에 올 색을 넣어 음악 완성하기	수학, 음악
8	내가 만든 색과 물체의 배열을 이용해 그림을 완성하고 서로의 작품 감상하기	수학, 미술
9	내가 만든 색의 배열을 이용해 음악을 완성하고 발표하기	수학, 음악

7차시와 9차시에서는 수학과 음악을 융합한 수업을 진행했는데 이때 활용한 것이 '크롬뮤직랩 송메이커'였습니다. 크롬뮤직랩 송메이커는 구글에서 제작한 웹 기반의 무료 음악 도구로 로그인 없이도 누구나 쉽게 사용할 수 있어 매우 접근성이 좋습니다. 또한 별도의 애플리케이션을 설치할 필요 없이 브라우저에서 바로 사용할 수 있어서 수업에 활용하기가 더욱 좋았습니다.

핵심 기능 1: 클릭만으로 음악을 쉽게 만들 수 있어요.

크롬뮤직랩 송메이커의 가장 큰 장점은 직관적이고 사용이 쉽다는 점입니다. 특수학교는 특수학급에 비해 중증의 장애가 있는 학생들의 비중이 높은 편입니다. 따라서 에듀테크를 활용한 수업을 계획하는 단계에서 모든 학생들이 사용하기 쉬운 에듀테크를 선정해야 하므로 선택의 폭이 매우 제한적일 수밖에 없습니다. 그러나 크롬뮤직랩 송메이커는 중증 장애가 있는 학생들도 약간의 신체적 도움을 받는다면 간단한 터치만으로도 다양한 음악을 만들 수 있을 정도로 매우 직관적으로 되어 있습니다.

또한 도(빨강), 레(주황), 미(노랑), 파(연두), 솔(초록), 라(보라), 시(분홍)의 각각의 음이 고유의 색으로 구성되어 있어 학생들이 각 음을 터치하였을 경우, 어떠한 음인지 쉽게 알 수 있습니다. 그리고 음의 높이에 따라 칸이 다르게 구성되어 있어 학생들이 해당 칸을 누르며 음의 높이를 간접적으로 알 수 있으며 자유롭게 음악을 만들 수 있습니다.

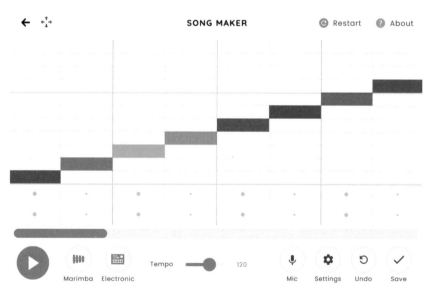

그림 2-2-2 **크롬뮤직랩 송메이커**

1 송메이커로 만들어 보는 규칙의 세계

제재: 반복되는 색의 배열을 알고 다음에 올 색을 넣어 음악 완성하기(7차시)

첫 번째 활동으로 학생들에게 반복되는 색의 배열표를 제시하여 다양한 규칙을 익힐 수 있도록 했습니다. 이때 학생들이 다음에 이어질 활동(크롬뮤직랩 송메이커를 활용하여 음악 완성하기)을 보다 쉽게 이해할 수 있도록 색 배열표의 색상은 크롬뮤직랩 송메이커의 색과 동일한 색을 활용하였습니다.

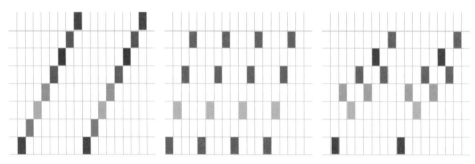

그림 2-2-3 **전자칠판을 활용하여 학생들에게 제시한 반복되는 색 배열표 예시**

교실에 비치되어 있는 전자칠판을 활용하여 다양한 색의 배열표를 제시하고 학생들은 교사가 직접 만든 학생의 능력에 맞는 개별 활동지로 충분히 연습을 할 수 있는 기회를 제공하였습니다.

두 번째 활동으로는 전자칠판을 활용하여 송메이커를 활용해 색의 배열표를 만드는 과정을 천천히 보여주었습니다. 이때 스스로 조작이 가능한 학생들은 교사가 제시한 색의 배열표를 보고 쉽게 같은 배열을 반복하여 만들 수 있었습니다. 스스로 조작이 가능한 학생들의 경우, 미리 만들어 놓은 다양한 배열을 나타낸 자료를 학생들에게 제공해 주고 학생들이 보고 따라 만들 수 있도록 하였습니다. 중증 장애가 있는 학생들의 경우는 교사가 미리 크롬뮤직랩 송케이커의 세팅을 조금 변경해 주고 교사의 신체적 도움을 받아 천천히 색의 배열을 완성하였습니다. 이러한 활동을 충분히 해본 후, 멜로디가 반복되는 음악(동요)을 나타낸 색 배열표를 보고 학생들이 음악을 만들어 발표하니 그 어느 때보다 학생들이 매우 즐겁게 활동하는 것을 볼 수 있었습니다.

그림 2-2-4　교사가 제시한 반복되는 색의 배열표를 보고 직접 색의 배열을 완성하는 모습

[그림 2-2-4]는 교사가 제시한 색의 배열표를 보고 같은 배열을 만들고 있는 학생들의 모습입니다. 첫 번째 활동에서 교사가 직접 만든 학생별 자료를 활용해 활동할 때보다 크롬뮤직랩 송메이커를 활용하였을 때 더욱 집중하는 모습을 볼 수 있었습니다. [그림 2-2-5]는 중증 장애가 있는 학생들을 위해 세팅을 바꾸고 교사의 신체적 도움을 받아 다양한 색 배열표를 만들어 보는 모습입니다. 우리 교실에는 2분 이상 과제에 집중하는 것이 어렵거나 스스로 터치를 하는 것이 어려운 중증 장애가 있는 학생이 3명이 있는데 수업 전에 미리 세팅을 바꾸어 주고 자신이 만든 색의 배열을 음악으로 바꾸어 들려주니 나중에는 스스로 해보려고 노력하는 모습을 볼 수 있었습니다.

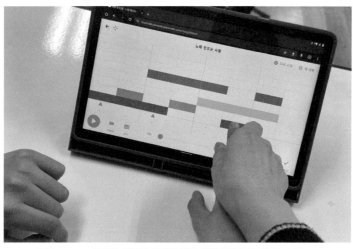

그림 2-2-5　교사의 신체적 도움을 받아 색의 배열표를 만드는 모습

2 송메이커를 활용할 때 이렇게도 해볼 수 있어요!

섬세한 터치가 어려운 중증 장애 학생들의 경우, 교사의 신체적 도움을 받아도 크롬 뮤직랩 송메이커의 기본 세팅에서는 하나의 칸을 선택하는 것이 매우 어려웠습니다. 그래서 오른쪽 하단의 세팅에서 한 칸의 크기를 크게 변경하여 주니 학생들이 하나의 칸을 클릭하는 것이 더 쉬웠습니다. 또한 반복되는 음악(동요)을 완성하는 활동에서는 평소에 자주 듣는 음악(동요)을 중심으로 활동하니 학생들이 집중하는 시간이 늘어나고 반응도 더 좋았습니다. 이때 크롬뮤직랩 송메이커의 색과 동일한 색깔의 악보를 제작하여 학생들에게 제공하니 더 쉽게 만드는 모습을 볼 수 있었습니다. 또한 중증 장애가 있는 학생들은 오랜 시간 활동에 집중하는 것을 힘들어하기 때문에 멜로디가 반복되는 마디만 교사의 신체적 도움을 받아 만들어 보고 발표를 했습니다.

그림 2-2-6 섬세한 터치가 어려운 중증 장애가 있는 학생들을 위해 세팅을 변경하는 방법

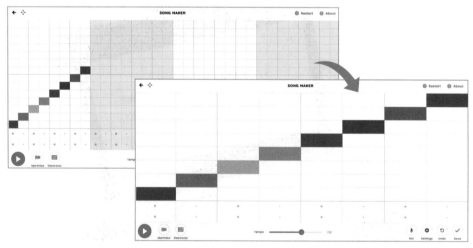

그림 2-2-7 세팅을 변경 후 각 칸의 폭과 크기가 커진 상황

핵심 기능 2: 간단한 방법으로 친구들과 함께 공유할 수 있어요.

크롬뮤직랩 송메이커에서 만든 음악은 저장 버튼을 이용하면 링크를 복사하거나 MID 파일, WAV 파일로 다운로드를 할 수 있습니다. 이렇게 저장한 나만의 음악을 패들렛이나 태블릿에 저장하여 학급의 친구들과 공유하고 학습의 결과물을 학부모님들께 전송했습니다.

Your song is saved at this link:

https://musiclab.chron

Copy Link

DOWNLOAD MODI DOWNLOAD WAV EMBED CODE ⌄

그림 2-2-8 **다양한 방법으로 공유가 가능한 모습**

1 송메이커로 만들어 보는 규칙의 세계

제재: 내가 만든 색의 배열을 이용해 음악을 완성하고 발표하기(9차시)

7차시 수업 이후, 학생들이 크롬뮤직랩 송메이커의 사용에 익숙해지도록 일주일 정도 쉬는 시간과 점심시간을 활용하여 스스로 조작해 볼 수 있는 시간을 충분히 제공했습니다. 본 수업에서는 크롬뮤직랩 송메이커로 색의 배열을 반복하여 교사가 미리 만들어 놓은 음악을 저장하는 다양한 방법을 순서대로 보여주고 학생들과 공유하여 감상했습니다. 그런 뒤, 학생들에게 자신만의 음악을 만드는 시간을 충분히 제공하였습니다. 지난 일주일 정도 학생들에게 크롬뮤직랩 송메이커에 익숙해질 수 있도록 시간을 제공해서 그런지 대부분의 학생이 익숙한 듯 자신만의 방법으로 음악을 완성하는 모습을 볼 수 있었습니다.

그림 2-2-9 **나만의 색의 배열을 통해 음악을 만들고 있는 학생들**

두 번째 활동으로 학생들이 만든 음악을 다양하게 저장하는 방법을 알려주었습니다. 그리고 자신의 음악을 공유하여 같이 감상하는 시간을 가졌는데, 자신이 만든 음악을 함께 공유하고 감상할 수 있다는 점에서 학생들이 매우 흥미를 느끼고 참여하는 모습을 관찰할 수 있었습니다. 더불어 본 수업을 준비하며 예상했던 것보다 다양한 음악을 만드는 학생들의 모습에 놀랐습니다.

❷ 송메이커를 활용할 때 이렇게도 해볼 수 있어요!

처음에 학생들에게 자신만의 음악을 만들어보라고 하면 어려워하는 모습을 보이는 경우가 많습니다. 기본 코드를 바탕으로 제시하고 만드는 음악은 아직 학생들이 어려워하여서 자신만의 색의 배열을 통해서만 음악을 만들도록 하였습니다. 그리고 학생들이 조금 더 쉽게 음악을 만들 수 있도록 다른 교과(국어)의 지문과 관련된 삽화와 이야기를 들려주고 그것과 어울리는 음악을 상상하고 만들어 보게 하였습니다. 지문과 관련된 삽화와 이야기를 들려주었을 때, 삽화 속의 특정한 부분을 보고 크롬뮤직랩 송메이커에 비슷하게 그리는 학생, 이야기에서 익숙하게 나온 단어를 비슷하게 쓰는 학생, 자신이 좋아하는 2~3가지의 색으로만 음악을 완성하는 학생 등 다양한 반응이 나타났습니다. 그리고 자신만의 다양한 방법으로 만든 색의 배열이 음악으로 만들어지고 친구들과 공유하여 같이 들을 수 있다는 점에서 학생들이 매우 즐거워하는 모습을 볼 수 있었습니다.

크롬뮤직랩 송메이커는 장애가 있는 학생들도 쉽게 사용할 수 있게 직관적이어서 사용이 쉽고, 간단한 방법으로 음악을 저장하고 공유할 기회를 제공하여 교사와 학생 간의 상호작용을 풍부하게 만드는 데 적합했습니다. 또한 중증 장애가 있는 학생들도 배움을 주도하고 탐구하며 표현할 수 있는 기회를 제공한다는 점에서 매우 중요한 의미를 갖습니다. 앞으로도 크롬뮤직랩 송메이커같이 모두를 위한 에듀테크가 많이 개발되어 수업에 적용할 수 있다면 장애가 있는 학생들의 다양한 학습 요구를 충족시키고, 학습 환경을 더욱더 효과적이고 포용적으로 만들어 줄 수 있을 것입니다.

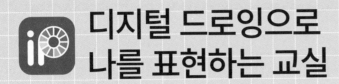

세미초

김혜민

태블릿 PC가 우리 곁에 등장한 지 10년이 되어갑니다. 10년 사이에 대한민국 대학생들은 종이책과 노트 대신 태블릿 PC 속 PDF 파일과 전자 노트로 공부하게 되었습니다. 종이책뿐만 아니라 TV와 PC의 자리를 넘보는 입지를 가지게 된 태블릿 PC. 그 태블릿 PC가 이제는 전국의 교실에 등장했습니다.

태블릿 PC를 활용한 수업 중 교사와 학생 모두가 행복하게 집중할 수 있는 수업이 있는데, 바로 태블릿 PC를 활용한 디지털 드로잉입니다.

이전 세대의 디지털 드로잉은 주로 PC에 타블렛[*]을 연결하여 진행되었습니다. 타블렛은 디지털 드로잉에 특별히 관심 있는 사람이나 전문가만 이용하는 기기였던 탓에 디지털 드로잉의 접근성이 낮을 수밖에 없었습니다. 하지만 태블릿 PC가 타블렛의 자리를 꿰차면서 상황이 바뀌었습니다. 누구나 태블릿 PC 한 대와 펜만 있다면(심지어 펜이 없어도!) 디지털 드로잉에 도전할 수 있게 되었습니다.

전 국민 공모전이라고 불릴 정도로 많은 이들이 도전하는 카카오톡 이모티콘부터, 인스타나 틱톡 등에서 연재되는 컷·숏폼 만화까지. 전문 만화가, 일러스트레이터가 생산한 디지털 콘텐츠를 소비하던 시대에서 이제는 누구나 디지털 콘텐츠를 생산하고 소비하는 시대로 바뀌었습니다. 전문적인 교육을 받지 않은 일반인이 이모티콘 작가가 되거나, 인스타툰 작가가 되어 돈을 번다는 것은 이제 낯선 이야기가 아닙니다.

---

[*] 패드와 펜이 한 세트로, 컴퓨터에 연결하여 사용하는 입력장치

디지털 드로잉 프로그램 살펴보기

교실에서 활용할 수 있는 디지털 드로잉 프로그램을 살펴봅시다. 공통적으로 로그인이 필수가 아니기 때문에 접근이 간편하다는 특징이 있습니다.

1 이비스페인트X

이비스페인트X는 필자가 디지털 드로잉 수업에서 주로 사용하는 프로그램입니다. UI가 직관적이어서 입문하기 어렵지 않고, 브러시와 기능을 다양하게 제공해 활용도가 높습니다. 광고가 간혹 등장하지만 금방 스킵할 수 있고, 광고 시청 시 유료 브러시도 무료로 이용할 수 있습니다. 제공되는 톤이나 요소, 필터를 활용하여 완성도 높은 작품을 제작할 수 있어서 한번 익히면 오래오래 사용할 수 있는 프로그램이라고 생각합니다.

그림 2-3-1 **이비스페인트X로 그린 작품**

2 프로크리에이트

태블릿 PC 일러스트 입문자들 사이에서 입소문을 탄 프로그램입니다. 유료 프로그램이고 아이패드에서만 사용할 수 있어서 수업보다는 선생님들이 일러스트에 입문할 때 더 많이 사용합니다. 내부 UI가 매우 직관적이며, 애니메이션 기능이 있어 움직이는 이모티콘을 만들 때도 많이 사용합니다.

그림 2-3-2　**프로크리에이트로 그린 작품**

3　오토데스크 스케치북

안드로이드 무료 제공 앱이며 필요한 기능은 기본적으로 다 갖추고 있어서 디지털 드로잉 수업에서 가장 많이 언급되는 프로그램입니다. 브러시 종류를 미술 도구 이미지로 제공하여 여러 가지 도구를 디지털 환경에서 경험해 볼 수 있습니다. 완성도 높은 작품 제작보다는 간단한 스케치 및 연습용 프로그램이라고 할 수 있습니다.

표 2-3-1　**주요 디지털 드로잉 프로그램의 특징**

앱	이비스페인트X	프로크리에이트	오토데스크 스케치북
로고			
장점	• 부분 무료 • 다양한 브러시와 소재 • 타임랩스(그리기 과정 영상)	• 직관적, 간단한 채색 • 폴더 기능 • 애니메이션 작업 가능	• 무료 • 가벼움 • 다양한 미술 도구 체험
단점	• 광고 있음	• 유료 앱 • 아이패드 전용	• 전문가용 프로그램은 아님

다양한 디지털 드로잉 프로그램 중, 무료이면서 교사와 학생 모두 장기적으로 활용할 수 있는 이비스페인트X에 대해 알아보겠습니다.

그림 2-3-3 이비스페인트X 실행 화면   그림 2-3-4 이비스페인트X 나의 갤러리

1 이비스페인트X 실행 화면

파란 배경에 로고와 [나의 갤러리], [로컬 갤러리], [온라인 갤러리] 메뉴가 보이고, 하단에 다른 유저들의 작품이 노출됩니다. 수업 및 창작 활동은 대부분 [나의 갤러리]에서 이루어집니다.

2 이비스페인트X [나의 갤러리]

[나의 갤러리]를 클릭하면 나의 작품 목록을 확인할 수 있습니다. 앨범 형태로 제시되며, 클릭하면 확대되는데 이때 편집 또는 저장할 수 있습니다. 상단의 [+] 버튼을 눌러 캔버스를 새로 만들거나, 기존의 사진을 가져와서 작업할 수도 있습니다.

3 이비스페인트X 캔버스

❶ 메뉴: 기본적으로 좌측에는 도구들, 하단에는 세부 설정 메뉴로 구성되어 있습니다.

❷ 브러시: 좌측 메뉴의 [브러시]를 클릭하고, 하단의 [숫자가 적힌 원]을 누르면 브러시를 설정할 수 있습니다. 크기, 필압(압력에 따른 농도나 굵기 변화), 테두리 등 다양하게 설정할 수 있습니다. [사각형]을 누르면 색상을 지정할 수 있습니다.

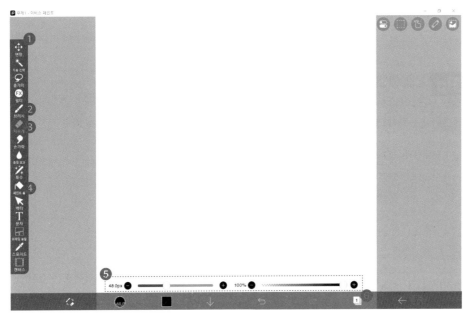

그림 2-3-5 **이비스페인트X 캔버스**

❸ **지우개**: 좌측 메뉴의 [지우개]를 클릭하거나, 하단 메뉴 좌측의 [펜·지우개 전환]을 클릭하여 사용할 수 있습니다. 지우개도 브러시처럼 크기, 질감, 투명도를 설정할 수 있습니다.

❹ **페인트**: 클릭하는 영역 전체에 설정한 색상을 채우는 기능입니다. 스케치에 틈이 있으면 원하는 영역 밖으로 색칠될 수 있으니 이 기능을 활용할 때는 스케치를 꼼꼼하게 점검해야 합니다.

❺ **크기, 투명도 빠른 설정**: 하단의 가로로 긴 막대 두 개를 움직여 브러시나 지우개의 크기와 투명도를 빠르게 설정할 수 있습니다.

❻ **레이어**: 하단 메뉴 우측의 종이 뭉치 아이콘을 누르면 레이어를 설정할 수 있습니다. 이비스페인트X는 클리핑 기능이 잘 되어 있습니다. 클리핑을 사용하면 내가 원하는 부분만 색칠하거나 편집할 수 있습니다.

❼ **나가기, 저장하기**: 하단 메뉴 가장 우측의 화살표 버튼을 누르면 이미지를

클리핑 전   클리핑 후

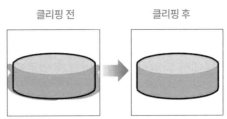

그림 2-3-6 **클리핑 개념**
출처 클립스튜디오

앨범에 저장하거나 작업을 끝낼 수 있습니다.

- 펜이나 손가락으로 원하는 지점을 꾸욱 누르면 그 색상으로 현재 브러시의 색상을 바로 지정할 수 있습니다.
- 그림을 그리는 중 두 손가락으로 화면을 두 번 톡톡 두드리면 '되돌리기'할 수 있습니다. 세 번 톡톡톡 두드리면 반대로 '다시 실행'할 수 있습니다.

교실에서 디지털 드로잉 수업하기

이제 교실에서 디지털 드로잉 수업을 해봅시다.

기초기능 익히기	직선 바르게 그리기, 원 그리기, 브러시 사용해 보기, 색상 선택하기 등
따라 그리기	동물, 과일, 사물 등을 보면서 따라 그리기
작품 만들기	주제에 맞게 자유롭게 작품 만들기

첫 차시에는 학생들이 기초기능을 익힐 수 있도록 합니다. 직접교수법으로 직선 바르게 그리기, 원 그리기, 여러 가지 브러시 사용해 보기, 색상 선택하기 등 기본 기능을 체험하고 익힐 수 있도록 안내합니다.

다음으로 바로 자유롭게 작품을 만들어 볼 수도 있지만, 초등학생의 경우 따라 그리기를 좀 더 추천합니다. 따라 그리기는 교사가 실시간으로 시범을 보여줄 수도 있고, 디지털 드로잉 유튜브 채널 영상을 함께 시청하면서 수업할 수도 있습니다. 유튜브 등 온라인 채널에서 다양한 크리에이터가 업로드한 여러 가지 사물의 따라 그리기 튜토리얼 영상을 활용할 수 있습니다.

따라 그리는 활동을 통해 디지털 드로잉에 익숙해졌다면 자유롭게 작품을 만들어 볼 수 있습니다. 다양한 교과 활동과 연계하여 실시할 수 있으며 내 캐릭터 만들기, 우리 반 캐릭터 공모전 등 자치영역 등 창체 시간과도 연결할 수 있습니다. 2학년의 경우 2022 개정 교육과정 통합교과의 [물건] 교과서의 다양한 차시와 연계하여 활용할 수 있었습니다.

Q. 디지털 드로잉 수업이 어렵지는 않나요?

A. 디지털 드로잉 경험이 많지 않은 교사라도 어렵지 않게 수업할 수 있는 방법은 많습니다. 다양한 온라인 콘텐츠를 함께 시청하면서 배울 수도 있고, 개별 활동도 가능하기 때문에 어렵지 않은 수업이라고 생각합니다.

Q. 펜이 꼭 있어야 하나요?

A. 손가락으로 그릴 수는 있지만 손끝이 다칠 수도 있으므로 펜을 사용하는 것을 추천합니다.

디지털 드로잉 수업 초반에는 교사의 태블릿 화면을 아이들이 볼 수 있게 실시간으로 공유하는 것이 큰 도움이 됩니다. 교사 화면을 실시간으로 공유할 수 있는 세 가지 방법을 소개합니다.

① 교사 화면 실시간으로 공유하기

1. 태블릿 PC 미러링 설정하기

미러링 키워드로 검색하여 컴퓨터 및 태블릿 PC OS에 맞는 방법으로 연결합니다.

2. Zoom, 구글 Meet 등 회의 프로그램에서 화면 공유하기

1번이 어려운 선생님들을 위한 방법입니다. 회의를 열어 컴퓨터와 태블릿 PC에서 각각 회의에 참여 후 태블릿 PC에서 화면공유를 합니다. Zoom에서는 '화면공유-고급' 탭에서 아이패드/아이폰과 바로 연결하는 기능도 활용할 수 있습니다.

3. 실물화상기 활용하기

2번도 어려운 경우 실물화상기를 활용하여 진행하실 수도 있습니다. 선생님의 손, 펜 끝을 보여줄 수 있다는 큰 장점이 있습니다.

② 디지털 드로잉 결과물 공유하기

작품을 완성한 후 내 작품을 공유하고 친구들의 작품을 감상하는 활동을 해봅시다. 패들렛, 아이스크림 띵커벨 보드, 티셀파 클래스보드 등의 에듀테크를 활용하여 작품 제목을 정하고, 간단한 설명을 작성해 보는 활동을 할 수 있습니다.

1. 작품 저장하기

PNG로 내보내기한 후, 저장 결과를 기기 내 앨범에서 확인하도록 합니다.

2. 보드에 작품 게시하기

교사가 사전에 개설해 둔 보드에 접속하여 자신의 작품을 업로드합니다. 작품 제목과 간략한 설명을 추가하도록 할 수 있습니다. 주소를 공유하는 것보다 QR코드를 활용하면 수업 중 간단하게 접속할 수 있습니다. 아이스크림 띵커벨 보드, 티셀파 클래스보드에서는 자체 QR코드 공유 기능을 제공하고 있습니다. 특히 클래스보드는 QR 이미지를 다운로드하지 않고도 크게 확인할 수 있어 유용합니다.

그림 2-3-7 아이스크림 띵커벨 보드

그림 2-3-8 티셀파 클래스보드

3. 감상하기·소감 나누기

친구의 작품에 하트를 눌러주거나, 선플을 달아주며 소통할 수 있습니다. 물론 하트나 댓글은 교사가 설정하여 사용 해제할 수 있습니다.

그림 2-3-9　감상하기·소감 나누기

디지털 드로잉 수업 주제

디지털 드로잉 수업을 어떤 주제로 진행할까요? 다양한 아이디어를 참고해서 선생님만의 수업을 진행해 보세요. 미술 작품뿐만 아니라 여러 교과의 개념과 아이디어를 표현하는 수단으로서도 유의미한 디지털 드로잉 수업, 함께 도전해 볼까요?

그림 2-3-10　과자 디자인하기

그림 2-3-11 **나만의 캐릭터 그리기**

표 2-3-2 **디지털 드로잉 수업 주제**

수업 주제	수업 내용
자기소개 캐릭터 만들기 (진로활동)	• 나의 모습과 개성을 캐릭터로 표현하기 • 그렇게 표현한 까닭을 발표하며 자기소개하기
우리 반 캐릭터 만들기 (자치활동)	• 우리 반의 분위기와 특징을 담은 캐릭터 그리기 • 우리 반 캐릭터를 투표로 결정하기
기념일 상징물 그리기, 꾸미기 (계기 교육)	• 기념일의 상징물 표현하기 • 교사가 도안을 제공하고 꾸밀 수 있음 • 식목일(화분), 추석(한복, 송편), 크리스마스(트리, 장식), 독도의 날(독도), 한글날(한글, 세종대왕) 등
이모티콘 만들기	• 캐릭터의 다양한 표정 표현하기 • 내가 느끼는 감정 발표하기
편지지 꾸미고 편지 쓰기	• 국어 교과와 연계하거나 기념일에 편지쓰기 • 출력하거나, 이미지 파일을 메신저로 전달하기
수학 교과 연계 활동	• 곱셈표 만들기, 도형의 정의, 표와 그래프 그리기 등
사회 교과 연계 활동	• 지도 그리기, 지도 완성하기, 연표 만들기 등
통합, 미술 교과 연계 활동	• 명화 패러디, 영화 포스터 패러디, 계절감 표현하기, 로고 만들기, 상품 디자인하기 등

※ 사전에 도안을 준비하여 패드에 업로드하고 학생들이 그 도안을 활용하여 작품을 완성하는 수업도 가능합니다.

04

디지털 시대 유치원 놀이: 기술과 상상력의 만남

흥해초등학교병설유치원
김예슬

코로나19 팬데믹은 전 세계적으로 교육의 방식에 큰 변화를 가져왔습니다. 특히 유치원 교육 현장에서는 원격수업을 도입하면서 유아들에게 디지털 기술이 새로운 학습 도구로 자리 잡게 되었습니다. 그 이전에도 유치원 교육과정은 다양한 매체와 도구를 활용한 놀이 중심 학습을 중요하게 여겼지만, 디지털 매체는 그 자체로 놀이와 학습을 통합하는 중요한 역할을 하게 되었습니다.

디지털 매체는 단순히 정보를 전달하는 도구를 넘어, 유아들의 창의성과 문제 해결 능력을 키울 수 있는 매개체로 발전했습니다. 예를 들어, 다양한 교육 앱이나 인터랙티브 영상, 게임 등을 통해 아이들은 새로운 형태의 상호작용을 경험하게 되었으며, 이러한 경험은 그들의 인지 발달과 사회적 상호작용에 긍정적인 영향을 미쳤습니다. 디지털 기기를 이용한 놀이는 그 자체로 몰입과 집중을 유도하며, 아이들이 놀이를 통해 배우고 탐구할 수 있는 다양한 기회를 제공하였습니다. 특히, 유치원에서는 교사와 아이들이 디지털 도구를 활용해 협력적으로 문제를 해결하거나, 이야기 속 주인공이 되어 가상공간에서 모험을 떠나는 등의 활동을 통해 상상력과 창의적 사고를 자극하고 있습니다. 또한, 디지털 매체는 물리적인 제약을 넘어 다양한 콘텐츠에 접근할 수 있는 기회를 제공하므로, 유아들이 다양한 문화적 배경과 경험을 접할 수 있는 창을 열어주기도 합니다.

하지만 디지털 기술의 도입은 그 자체로 여러 가지 도전 과제를 동반합니다. 첫째, 디지털 매체에 과도하게 의존할 경우, 유아의 신체적 활동과 자연과의 교감이 부족해질 우려가 있습니다. 따라서 유치원 교육에서는 디지털과 아날로그 놀이가 균형을 이루는 방식으로 접근해야 합니다. 둘째, 디지털 콘텐츠의 질과 안전성도 중요한 문제로 대두됩니다. 교육적인 목적을 충족하는 콘텐츠 선정과 안전한 사용 환경을 제공하는 것이 필수적입니다.

상상이 현실이 되어버린 세상과 유치원 교육과정의 변화

과학과 기술의 발전으로 현재 우리는 과거에는 전혀 예상하지 못했던 방법으로 삶을 살아가고 있습니다. 이것을 다시 말하면 생각만 했던 것들이 현실화가 되고 있습니다. 예를 들면, 과거에 "청소를 누군가가 대신 해주었으면 좋겠어."라고 상상을 했다면 이제는 로봇청소기가 집안 곳곳을 대신 청소해 주고, AI 세탁기가 옷감에 맞게 저절로 세탁과 건조까지 해주고 있습니다. 이제는 지구를 벗어나 화성으로 가겠다고 하는 세상이 되었습니다. 이렇게 디지털화로 인해 우리의 일상이 많이 변했습니다. 한편, 학교에서는 코로나19 대응 과정에서 전례 없던 원격수업이 나타나게 되었고, 유아들의 일상 안에서도 자연스럽게 디지털, 인공지능, AI의 기술들이 자리 잡고 있습니다. 유치원에서는 이러한 세상의 흐름과 변화에 따라 다양한 방법으로 디지털 기반 놀이 환경을 구축하고 있습니다.

정부에서는 교실에 디지털을 구축하는 '스마트교실'을 지속적으로 추진하고 있으며, 교사들은 디지털을 활용하여 다양한 방법으로 놀이할 수 있는 방안들을 계속 연구하고 있습니다. 아이들 또한 디지털에 익숙해진 세대라 궁금한 것이 생기면 "선생님, 검색해서 알려주세요!", "패드에 그림을 그리고 싶어요."라고 먼저 제안해 오기도 합니다.

그림 2-4-1 교실 속 QR코드를 찾아 웹 페이지에 접속하는 모습

그림 2-4-1　교실 속 QR코드를 찾아 웹 페이지에 접속하는 모습

그림 2-4-3　이야기 나누기를 하며 패들렛에 업로드된 일상을 소개하는 모습

디지털을 통한 일상 공유와 소통: QR코드를 활용한 유아들의 창의적 놀이

유아들의 일상에 디지털이 들어왔다는 것은 무엇을 의미할까요? 간혹 이에 대해서 잘못 이해하게 되면 유치원에서 무분별하게 '디지털'로 된 수업만 할 것이라는 오해들이 있습니다. 유치원 교실에서의 디지털은 아주 간단한 방법으로 융합될 수 있고, 조금 심화된 방법으로도 융합될 수 있습니다. 먼저 간단한 방법으로의 융합으로 아이들의 이야기를 소개하자면 '주말 이야기'를 Padlet(패들렛)에 공유하며 자기 경험을 나누는 것으로 시작해 놀이 시간에도 친구들의 일상을 함께 공유하고 싶어 했습니다. 마침 QR코드로 손쉽게 접속할 수 있음이 떠올라 QR코드에 대해 알아보고, QR코드를 스캔하여 접속하는 방법을 함께 알아보았더니 교실에서는 어느샌가 다양한 형태의 QR코드가 여기저기 붙기 시작했습니다. 듣고 싶은 노래를 바로 스캔해서 듣거나, 보고 싶은 친구의 사진을 스캔해서 바로 보거나, 궁금한 동물의 이야기들을 바로 스캔해서 읽을 수 있게 되었습니다. 일부 보호자는 "집에서 한 재미있는 활동이나 가족과 갔던 여행을 아이가 친구들에게 보여주고 싶어 하고 설명해 주고 싶어 하여 주말마다 다양한 놀거리를 찾게 된다"라고 말하며 서로의 일상 공유에 대한 긍정적인 반응을 나타냈습니다. 마찬가지로 유아는 "○○이 춤을 추며 놀이하는 모

습이 너무 재미있어요.", "공룡 박물관? 나도 가보고 싶어! 엄마에게 가자고 해야겠다!"라고 말하며 친구의 경험에 대한 자신의 느낌, 생각, 경험을 공유합니다. 가정과의 연계가 그 어느 현장보다도 중요한 유치원에서는 가정과 유치원에서의 놀이를 공유하는 이러한 앱 또는 웹 사이트가 많은 도움이 됩니다.

디지털 매체를 활용한 창의적 놀이와 디지털 윤리

유아들이 디지털 플랫폼을 활용하여 놀이만 하는 것이 아니라, 교육과정 속에서도 디지털을 다양하게 활용할 수 있습니다. 예를 들면 유아들이 동화를 읽고 뒷이야기를 새롭게 바꾸고 싶어 할 때 와콤으로 그림을 그려 동화의 뒤 내용을 바꾸고, 음성 녹음을 하여 동화를 친구들에게 바꾸어 들려주고, 잘 생각이 나지 않을 때는 AI에 질문하여 새로운 방법으로 동화를 구성할 수 있도록 하는 조금 더 깊이 있게 디지털이 융합된 놀이입니다. 이처럼 유치원 교실에서의 디지털이란 놀이를 하기 위해, 배움을 지원하기 위한 하나의 '매체'로 작용하고 있음을 알 수 있습니다. 한편, 디지털이 일상으로 스며드는 만큼 교사와 학부모의 고민도 커지고 있습니다. 디지털로 융합하여 유아의 놀이를 지원하고, 배움의 매체로 활용하는 것은 좋지만 이와 동시에 디지털 윤리에 대해 유아 시기부터 이해하고 배워나가

그림 2-4-4 **친구들의 놀이를 보며 행복해하는 유아 사진**

는 것 또한 매우 중요하다고 생각합니다. '디지털 윤리'란 사회적으로 합의된 옳고 그름에 대한 기준에 따라 온라인상에서 해야 할 것과 하지 말아야 할 것을 가늠하고 실천하는 것(교육부, 2021)이라고 정의하고 있습니다.

정세랑 작가는 여행을 하며 쓴 에세이에서 "행복은 연결망 위에 놓여 있는 듯하다."라고 표현한 바 있습니다. 여기에서 말하는 '연결망(連結網)'은 무엇을 서로 연결하기 위하여 그물처럼 치밀하게 짠 체계를 의미합니다. 우리의 삶은 개개인으로 바라보면 '하나'이지만 어떤 삶도 '연결망' 없이 이루어지지 않습니다.

유아의 삶도 마찬가지로 유아가 세상에 발을 들이미는 순간부터 많은 이해관계가 얽히게 됩니다. 과거 유아들은 같은 유치원 친구들과만 소통하고 교류하는 것이 당연한 일로 여겨졌습니다. 다시 말하면 거주지가 가까운 유아들이 모여 유치원에 다니고 놀이하며 관계를 맺어갔습니다.

하지만 지금은 화상 통화 플랫폼 'Zoom'을 통해 멀리 떨어져 있는 친구들과 소통하고 함께 놀이할 수 있는 세상이 되었습니다. 현재 유치원은 '2019 개정 누리과정'을 적용하여 놀이 중심, 흥미 중심으로 교육과정을 운영하고 있기 때문에 그 유치원의 유아들이 가지고 있는 흥미를 공유하고 놀이의 방법을 소통하며 더욱 풍부하게 놀이하고 있습니다.

이를 통해 연결 속에 자리 잡고 있던 사소한 장벽이 무너지고 유아들은 이러한 화상 플랫폼을 '학습의 도구'로 활용할 수 있게 되었습니다. 실제로 유치원 현장에서는 'Zoom'

그림 2-4-4 **친구들의 놀이를 보며 행복해하는 유아 사진**

을 통해 다른 유치원 친구들과 함께 소통하고 있습니다. 유아들은 화면 속 친구들을 바라보며 "안녕? 나는 ○○반 ○○○이야."라고 자신을 소개하거나 "너희들은 어떤 놀이를 하고 있니?"라고 질문하며 다른 유치원 친구들의 놀이를 궁금해합니다. 심지어 여러 번의 만남 이후 "우리가 노래 선물을 해주고 싶어."라며 음성으로 마음을 표현하기도 했습니다.

창의와 기술의 융합: 유치원의 놀이 혁신

유치원에서는 교육활동으로 동화를 활용하여 '동극'을 하기도 합니다. 동극은 실제로 유아가 주인공이 되어 연기를 하고, 대사를 하며 재미있게 동화를 즐기는 방법의 하나인데 여기에서도 디지털이 매체로 한몫하고 있습니다. 대사를 유아 한 명 한 명이 직접 이야기하며 녹음을 하고, 배경음악을 만들기 위해 교사가 직접 SUNO(수노)를 활용하고 유아는 원하는 곡의 느낌, 곡의 가사 등을 이야기 나누며 인공지능을 활용합니다.

유아기 때부터 올바른 방법으로 디지털을 활용하여 다양한 배움을 경험하는 것은 매우 중요하다고 생각합니다. 적절한 필요에 의해 '디지털'과 융합된 교육과정, 서로를 더 잘

그림 2-4-6 **직접 음성을 녹음하고, AI로 만든 배경음악을 깐 녹음 파일에 동극을 하는 장면**

이해하고 알아갈 수 있는 다양한 공유 방법, 가정과의 연계에 활용되는 편리함과 지속성, 풍부한 교육 자료와 매체로 활용되는 '디지털' 덕분에 유치원에서는 놀이를 더욱 풍부하게 펼쳐 나갈 수 있게 되었습니다.

연결의 시대, 유치원의 변화를 모색하다

세상은 빠르게 변화하고 있습니다. 오늘보다 내일이 더 발전하고, 향후 미래에는 또 어떤 새로운 직업들이 우리 삶에 들어올지는 아무도 모릅니다. 지원하는 정부와 배우고자 하는 마음으로 디지털을 알아 가는 교사, 그리고 열린 마음을 가진 유아들 덕분에 공간과 시간의 제약을 받았던 과거의 '연결'과는 다르게 이제는 어떠한 방식으로든 '연결'되고 있습니다.

이와 같은 경험들은 유아의 창의력과 문제 해결 능력을 길러주고, 일상 속 깊이 스며든 디지털과 함께 '연결'되어 살아갈 수 있는 기회를 제공합니다. '바꾼다'는 것은 말처럼 쉬운 것이 아닙니다. 하지만, 이제는 디지털과의 융합을 외면할 수 없는 세상이 되었습니다. 유아들에게 조금 더 깊이 있는 올바른 디지털 경험을 심어주기 위해 앞으로도 교사들은 더 많이 노력하고 배워나갈 것입니다. 결론적으로, 코로나19는 유치원 교육에서 디지털 매체의 중요성을 부각시켰고, 이제 디지털 놀이와 전통적인 놀이의 조화로운 결합이 필요합니다. 디지털 기술을 효과적으로 활용함으로써 유아들은 새로운 학습의 가능성을 열 수 있으며, 이를 통해 기술적 사고와 창의적인 문제 해결 능력을 배양할 수 있습니다. 유치원 교육은 앞으로도 디지털 매체와 아날로그적 접근이 상호 보완적으로 작용할 수 있는 방법을 모색해야 할 시점에 있습니다.

무엇이든 만들 수 있는
틴커캐드

백운초
원정민

2022 개정 교육과정에 '디지털 기초 소양' 내용이 들어감에 따라 각 교과 교육과정에도 '디지털 기초 소양' 함양을 강조한 부분들이 드러납니다. 그중에서도 본 주제인 '무엇이든 만들 수 있는 틴커캐드'와 관련 있는 2022 개정 미술과 교육과정을 살펴보려고 합니다.

> 디지털 전환의 시대를 맞이하여 미래에 대한 예측이 불확실해질수록 삶의 주체로서 자신에 대한 이해가 더욱 중요해지고 있다. 미술의 경험을 통하여 학생들은 자신이 느끼고 생각한 것을 이해하고 성찰하며 확장함으로써 자신의 정체성을 형성해 갈 수 있다. 또한 타인, 환경, 세계와 상호 작용하는 가운데 자신의 위치를 확인하고 나아가 타인의 고유성을 존중하며 더불어 살아가는 힘과 협력적 문화를 형성하는 힘을 기를 수 있다. 특히 가상공간까지 미술의 범위를 확대하고, 표현과 소통의 도구로 디지털 매체를 적극적으로 활용함으로써 학생들은 신체와 사고, 시간과 공간의 경험을 확장하며 디지털 시대에 필요한 소양을 기를 수 있다. 이를 바탕으로 학생들은 개인의 문제를 넘어 주변과 세계에서 일어나고 있는 다양한 문제에 새로운 질문을 던지고 함께 해결하면서 사람과 환경의 공존을 위한 생태 전환적 가치를 함양하여 공동체의 발전에 참여하는 시민으로 성장할 수 있다.
>
> - 2022 개정 미술과 교육과정 성격 및 목표 중

2022 개정 미술과 교육과정에서는 "가상공간까지 미술의 범위를 확대하고 표현과 소통의 도구를 아날로그에 제한하지 않고 디지털 매체를 적극적으로 활용함으로써 학생들의 신체와 사고, 시간과 공간의 경험을 확장하며 디지털 시대에 필요한 소양을 기를 수 있다."라고 기술하였습니다. 즉 표현과 소통의 도구로 디지털 디바이스를 활용하는 것이 디

지털 기초 소양 함양에 도움이 될 것이기에 권장하고 있는 것으로 해석됩니다.

수년간 디지털 디바이스 활용 수업을 연구해 오면서 느낀 점은, '미술' 교과가 디지털 디바이스를 활용하기에 가장 좋은 교과 중 하나라는 겁니다. 왜냐하면 교육과정에서 언급한 대로 표현과 소통의 도구의 한계를 넘어설 수 있기 때문입니다. 예를 들어 스케치북 앱을 활용한 디지털 드로잉 활동, 캔바를 활용한 홍보물 만들기 활동, 오늘 주제인 틴커캐드를 활용한 3D 미술 활동 등 표현과 소통의 도구가 다양해집니다. 또한 현재 2025년에도 사회에서 활용되는 미술은 웹툰, 일러스트, 홍보물, PPT 등 대부분이 디지털 기반이기 때문에 미래를 살아갈 학생들에게 디지털 기반 미술 활동이 더 많이 필요하지 않을까도 생각합니다. 이제 교육과정에서도 언급되었으니 단위 학교 수업에서 디지털 기반 미술 활동이 더욱 확대되지 않을까 기대해 봅니다.

틴커캐드란?

수많은 디지털 기반 미술 활동 중, 무엇이든 만들 수 있는 틴커캐드 수업을 소개합니다. 틴커캐드는 Autodesk 사에서 만든 교육용 3D 모델링 프로그램으로 CAD나 스케치북 앱을 만든 회사로 유명합니다. 3D 모델링 프로그램이라고 해서 어려운 3D 모델링이 아닙니다. 틴커캐드는 초등학생도 매우 쉽게 3D 모델링을 할 수 있는 교육용 프로그램입니다.

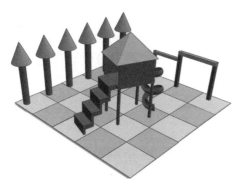

그림 2-5-1 **공간 작품 예시**(놀이터)

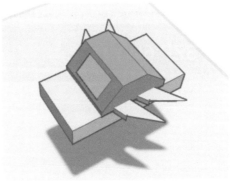

그림 2-5-2 **만들기 작품 예시**(무중력 자동차)

캔바에서 디자인이 쉬운 이유가 무엇인가요? 이미 전문가들이 만들어 놓은 템플릿이나 요소를 그대로 활용하여 배치할 수 있기 때문입니다. 틴커캐드도 마찬가지입니다. 구, 상자 등의 기본 도형이나 바퀴, 창문 등 다양한 요소를 드래그해서 조립하면 멋진 결과물을 쉽게 만들 수 있습니다. 틴커캐드 홈페이지에 들어가면 '상상하기만 하면 됩니다'라고 나와 있는데, 그 말이 맞습니다. 학생들이 상상하는 어떠한 공간이든, 어떠한 건축물이든, 어떠한 제품이든 만들 수 있습니다. 학생들은 자신이 계획한 것들을 만들면서 "상상한 것을 만들 수 있어서 좋아요!", "만드는데 고생하긴 했지만, 결과물을 보니 보람되었어요." 등의 반응을 보이곤 합니다.

학교 현장 도입에 환경적 요인을 갖춘 프로그램(간단한 로그인, 무료, 안정적)

'간단한 로그인', '무료', '안정적'은 학교 현장 도입 시 환경적 요인은 갖췄다고 봐도 되겠죠? 틴커캐드는 [그림 2-5-3]과 같은 교사가 제공하는 코드만 있으면 학생 로그인은 끝입니다. 영어 입력이 어려운 경우 QR코드로 줄 수도 있고, 초등학교 고학년 이상은 QR코드보다 학생이 직접 입력하는 것이 빠릅니다. 코드만 입력하면 ID와 비밀번호는 따로 없습니다. 교사가 클래스 개설 시 추가한 학생의 이름이 곧 ID가 됩니다. 본인의 이름을 입력하면 로그인이 완료됩니다. 본인의 이름이 곧 계정이기 때문에, 다음에 본인의 이름으로 로그인

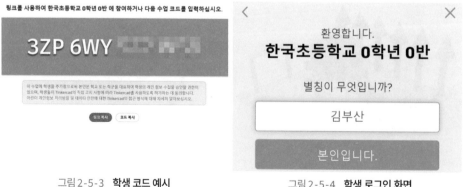

그림 2-5-3 학생 코드 예시   그림 2-5-4 학생 로그인 화면

하면 이전 작업을 이어서 할 수 있습니다.

게다가 무료이고, Autudesk 사에서 만든 만큼 믿을 만하고, 안정적입니다. 그리고 교실에 보급된 디지털 디바이스에서도 활용할 수 있고, 컴퓨터실에서 컴퓨터에서도 활용할 수 있습니다.

 틴커캐드는 태블릿으로도 할 수 있나요?

A. '키보드'가 있는 경우 태블릿에서도 가능합니다. 키보드가 없는 태블릿도 수업이 가능하긴 하지만, 도형을 늘리고 줄이는 과정에서 작은 네모를 손으로 클릭하기 어렵기 때문에 키보드가 없으면 '터치 펜'이 있어야 수월합니다. 터치 펜이 필수는 아니지만 클릭이 고됩니다. 터치 펜과 키보드 모두가 없다면, 컴퓨터실에서 활용하는 것을 추천합니다.

 ## 캔바처럼 요소를 가져와서 무엇이든 쉽게 만들어요

캔바에서 디자인이 쉬운 이유는 요소나 템플릿을 그대로 활용할 수 있기 때문이죠? 틴커캐드도 마찬가지입니다. 이미 있는 요소를 드래그해 조합해서 만드는 프로그램이기 때문에 쉽습니다. 우측에 있는 상자, 구 등의 기본 쉐이프 요소를 가져와서 조립하면 무엇이든 만들 수 있습니다. 기본 쉐이프 요소뿐 아니라 틴커캐드에서 제공하는 다양한 요소들을 활용할 수 있습니다.

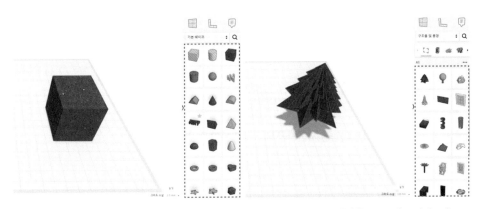

그림2-5-5 **기본 쉐이프 요소 그대로 가져오기**   그림2-5-6 **다양한 요소 그대로 가져오기**

그림 2-5-7 틴커캐드 작품 예시_자동차   그림 2-5-8 틴커캐드 작품 예시_캔

    [그림 2-5-7]은 기본 쉐이프와 바퀴 요소를 활용한 자동차이고, [그림 2-5-8]은 기본 쉐이프를 합치고 깎아 만든 나만의 캔입니다.

    미술 수업에서 만들기 수업의 빈도가 줄어들고 있습니다. 만들기를 하려면 재료가 필요한데 학급준비물로 미리 준비해야 하기 때문입니다. 또 만들기 수업 후에 청소하는 것도 타 미술 수업보다 번거롭습니다. 틴커캐드는 만들기 재료도, 청소도 필요 없습니다. 만들기 재료가 곧 기본 쉐이프와 같은 요소들입니다. 기본 쉐이프인 상자의 y축을 길게 늘여서 건물처럼 만들 수 있고 납작하게 줄이면 창처럼 만들 수 있습니다. 색깔은 클릭만으로 간단하게 바꿀 수 있습니다. 미술 교과를 위주로 소개했지만, 기본 쉐이프를 조합하면 어느 교과든 융합해서 활용할 수 있습니다. 과학 교과서 마지막 차시에 나오는 만들기 활동으로도 연계할 수도 있고, 사회 문화재 만들기, 수학 도형, 미술 조형 요소 등 무궁무진하게 융합하여 활용할 수 있습니다. 그리고 연구대회에서도 연구 주제와 연관 지어 산출물 만들기 활동으로 틴커캐드 활동을 많이 활용합니다. 왜냐하면 틴커캐드는 단일 물건을 만들 수도 있지만 '미래의 교실'처럼 공간도 만들 수 있어서 활용도가 정말 높기 때문입니다.

 Q. **틴커캐드는 몇 학년부터 할 수 있나요?**

A. 초등 저학년도 기본 기능을 차근차근 배우면 활용할 수 있습니다.

Q. 기본 기능을 얼마나 배워야 활용할 수 있나요? 선생님 수업 루틴도 궁금합니다.

 A. 학생 수준에 따라 다릅니다. 속도가 느리면, 학기 초에 1~2차시(3D 감 익히기, 도형 옮기기, 다양한 요소 탐색) 길게는 3~4차시(쉐이프와 깎기, 합치기) 정도 천천히 기본 기능을 익힙니다. 속도가 빠르면 위 수업을 2차시 만에 압축해서 배우고 기본 기능을 익힐 수 있습니다. 기본 기능을 익힌 다음에는 기본 기능을 활용한 작품을 만들도록 합니다.

학기 초에 위와 같이 기본 기능 수업을 해두면, 학기 중에 원할 때 틴커캐드를 활용할 수 있어서 좋습니다. 학생들이 계획한 대로 집중해서 결과물을 만들어가고, 결과물을 보고 만족해하는 것을 보면, 선생님도 뿌듯하실 겁니다!

✏️ LMS로 학생 작품을 관리해요

틴커캐드는 LMS 기능도 지원합니다. LMS 덕분에 결과물 관리가 매우 수월합니다. 학생 작품을 모아서 볼 수 있을 뿐 아니라, 교사가 학생 작품을 편집하거나 피드백을 줄 수도 있습니다. 혹은 교사가 준비한 모델링에서 만들어 놓고, 해당 모델링에서 각 학생이 작업을 이어가게 할 수도 있습니다.

그림 2-5-9 **학생 작품 모아보기**   그림 2-5-10 **학생 작품 편집하기**

 Tip

작품 설명까지 작성하게 하고 싶은 경우, 작품을 캡처해서 패들렛 등에 작품과 작품 설명을 함께 업로드하게 합니다.

정리

2022 개정 미술과 교육과정에서 "가상공간까지 미술의 범위를 확대하고 표현과 소통의 도구를 아날로그에 제한하지 않고 디지털 매체를 적극적으로 활용함으로써 학생들의 신체와 사고, 시간과 공간의 경험을 확장하며 디지털 시대에 필요한 소양을 기를 수 있다."라고 했는데, 틴커캐드가 해당 교육과정을 교실에서 실현하기에 제격인 에듀테크가 아닌가 싶습니다.

앞서 언급했듯이 처음에 기본 기능만 익히면 학생들 스스로 너무 잘 해냅니다. 자신이 계획한 대로 집중해서 만드는 모습도 너무 예쁩니다. 만들기 수업에 대한 비중이 점점 줄어드는 요즘, 틴커캐드로 학생들의 공간감, 창의력 등을 신장시키는 만들기 수업에 도전해 보는 것은 어떨까요? 꼭 미술 교과에 국한되지 않고, 어느 교과든 융합형 수업도 가능하니까요.

 틴커캐드 수업 시 팁이나 주의할 점이 있을까요?

첫째, 저는 틴커캐드 수업을 2주 연속하지 않는 것을 원칙으로 하고 있습니다. 아무리 재밌는 것도 자주 하면 지루하고 재미없어지겠죠.

둘째, 시간을 들여 결과물을 다 함께 공유하는 시간을 갖습니다. 학생들은 작품을 열심히 만들었기 때문에 결과물을 자랑하고, 공유하고 싶어 합니다. 결과물에 제목도 붙여보고, 왜 그렇게 만들었는지 이야기하는 등 감상 시간을 충분히 갖기 위해 노력합니다.

06

세계적인 수준의 교육을 우리 반 수학 시간에 접목하다

구평초
지혜인

배경 및 특징

우리 반 학생들의 수학 시간 준비물에는 조금 특별한 것이 있습니다. 수학책, 수학익힘책, 연필, 지우개 그리고 '태블릿.'

초등학교 고학년이 되면서부터 교과 학습을 어려워하는 아이들이 하나, 둘씩 눈에 띄기 시작합니다. 특히 수학 교과가 유독 그렇습니다. 계열성을 가지고 있는 교과 특성상 학생들의 선수학습 정도에 따라 그 실력의 편차가 두드러지기 때문입니다. 오죽하면 '수포자(수학을 포기한 사람)'라는 말이 유행처럼 번졌을까요. 심한 경우에는 한 학급에 25명의 학생이 있다고 가정할 때 25명 모두의 선수학습 정도가 다 다르게 느껴지기도 합니다.

이러한 문제는 결국 교사의 수업 준비를 힘들게 만들고, 학생의 수업 집중도를 떨어뜨리는 요인이 됩니다. 하지만, 오랜 고민과 교재 연구의 노력 끝에 그 어느 수준에 맞추더라도, 안타깝지만, 모든 학생을 만족시키기는 쉽지 않습니다. 문제를 빨리 풀고 남는 시간을 지루하게 기다릴 수밖에 없는 학생들과 수업의 수준을 따라가기 버거워 수업이 끝나기만을 기다리는 학생들이 혼재된 교실은, 사실 양쪽의 학생들 모두에게 시간 낭비가 가득한 공간으로 전락해 버리기 일쑤이기 때문입니다.

이런 상황을 해결해 보고자 작년 우리 학교에서는 '칸 아카데미(Khan Academy)'를 수학 시간에 활용해 보기로 하였습니다. 칸 아카데미는 유치원 수준부터 대학 기초 수준까지의 수학, 과학, 읽기, 컴퓨팅, 역사, 미술사, 경제 교육의 동영상 수업 및 연습 문제 등의 학습 자료를 무료로 제공하는 비영리기관입니다. 미국에서 시작되었지만, 현재는 한국어를 비롯하여 36개 이상의 언어로 번역되어 전 세계에서 사용되고 있습니다.

교실 내에서 칸 아카데미를 사용하는 방법은 어렵지 않습니다. 칸 아카데미 앱 또는 웹사이트에서 '교사'로 가입하면, 학생들을 관리할 수 있는 온라인 클래스를 만들 수 있습니다. 이미 구글 클래스룸을 사용하고 있다면 구글 클래스룸과 연동하여 클래스를 불러올 수도 있습니다. 클래스를 생성한 후에는 해당 학급의 학생들이 학습할 코스를 선택할 수 있는데, 이때 미국의 교육과정만을 바탕으로 구성되어 있지 않고 한국의 교육과정에 맞춰 재편된 학년별 수학을 선택할 수 있어 사용하기에 편리합니다. 이후, 링크를 학생 이메일로 보내거나 클래스 코드를 알려주어 개설된 클래스 내로 학생들을 초대하면, 교실에서 칸 아카데미를 사용할 준비는 모두 끝납니다.

그렇다면 과연 칸 아카데미를 교실에서 사용하는 것이 교사의 수업과 학생들의 학습에 어떤 도움이 된다는 걸까요? 지금부터는 교실에서 사용해 보고 실제로 도움을 받은 핵심 기능들을 위주로 소개하겠습니다.

학생들에게 과제를 부여해요

먼저, 교사는 온라인 클래스를 활용하여 학생들에게 일괄로 과제를 제공합니다. 이때, 여러 개의 과제를 한 번에 부여할 수도 있지만, 저는 매 차시 수업을 준비하면서 해당 차시와 관련된 과제만을 할당하였습니다. 학생들이 어떤 과제를 수행해야 하는지 몰라 생길 수 있는 혼란과 그로 인한 시간 낭비를 미연에 방지하기 위함입니다. 칸 아카데미에 익숙해진 우리 반 학생들은 교사의 별다른 안내 없이도, 본인에게 할당된 수학책과 수학 익힘책의 문제까지 다 풀고 나면 다른 친구들이 문제를 푸는 시간 동안 스스로 태블릿을 켜고 칸 아카데미에 접속해 자신에게 제공된 과제를 해결해 나가기 때문입니다.

이와 같이 학생들이 자동으로 다음 활동으로 넘어가는 점이 바로 칸 아카데미를 교실에서 활용하는 동안 교사로서 가장 많은 도움을 받았다고 생각하는 부분입니다. 학생들은 자신에게 주어진 활동을 끝낸 후 남는 시간을 낭비하는 대신 칸 아카데미 속 연습 문제를

그림 2-6-1 **연습 문제 및 동영상 배정**

통해 개념을 드릴 하는 기회를 얻을 수 있습니다. 이때 교사는 순회 지도를 통해 학생 개개인의 학습 목표 도달도를 확인하고, 해당 차시 학습 목표에 도달하지 못한 학생들을 개별지도할 수 있는 시간을 벌 수 있어 서로에게 효율적인 수업 시간을 만들 수 있습니다.

연습 문제뿐만 아니라, 차시별 학습해야 하는 개념과 관련된 동영상 수업도 교사가 온라인 클래스 내 학생들에게 일괄적으로 제공할 수 있습니다. 저는 주로 다음 차시 수학 수업이 있는 날 아침 활동으로 학생들이 스스로 동영상을 시청할 수 있게 지도하였습니다. 다음 차시 수업을 하기 이전에 이전 차시 학습 내용을 복습하는 기회를 제공하여, 자칫 희미해졌을 수 있는 개념을 다시금 상기시키기 위함입니다. 길지 않은 동영상이기 때문에, 학생들이 짧은 시간 동안 집중해서 영상을 본 후, 추가로 학급 내 다른 아침 활동인 독서 혹은 주제 글쓰기를 할 수 있는 시간이 충분했습니다.

교사 대시보드를 통해 과제를 점검하고 결과를 활용해요

수업이 끝나고 나면 저는 칸 아카데미의 교사용 대시보드 속 리포트 기능을 통해 해당 수업 중 학생들이 과제를 수행한 과정 및 결과를 꼭 확인하는 시간을 가졌습니다. 이때 교사용 대시보드에서 확인할 수 있는 정보는 크게 학생 개개인에 대한 개별 정보와 학급 전체에 대한 정보로 나눌 수 있습니다.

먼저, 학생 개인별로는 내가 제시한 동영상을 학습하였는지 혹은 과제를 수행하였는지, 해당 과제에 대한 점수는 몇 점인지 등의 정보를 확인할 수 있습니다. 더 나아가 상세 리포트를 통해서는 해당 과제를 몇 번의 시도 끝에 완수하였는지, 틀린 문제는 무엇이고 그 문제에 어떤 오답을 작성하였는지 등의 정보까지도 얻을 수 있습니다. 이때, 교사는 위와 같은 정보를 통해 보충 학습이 필요한 학생들을 확인할 수 있습니다. 학기 말 평가나 단원 평가에 비해 차시별로 학생의 성취도를 확인할 수 있다는 점은 교사의 빠른 개입을 가능하게 하는 요인이 되기도 합니다. 이 과정에서 보충 학습이 필요하다고 여겨진 학생들에게는 차시별 계열성을 참고하여 이전 학년 혹은 학기의 과제를 보충 과제로 부여할 수도 있습니다.

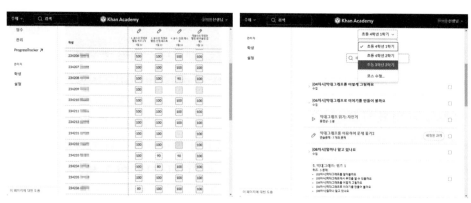

그림 2-6-2　**과제 점수 확인**　　　　그림 2-6-3　**타 학년 과제 배정 가능**

교사 대시보드를 통해 학급 단위 성취도를 확인하고 환류해요

다음으로, 차시별 우리 반 학생들의 학급 단위 전반적인 성취도를 확인할 수 있습니다. 특히, '시도함', '익숙함', '숙련됨', 그리고 '마스터함'의 네 가지 단계로 학생들의 성취 수준을 분류하는 마스터리 레벨은, 각기 다른 색깔로 그 수준을 표현한 그래프를 통해 쉽게 알아볼 수 있습니다. 그뿐만 아니라, 상세 정보를 확인하여 각 마스터리 레벨에 속한 학생들이 누구인지까지도 확인할 수도 있습니다.

이와 같이 차시별 학급 수준의 성취도를 확인하는 것은 다음 차시 수업을 준비하는 교사에게 큰 도움이 됩니다. 왜냐하면 지난 차시 과제 데이터를 통해 전반적인 학급의 성취도를 확인하여 다음 차시 수업의 난이도를 결정할 수 있기 때문입니다. 또, 이 데이터는 다음 차시에서 어떤 부분에 더 신경 써서 수업을 진행해야 할 지에 대한 지표가 되기도 합니다. 덧붙여, 지난 차시 과제로 출제한 연습 문제 중 우리 학급의 학생들이 가장 많이 틀린 문제를 확인하여, 다음 차시 수업을 본격적으로 시작하기 전에 전시학습 복습의 목적으로 학생들과 함께 푸는 시간을 가질 수도 있습니다.

그림 2-6-4 **마스터리 레벨**   그림 2-6-5 **마스터리 레벨 학생별 상세 정보**

 정리

칸 아카데미를 사용하기 전에는, 현실적인 문제에 부딪혀 매 차시 학생들에게 문제를 제공하지는 못하고 단원 평가를 포함해 한 단원에 두어 장 정도의 학습지만을 제공 후 채점해서 돌려주었습니다. 문제를 찾고 편집하고 프린트해서 학생들에게 개별로 나누어 주는 것도 많은 시간을 투자해야 하는 일이기 때문입니다. 학생들이 하교하고 난 후 다른 업무에 눈코 뜰 새 없이 바쁠 때면 다음 날 수업을 준비하는 것만으로도 벅차, 추가적인 학습지를 준비하거나 학습지를 채점하고 학생들마다의 성취도를 확인하여 피드백을 제공하는 것은 꿈꾸기조차 쉽지 않았습니다. 하지만, 칸 아카데미를 활용하면서 전 세계에서 사용되는 엄선된 문제들을 활용하여 클릭 몇 번으로 학생들에게 과제를 부여할 수 있고, 학생들이 문제를 풀고 나면 자동으로 채점되어 모니터 속 교사용 대시보드로 그 결과를 확인할 수 있다는 점은 정말 매력적으로 느껴졌습니다.

또, 이전 학년 혹은 학기의 개념 및 원리와 관련된 동영상 혹은 연습 문제를 제공할 수 있다는 것도 큰 장점입니다. 평소 제가 보충 지도를 하는 학생들 중 몇몇은 전반적인 수학 실력에 비해 일부 영역 및 단원에서만 현저히 낮은 성취를 보이는 학생들이었습니다. 이와 같은 학생들에게는 단원 및 차시의 계열성을 고려하여 놓친 선수학습을 다시 학습할 수 있는 기회를 제공하는 것이 필요했으나, 해당 차시 만을 위해 문제집을 구매하는 등은 효율적이지 못한 방안이었습니다. 그러나 칸 아카데미를 이용하면, 해당 학생에게 꼭 필요한 교육 자료를 쉽게 부여할 수 있으므로, 학생들이 현재의 학년에 얽매이지 않고 자신의 수준에 맞는 학습을 하는 데 도움이 됩니다.

다음 차시 수업 준비의 측면에서도, 지난 차시 우리 반 학생들의 전반적인 성취 수준을 파악한다는 것은 꼭 필요한 부분이었습니다. 학생들의 성취 정도에 따라, 혹은 많이 틀린 문제의 유형에 따라, 무엇을 어느 정도 복습하고 다음 진도로 나아갈 것인지를 판단할 수 있었기 때문입니다. 또, 가장 많이 틀린 몇 가지 문제는 다음 차시 수업 도입 단계에서 함께 풀어보는 등의 복습을 하는 기회를 제공할 수도 있습니다.

그러나 사실 아직은 플랫폼의 일부 단점들이 눈에 띄긴 합니다. 칸 아카데미는 우리나라에서 만들어진 플랫폼이 아니라 미국에서 만들어진 것이므로, 미국 교육과정을 기반으로 처음 설계되었습니다. 따라서, 미국 교육과정에 없는 우리나라 교육과정상의 단원들은 동영상 및 연습문제가 제공되지 않습니다. 또, 한국어로 번역되어 문제 및 동영상을 제공하기는 하지만, 완벽한 현지화가 되기 위해서는 여전히 시간이 필요해 보입니다. 몇 가지 문제는 번역의 오류가 있었으며, 초등학교 저학년 혹은 중학년 학생들에게는 더빙이 되지 않아 자막으로 보는 영상이 익숙하지 않을 수 있기 때문입니다.

이러한 단점에도 불구하고, 칸 아카데미를 다른 선생님들께 추천하는 이유는 그 장점이 분명하기 때문입니다. 그 제작 목적부터가 학생들의 자기 주도 학습을 돕기 위해 제작된 플랫폼이므로, 수학 시간 내 학생들 간의 문제를 푸는 속도의 차이로 발생하는 자투리 시간 혹은 아침 활동 시간 등에 학생들이 스스로 공부하며 의미 없게 보내는 시간을 줄이는 데 도움을 줄 수 있습니다. 따라서, 학교 현장에서 칸 아카데미의 이러한 장점을 잘 활용한다면, 교사와 학생 모두에게 보다 더 생산적인 수학 시간을 만들 수 있으리라 기대합니다.

Tip 칸 아카데미를 활용하는 꿀팁!

학급 내 학생들의 수만큼 태블릿 PC가 갖춰진 교실에서 사용하기를 권장합니다. 저희 반은 칸 아카데미를 꾸준하게 그리고 자투리 시간마다 자주 사용했으므로, 책상 서랍 속에 태블릿을 교과서와 같이 넣어 두었습니다. 학생들이 자리를 벗어나지 않고 언제든 쉽게 꺼내서 사용할 수 있는 위치에 두어 습관화하기 위함입니다.

덧붙여, 만일 학교 혹은 학급 내 예산이 충분하다면, 동영상 수업을 듣는 데 사용할 이어폰도 함께 구매하기를 추천합니다. 학생마다 진도가 다르므로, 동영상을 시청할 때 서로의 소리가 방해될 수 있기 때문입니다.

07

공공디자인을 알리는
유튜버 되기 프로젝트 with 캔바

미원초
유수근

코로나19 그 다음의 에듀테크

코로나19 시기 동안 교육 현장은 굉장히 빠른 디지털 전환을 겪었습니다. 사실, 당장 원격수업을 해야 하는 상황이 교사들을 디지털 전환으로 내몰았다고 보는 게 맞을 것 같습니다. 급하게 줌(ZOOM)이나 에듀테크를 사용하는 방법을 익혀 허겁지겁 수업을 준비했던 경험이 아직도 생생합니다. 여러 종류의 에듀테크가 물밀듯이 교실로 들어오며, 각각의 에듀테크의 사용 방법에 대한 연수들이 우후죽순 생겨났습니다. 당시에 주류를 이루던 연수는 '줌 기능 익히기', '구글 클래스룸 기능 연수', '상호작용하는 원격수업을 위한 에듀테크 활용법' 등이었는데, 대체로 수업을 '잘' 하기보다는, '어떻게든' 할 수 있게 만드는 것에 초점이 맞춰져 있었습니다.

그러나 코로나19가 거의 종식되며 에듀테크에 대한 관점 역시 달라졌습니다. 응급실처럼 돌아가던 교육 현장은 충분한 재활 기간을 거쳤습니다. 더 이상 에듀테크를 활용해 단순히 수업을 '어떻게든' 해내는 것에 초점을 두지 않습니다. 2022 개정 교육과정과 발맞추어 디지털 기반 교육혁신을 부르짖는 요즘은 에듀테크를 활용해서 수업을 '잘' 하는 것이 중요해졌습니다. 에듀테크를 사용하여 학생과 연결되는 것에 안도하던 시기를 넘어서, 에듀테크를 활용해 교육의 효과성을 향상시키는 방법에 대한 고민들이 활발하게 이루어지고 있습니다. 과거의 에듀테크가 대면 상황에서 이루어지는 상호작용을 원격수업에서도 수행하기 위한 기능적 대체재였다면, 지금의 에듀테크는 학생들 간의 상호작용을 촉진하고, 학생 개개인의 학습 경험을 개인화하며, 학습 동기를 자극하는 도구로 자리 잡고 있습니다.

캔바를 활용한 프로젝트 학습

여러 에듀테크 중 많은 선생님의 선택을 받은 프로그램이 바로 '캔바(Canva)'입니다. 캔바는 교사들이 쉽게 사용할 수 있는 무료 디자인 플랫폼으로, 수업 자료와 학급 운영 콘텐츠를 간편하게 제작할 수 있습니다. 디자인 경험이 없는 교사도 수업용 학습지, 발표 자료, 포스터, 카드뉴스 등 다양한 콘텐츠를 빠르게 만들 수 있습니다. 캔바의 특장점 중 하나는 언급

그림 2-7-1 **캔바 로고**

한 모든 디자인 활동들의 실시간 협업이 가능하다는 것입니다. 하나의 슬라이드, 페이지, 문서에 동시에 접속하여 실시간으로 수정하고 공유하는 등의 공동작업을 수행할 수 있습니다.

필자가 학생들과 공공디자인을 주제로 프로젝트 학습을 운영했던 사례를 소개하며 캔바의 역할과 효과에 관해 얘기하고자 합니다. 우선, 공공디자인이란 사회적 공익을 위해 디자인을 활용하는 것을 말합니다. 공공디자인은 시민들의 삶의 질을 높이고, 문화적 다양성을 존중하고, 환경적 지속 가능성을 추구하는 등의 목적을 가지고 있습니다. 예를 들어, 장애인이나 노약자를 위한 접근성 디자인, 재난이나 위기 상황에서의 안전 디자인, 공공 공간이나 건축물의 미관과 기능성을 향상시키는 디자인 등이 있습니다.

학생들은 공공디자인의 가치를 배우고, 자신의 삶 속에서 공공디자인을 발견하며, 그후 공공디자인을 다른 사람들에게 알릴 수 있는 '공공디자인을 알리는 유튜버 되기' 프로젝트에 참여하였습니다. 학생들이 주도적으로 공공디자인 프로젝트를 진행했던 과정과 그 과정에서 캔바가 담당했던 역할을 <표 2-7-1>로 정리해 보았습니다.

표 2-7-1　공공디자인 프로젝트 진행 과정과 캔바 역할

단계	내용	캔바 활용
준비	• 공공디자인의 의미와 필요성 알기 • 학교 안의 공공디자인을 탐색하고 소개하기	• 학교 안의 공공디자인을 카메라로 찍어 캔바 PPT에 업로드하기
계획	• 공공디자인을 알리는 유튜브 채널 만들기 • 공공디자인 유튜브 영상 기획하기 • '우리 학교에 필요한 공공디자인'	• 하나의 슬라이드에 동시에 접속하여 제작단계 협의하기
수행	• 공공디자인 유튜브 채널 로고, 채널아트 제작하기 • 동영상 편집 방법 익히기 • 동영상 촬영 및 편집하기	• 유튜브 로고, 채널아트 만들기 • 동영상에 동시에 접속하여 편집 작업 협업하기
발표 및 평가	• 동영상 업로드하기 • 산출물 발표하기	• 보기 권한으로 링크 공유하기

Q. 캔바는 유료인가요?

A. 캔바는 무료로 이용할 수 있는 프로그램이지만, 단순히 무료 플랜을 이용할 경우 콘텐츠 이용에 제약이 많습니다. 교사로서 이용한다면 '교육용 pro' 버전을 이용할 수 있도록 '교사 인증'을 받는 것이 좋습니다. 교사 인증 후 초대 링크를 학생들에게 발송하면, 초대받은 학생들 역시 콘텐츠 제약 없이 '교육용 pro' 버전을 이용할 수 있습니다.

학교 안의 공공디자인 탐색하기

　첫 번째 활동은 공공디자인의 의미와 필요성을 알고, 우리 학교 안에서 발견할 수 있는 공공디자인을 탐색하는 것입니다. 공공디자인을 다룬 유튜브 동영상을 보여주며 공공디자인의 가치에 관해서 이야기합니다. 이어서 학생들은 학교 안에 있는 공공디자인을 탐색합니다. 학생들이 함께 다니며 공공디자인을 발견할 수 있도록 모둠별로 하나의 디바이스를 지니도록 제한한 채로 진행하였습니다.

　공공디자인을 발견했다면 사진을 찍어 저장한 후, 캔바의 '업로드 항목'으로 디바이스에 저장된 파일을 업로드합니다. 모둠에서 발견한 공공디자인을 캔바의 PPT에 각각 업로

에듀테크 활용 수업

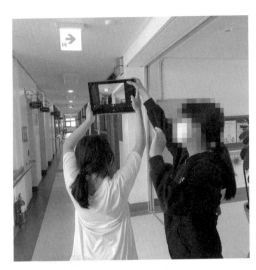

그림 2-7-2 학교의 공공디자인 발견하기

드하고 발표를 통해 공유하였습니다.

　행정실에 붙어있는 점자 표시부터, 비상구 마크의 모양, 비상구 표시의 높이 등 학생들은 학교 안의 공공디자인을 세밀하게 관찰하였습니다. 모둠별로 하나의 PPT를 받아서, 모둠원별로 각각 하나의 슬라이드를 맡아서 자신이 발견한 공공디자인을 정리했습니다. 같은 모둠원의 슬라이드를 관찰하고 어깨너머로 배우며 자신의 슬라이드를 알차게 채워나가는 모습이 인상적이었습니다.

　그런데 그중에 가장 기억에 남았던 발견은 무지개색 계단이었습니다. 무지개색 계단이 공공디자인이라고 주장한 학생은, "계단의 디자인이 하나의 색깔이 아니라 여러 가지 색을 사용했어요. 보기에 예쁘기도 하지만 무지개색으로 하나하나의 계단을 구별할 수 있

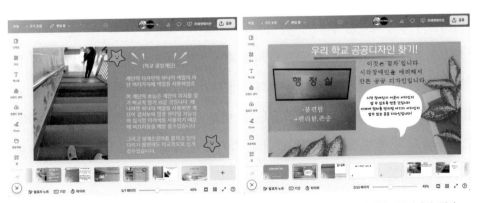

그림 2-7-3 학교에서 발견한 공공디자인_무지개색 계단 　　그림 2-7-4 학교에서 발견한 공공디자인_점자

어서 계단이 겹쳐 보여 발을 헛디딜 가능성을 줄여줘요. 덕분에 넘어지거나 미끄러지는 사고를 예방할 수 있어요"라고 말했습니다. 발표를 들은 학생들은, 전혀 예상하지 못했던 발견에 매우 놀라며 친구의 발견에 환호와 함께 큰 박수를 보내기도 했습니다.

우리 학교에 필요한 공공디자인은 무엇일까?

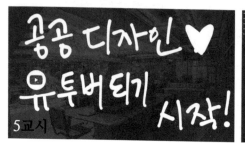

그림 2-7-5 **공공디자인 유튜버 되기**

그림 2-7-6 **동영상 기획 활동 시작**

다음 활동으로는 우리 학교에 필요한 공공디자인을 발견하고, 그 필요성에 관해 이야기하는 동영상을 만드는 활동을 진행했습니다. 프로젝트의 제목이 '공공디자인을 알리는 유튜버 되기'인 만큼, 프로젝트의 산출물과 관련해서는 가장 중요한 단계입니다. 본 단계가 중요하므로, 동영상을 기획하는 단계부터 모든 학생이 능동적으로 참여할 수 있도록 캔바를 통해 실시간으로 협업할 수 있도록 설계했습니다. 학생들은 캔바 PPT의 슬라이드에 모둠별로 하나의 접속하여 서로 협력하며 실시간으로 내용을 수정하고 텍스트를 옮기면서 아이디어를 구성해 나갔습니다.

대본을 완성한 학생들은 늘 다니던 학교를 낯설게 보며 공공디자인이 필요한 장소를 탐색했습니다. 그리고 발견한 장소와 함께 공공디자인이 필요한 이유를 소개하는 동영상을 촬영했습니다. 촬영한 동영상은 모둠원 중 어느 한 사람만 편집하는 것이 아니라 캔바를 활용해서 다 함께 편집할 수 있었습니다. 각자가 편집할 부분을 나누어 작업하여 훨씬 효율적으로 수행할 수 있었습니다.

그림 2-7-7　동영상 제작 기획 장면(좌), 캔바로 동영상을 편집하는 장면(우)

공공디자인을 알리는 유튜버 되기

　　유튜브는 학생들에게 무척 친숙한 플랫폼입니다. 그러나 콘텐츠 소비자로서 친숙할 뿐이지 생산자로서 친숙한 것은 아닙니다. 본 프로젝트를 마치며 콘텐츠 생산자로서 유튜브 채널에 동영상을 올릴 때는 많이 낯설고 떨려 하는 귀여운 모습들을 보여주었습니다. "이제 진짜 우리 영상이 올라가는 거예요?"라고 수도 없이 되묻는 학생도 있었습니다. 다 함께 "하나, 둘, 셋!"을 외치며 동영상 업로드 버튼을 눌렀고, 각각의 모둠은 자신들의 첫 동영상을 무사히 업로드할 수 있었습니다.

그림 2-7-8　유튜브 채널

"이 세상에 0.00001% 정도 도움을 줬다면 좋겠다."

"공디(공공디자인)에 대해 더 많이 알게 되었다."

"여러 가지 활동을 하면서 친구들과 협동해서 재미있었다."

공공디자인 프로젝트는 이렇게 서로의 소감을 나누며 마무리되었습니다. 프로젝트 전반에 걸쳐서 캔바의 도움을 정말 많이 받았습니다. 슬라이드에 아이디어를 모으고 공유하는 것뿐만 아니라 실시간으로 동영상을 편집까지 할 수 있었습니다. 학생들은 캔바 덕분에 쉽고 빠르게 협업할 수 있었고, 친구들의 다양한 작품을 편하게 접하면서 자신의 작품에 환류하며 더욱 성장할 수 있었습니다. 학생들의 소감을 보면, 친구들과 협업하는 과정에서 많이 배울 수 있었다는 말도 다수 발견할 수 있었습니다.

이제 에듀테크는 단순히 학생을 연결하는 도구가 아니라, 학생들이 더 재미있게 배우고 협력할 수 있도록 돕는 중요한 '교구'입니다. 캔바를 활용해 학생들은 직접 공공디자인을 탐색하고, 필요한 디자인을 기획하며, 친구들과 실시간으로 협업할 수 있었습니다. 캔바 없이 아날로그 방식으로 자료를 준비하고 소통하는 환경을 마련해야 했다면 중간에 흐름이 끊기거나 교사의 에너지가 지나치게 많이 필요해지는 등 여러 비효율이 발생했을 것입니다. 그러나 캔바를 활용함으로써 효율적으로 수업을 준비함과 동시에 학생들이 배움의 경험에 몰입할 수 있는 환경을 설계할 수 있었습니다. 프로젝트를 마치면서 바람직한 에듀테크의 효용에 대해서 생각해볼 수 있었습니다. 교사의 업무를 지원하고 배움의 깊이를 더해주었던 '캔바'는 교사에게 반드시 필요한 '쓸모있는' 에듀테크였습니다.

08

클래스툴을 이용한
학생 참여형 수업 시작하기

양주도담학교
김유아

배경 및 특징

학생 참여형 수업은 비장애 학생뿐만 아니라 특수교육 대상 학생들에게도 매우 중요합니다. 이때, 특수교육 대상 학생들이 교사를 바라보고 집중을 유지하기 위해 노력하는 것부터 참여형 수업의 시작점입니다. 쉽게 흥미를 잃고 짧은 집중력을 가진 우리 학생들에게 참여형 수업을 제공하기 위해서, 또 다양한 장애 유형을 가진 학생들이 한 학급에서 수업에 참여하기 위해 교사는 구체물, 제작한 교재·교구나 학습 자료 등을 통해 자신의 의견을 표현할 기회를 제공하고, 친구들과의 상호작용을 유도해야 합니다. 그러나 제한된 관심을 보이거나 제공된 학습 자료를 사용하기 어려운 경우, 교사가 아무리 참여형 수업을 시도해도 효과를 얻기 어려운 경우가 많습니다.

디지털 기기와 에듀테크는 교사와 학생 간의 상호작용을 촉진하고, 학생들이 접근하기 쉽도록 도와주는 중요한 도구입니다. 학생들이 흥미를 느끼고 적극적으로 수업에 참여하는 모습을 볼 때, 이러한 도구들은 단순한 학습 도구를 넘어 학습 경험을 풍부하게 만들어 주는 역할을 합니다. 이와 같이 디지털 기기와 에듀테크의 활용은 특수교육 대상 학생들에게 더 나은 학습 환경을 제공하고, 그들이 더 적극적으로 수업에 참여할 수 있도록 돕는 중요한 요소입니다.

그러나 특수교육 대상 학생이 주도적으로 참여할 수 있도록 지원하는 에듀테크를 찾는 일은 쉽지 않았습니다. 대부분의 학생은 이메일 주소나 검색엔진 계정이 없고 퀴즈 활동이나 개인별 활동을 위해 웹사이트 링크를 제공하려고 하면 학생에게 제공된 태블릿으

2장

에듀테크와 함께하는 학생 참여형 수업

로 전송하기도 쉽지 않았습니다.

특수교육 대상 학생들에게 클래스툴을 사용하는 이유, 과연 무엇일까요?

이때, 효과적으로 사용할 수 있는 것은 '클래스툴'입니다. 클래스툴은 앱으로도 지원이 가능하여 교사가 미리 태블릿에 앱을 설치하고 제공되는 QR코드를 인식하거나 방 코드를 입력해 참여하도록 하면 학생이 쉽게 입장할 수 있습니다. 그 후 미리 준비해 놓은 학습 자료를 링크에 참여한 학생에게 클래스툴 안에서 바로 전송할 수 있어서 또 다른 탭을 열지 않아도 쉽게 같은 자료를 확인할 수 있습니다. 그리고 클래스툴은 다양한 멀티미디어 콘텐츠와 게임화된 학습 도구를 제공하고 있어 학생들의 흥미를 유발하고 동기를 부여합니다. 이렇게 활동에 참여하면서 학생들이 자기 의견을 나만의 방법으로 표현하고, 친구들과 소통하며 학습 목표에 도달할 수 있도록 돕습니다.

핵심 기능 및 활용

1 쉽게 학습에 참여할 수 있어요.

특수교육 대상 학생들 혹은 SNS나 이메일 계정이 없는 학생의 경우, 교사가 제작한 디지털 학습 자료나 별도의 학습 자료를 제공하는 데 어려움이 있습니다. 이를 해결하기 위해 클래스툴의 '웹 링크 전송하기' 기능을 사용합니다. 교사가 웹 링크를 입력하고 전송하기 버튼을 누르면 학생들에게 일괄적으로 링크가 전송됩니다. 이때 학생들의 화면에는 링크만 표시되어, 시각적인 혼란 없이 쉽게 필요한 자료에 접근하여 확인할 수 있습니다.

또한 '콘텐츠 전송하기' 기능을 통해 학생들에게 이미지, 동영상, PDF 파일 등 다양한 자료를 전송할 수 있습니다. 이 기능은 교사가 전송한 콘텐츠만 표시되도록 하여 학생들이 수업에 필요한 자료만 확인할 수 있도록 도와줍니다.

그림 2-8-1 　클래스툴 링크 제공 모습

그림 2-8-2 　클래스툴 제공된 링크 접속 모습

그림 2-8-3 　웹링크 전송된 모습

그림 2-8-4 　콘텐츠 전송하기 교사 화면 모습

　　특수교육 대상 학생들은 스마트 기기를 제공받았을 때 주의 집중력이 짧아 자료를 종료하거나 원하는 애플리케이션을 찾아 접속하려는 경향이 있습니다. 이때 클래스툴의 해당 기능은 학생들이 다른 애플리케이션에 접속하지 않고, 교사가 제공한 콘텐츠만 확인할 수 있어 학습에 집중할 수 있습니다.

　　그리고 특수학교와 특수학급에서는 다양한 장애 유형을 가진 학생들이 한 공간에서 수업을 받습니다. 이들 중 일부는 종이를 찢거나 교과서에 흥미를 보이지 않는 경우가 많아 지류로 된 교과서를 활용하기에 어려움을 겪을 때가 많습니다. 콘텐츠 전송하기 내의 PDF 전송 기능을 활용하면 매우 효과적입니다. 태블릿으로 클래스툴을 활용하여 교과서 PDF 파일을 제공하니 태블릿에 흥미를 보이며 제공된 파일을 바라보기 시작했습니다. 종이를 찢는 행동도 자연스럽게 사라졌습니다.

　　이렇게 클래스툴의 기능을 활용하면 장애 학생들도 디지털 학습 자료에 쉽게 접근하고, 학습에 더욱 적극적으로 참여할 수 있으며 학생들의 안전한 온라인 학습 환경을 조성합니다. 학생들이 다른 애플리케이션으로 전환하지 않고 교사가 제공한 콘텐츠에만 집중할 수 있도록 도와주기 때문입니다.

2 디지털 기기를 사용하는데, 주의 집중! 이렇게 쉽다고?

수업 시간에 태블릿을 활용하다 보면 다른 활동으로 전환하거나 정리하라고 지시할 때 종종 학생이 울거나 화를 내는 상황이 발생합니다. 좋아하는 도구를 갑자기 정리해야 하거나 활동을 멈추기보다는 주의 집중 기능을 활용하여 간단하게 주의집중을 시키거나 활동이 끝났음을 미리 알려주어 예측 가능성을 높이면 도움이 됩니다.

교사가 계속 "정리하세요", "멈추세요"라고 말하지 않아도 버튼 하나만 누르면 모든 학생의 화면이 일시 정지되고 주의를 집중할 수 있는 화면으로 전환됩니다. 이를 통해서 학생들은 자연스럽게 교사를 바라봅니다. 그리고 교사의 지시에 따라 다음 활동으로 원활하게 전환할 수 있습니다. 주의 집중 기능은 수업의 흐름을 유지하고 학생들이 혼란 없이 참여할 수 있도록 도와주는 유용한 도구입니다. 또한, 상단의 활동 종료 버튼을 누르면 활동이 즉시 종료되어 교사가 원하는 순간에 다른 활동으로 신속하게 넘어갈 수 있습니다. 특수교육 대상 학생들에게 가장 어려우면서 수업 시간에 가장 필요한 주의 집중, 이제 간단하게 시작할 수 있습니다.

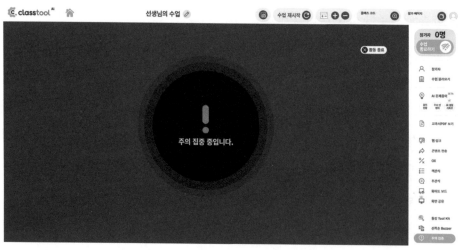

그림 2-8-5 **클래스툴 주의집중 기능 화면 모습**

마지막으로 매우 유용하고 가장 많이 활용하는 기능은 '화이트보드 기능'입니다. 화이트보드 기능으로 교사가 학생들에게 원하는 그림 자료나 흰 배경지를 전송하면 학생들이 자료에 색칠하거나 덧붙여 그림을 그릴 수 있습니다. 이때 교사는 제한 시간을 설정한 후에 자료를 전송할 수 있어서 학생들이 일정 시간 내에 과제를 완료하도록 유도할 수 있습니다.

학생 간의 상호작용이 필요할 때, 도구를 사용할 수 없지만 작품을 제작해야 할 때 등여러 상황에서 화이트보드 기능은 빛을 발합니다. 학생들이 작품을 완료하여 제출하면 교사의 화면에서 전체 학생들의 작품을 한눈에 확인할 수 있습니다. 그중 한 가지를 선택하여 함께 크게 확인하거나 다시 학생들에게 공유하여 그림이나 색칠을 덧입혀 새로운 작품으로 만들 수 있습니다. 자기의 작품이 화면에 등장할 때도 기뻐하였지만 다른 친구들에게 공유되어 함께 협동 작품으로 확장되니 학습 참여에 적극적이었습니다. 이렇게 학생들은 자기의 작품을 교사와 친구들에게 쉽게 공유할 수 있고 피드백하며 상호작용이 증가합니다.

화이트보드 기능으로 깜짝 퀴즈 활동도 가능합니다. 클래스툴에서 ○× 퀴즈나 객관식과 주관식 퀴즈를 지원하고 있지만 화이트보드를 통해서 그림 퀴즈로 활용할 수 있습니다. 글자를 어려워하는 학생들을 위해 교사나 학생이 그림을 그리고 다른 학생들은 정답

그림 2-8-6 클래스툴 화이트보드로 공유된 자료에 색칠하는 모습

그림 2-8-7 제출된 작품을 함께 공유하는 모습

그림 2-8-8 클래스툴에 입장하는 모습

그림 2-8-9 클래스툴에 입장하는 모습

그림 2-8-10 화이트보드 제공 모습

맞히기 혹은 이어 그리기, 작품 빈칸에 어울리는 그림 그리기 등 활동을 도입이나 정리 활동에 적용하면 흥미를 끌어올리거나 학습이 마무리될 때까지 집중을 유지하는 데에 도움이 됩니다.

화이트보드 기능은 학생들이 창의적이고 능동적으로 학습에 참여하도록 지원하며 교사-학생, 학생-학생 간의 상호작용을 강화하는 유용한 도구로 사용할 수 있습니다.

정리

    "특수교육 대상 학생들에게 적절한 에듀테크는 무엇일까?"라는 고민이 들 때 강력하게 추천하고 싶은 에듀테크는 클래스툴입니다. 특수교육 대상 학생들뿐만 아니라 느린 학습자나 다문화 학습자 등 높은 장벽으로 인해 디지털 기기나 플랫폼을 사용하기 어려운 학습자들이 접근하기 쉬우면서 높은 참여율을 끌어낼 만한 기능을 보유하고 있기 때문입니다.

    디지털 기기와 에듀테크를 수업 도구로 사용하기 위해서는 학생들이 쉽게 사용할 수 있어야 합니다. 그래야 사용법을 가르치면서 수업의 목적이 되지 않고 적절한 수업 도구로서 활용될 수 있습니다. 이런 방면에서 클래스툴은 시각적으로 직관적이고 단순하면서 다양한 기능을 제공합니다. 참여형 수업, 클래스툴을 활용하면 특수교육 대상 학생들과도 쉽게 시도할 수 있습니다.

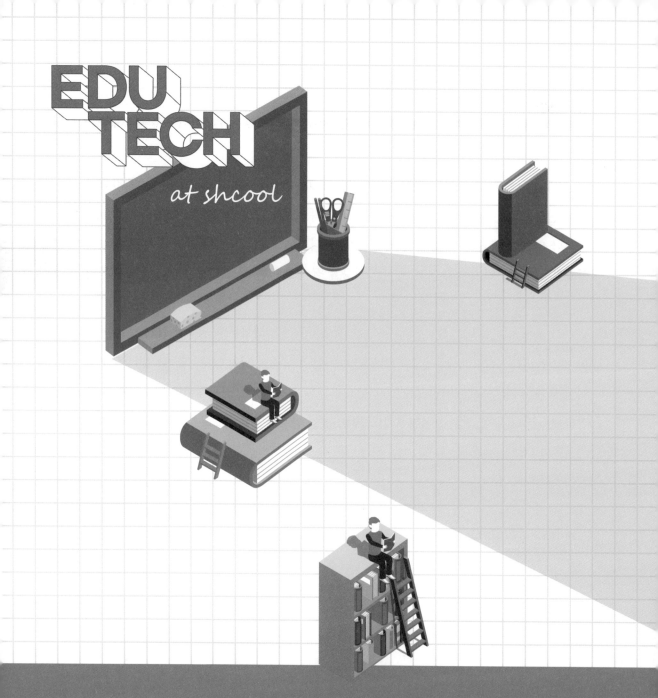

EDU TECH

at shcool

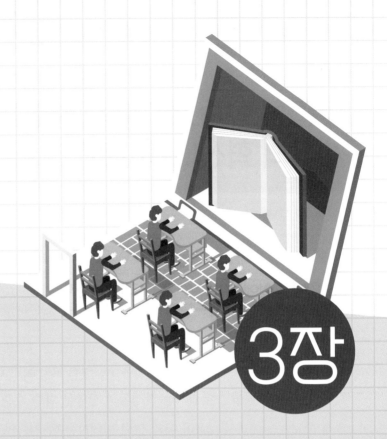

3장

AI 기반 코스웨어로
맞춤형 학습관리

01

맞춤형 학습, 실제적 영어 자료 제작의 혁신: '원아워'

서울영문초
홍영서

영어 교실에서 마주한 학습 격차와 고민

초등 영어 교과를 맡은 선생님들께서는 어떤 고민을 안고 계시나요? 올해 초등학교 6학년 영어 교과를 담당한 필자는 학생들의 상당한 학습 수준 차이가 큰 고민이었습니다. 우리 학교에는 교과서 내용을 무리 없이 이해하는 학생도 있고, 누적된 학습 격차로 단어 읽기, 알파벳 쓰기조차 어려워하는 학생도 있습니다. 한편으로는 사교육과 가정 학습의 지원을 받아 이미 교과서 이상의 학습 수준을 갖추고 있어, 수업 내용이 지나치게 쉬운 학생도 많습니다.

이러한 격차는 영어 수업 목표 설정을 복잡하게 만듭니다. 교과서에 기반한 수업을 진행하면 일부 학생은 흥미를 잃고, 다른 학생은 기본 활동조차 따라가는 것도 어려워합니다. 다양한 게임과 활동을 활용하여 학습 효과를 높이고자 하지만, 특정 학생에게는 활동이 지나치게 쉽거나, 반대로 지나치게 어렵다고 느끼는 경우가 생깁니다.

게다가 고학년 학생들은 또래 집단 속에서 눈치를 보며 영어 발화를 주저하기도 합니다. 발음과 억양에 자신이 있는 학생은 적극적으로 참여하지만, 그렇지 못한 학생은 자신을 드러내기를 꺼립니다. 이러한 분위기 속에서 교사가 40분이라는 한정된 시간 동안 모든 학생의 발음, 억양, 학습 수준을 세심히 지도하기는 어려운 상황입니다.

이러한 상황을 해결하기 위한 새로운 방법은 없을까요? 필자는 학생 개개인의 학습 속도와 수준을 고려하고 교실 내 활동 분위기를 형성하며, 학생들이 흥미와 자신감을 가질 수 있도록 도움을 주는 학습 도구를 찾아 헤매었습니다.

결론적으로 찾고자 했던 영어 코스웨어의 조건은 다음과 같습니다.

1 철자, 낱말, 문장 수준의 단계적 학습이 가능한 도구

어떤 학생은 철자 하나부터, 어떤 학생은 단어의 뜻을 아는 것부터, 어떤 학생은 문장의 어구 수준부터, 각 학생별로 자신이 원하는 수준의 단계적 학습을 지원하는 도구를 선택하였습니다.

2 듣기, 읽기, 말하기, 쓰기 모든 기능을 활용할 수 있는 도구

코스웨어에서 모든 과제에 듣기, 말하기, 읽기, 쓰기 4가지 기능을 통합적으로 활용하기란 어려운 일입니다. 하지만 최소한 듣기와 말하기, 읽기와 말하기, 듣기와 쓰기 등 2가지 이상의 언어 기능이 통합적으로 활용되는지를 살펴보았습니다.

3 초등학생의 동기를 유지할 수 있는 적절한 게임의 형식이 차용된 도구

게이미피케이션에 대한 부정적 측면을 고려하고자 하였습니다. 흥미에 치중하여 학습 목표 도달에 효과성이 떨어지는 수업 방식이 되지 않도록 경계하고자 하였습니다. 이러한 부분을 경계하며, 학습을 위한 적합한 방식의 게임 요소가 포함되었는지 살펴보았습니다.

4 강세, 리듬, 억양을 분석하여 개인 맞춤형 AI 발음 지도가 가능한 도구

말하기 상황에서 발화를 분석하여 대략적인 일치도의 점수를 주는 것에서 나아가 강세, 리듬, 억양, 속도의 측면과 문장 내 각 단어의 발음도 분석하여 지도할 수 있는 프로그램을 원했습니다.

⑤ 실시간 학습 현황과 누적 학습 데이터 분석을 제공하는 도구

AI 코스웨어를 활용할 때 대시보드와 학습 그래프는 최소한의 조건입니다. 교사가 아이들의 수행 정도를 실시간으로 파악할 수 있어야 하며, 누적된 학습 데이터를 기반으로 어떤 영역에서 아이들이 어려움을 겪는지 개인별, 반별 분석이 있어야 합니다. 아이들 역시 자신의 학습 데이터를 살펴볼 수 있어야 합니다.

⑥ 교사가 제작 및 선택한 학습 자료로 학습할 수 있는 도구

가장 핵심적으로 다루고자 하였던 기준입니다. 짜인 학습 내용이나 절차가 있을 경우, 교과서 혹은 재구성한 학습 주제 및 주요 표현과 맞아떨어지는 부분을 선택하기 어렵습니다. 따라서 교사가 활용하고자 하는 교과서, 읽기 자료, 영상 자료를 바탕으로 내용 요소를 입력하면 이를 기반으로 학습하는 코스웨어가 필요했습니다.

⑦ 현실적인 비용 부담이 가능한 도구

AI 코스웨어, 에듀테크를 활용할 때 빠지지 않는 고민은 비용입니다. EBS 펭톡, Duolingo처럼 교육용 무료 에듀테크라면 좋겠지만 유료인 경우가 훨씬 많습니다. 학교 예산으로 감당할 수 있는 수준인지 파악이 필요했습니다. 서울특별시교육청 교육연구정보원에서는 인공지능 교육 서비스들을 선정, 심사 및 실증의 단계를 거쳐 교육청 단위의 연간 계약을 맺습니다. 2024년에는 6종, 2025년에는 8종의 인공지능 교육서비스가 선정되어, 서울시교육청 소속 교사는 무료로 사용할 수 있습니다. 그래서 저는 이 중 영어 AI 학습 서비스인 '원아워' 프로그램을 별도의 결제, 계약 절차 없이 무료로 활용하였습니다.

위 기준에 따라 영어 교과에서 효과적인 발음 연습, 개별화된 학습, 실시간 데이터 분석을 제공하는 코스웨어를 찾고자 여러 프로그램을 탐색하였습니다. 그 결과 최종적으로 선택한 영어 AI 학습 코스웨어 'Onehour 원아워' 서비스를 소개합니다.

'원아워' AI 학습 코스웨어의 핵심 기능 및 활용

원아워는 교사와 학생 모두에게 실질적인 도움을 제공합니다. 원아워는 핵심 기능별 특징을 사용 단계별로 구분하여 크게 4단계로 나누었습니다.

Step 1 수업 내용 요소 제작하기

Step 1-1. 교사의 커스터마이징 내용 요소 제작

원아워는 교사가 자신의 교육과정과 자료를 바탕으로 콘텐츠를 제작하거나 편집할 수 있는 자유도를 제공합니다. 교사는 교과서 지문, 활동지, 그림책, 유튜브 링크 등을 수업 자료로 업로드합니다. MP4 영상파일, MP3 혹은 WAV 음성파일, 유튜브 링크, PDF 파일 등을 업로드하면 다양한 수업 활동이 제작됩니다. 또한 이를 기반으로 활동지 자동 제작도 가능합니다.

예를 들어, Youtube에 있는 생생한 ESL Quiz, Conversation, Animation 등의 자료를 수업에 사용하고 싶은 상황을 가정하여 봅시다. 원하는 유튜브 링크를 골라 수업 생성하기에서 입력합니다. 이후 수업 제목, 학년 설정, 공개/비공개 설정(공개를 선택하면 다른 선생님들이 해당 수업을 공유할 수 있습니다.), 섬네일 등을 설정합니다. 별도 이미지를 업로드 하지 않으면 유튜브 섬네일이 자동으로 생성됩니다. 유튜브 자료가 아니면, 섬네일을 업로드 하지 않으면 수업 제목으로 이미지가 자동 생성됩니다.

| 그림 3-1-1 **수업 생성** | 그림 3-1-2 **유튜브 링크 활용 수업 생성** | 그림 3-1-3 **수업 등록하기** |

이후 학생이 학습할 내용 요소를 생성합니다. 영상을 기반으로 AI 자동 생성을 통하여 학습할 문장 요소와 한글 번역을 추출합니다. 원하는 문장이 따로 있으면 직접 타이핑하여 추가, 변경, 삭제 등을 할 수 있습니다. 영상의 경우 Lilys AI를 활용하여 붙여 넣으면 더 정교하고 손쉽게 문장을 추출할 수 있습니다. 단어 역시 영상에 나온 단어를 AI를 통해 자동 추출 및 번역하여 생성하거나 교사가 입력합니다. 영상 링크에 맞게 활동지를 만들지 않아도 활동지를 자동 추출해 주는 기능도 있어서 일일이 교사가 입력하여 제작하는 한글 문서 작업에서 벗어날 수 있습니다.

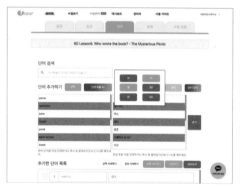

그림 3-1-4 **수업 내용 생성**(단어 제작)

그림 3-1-5 **수업 내용 생성**(문장 제작)

Step 1-2. '원마켓' 자료 다운로드 수업 제작

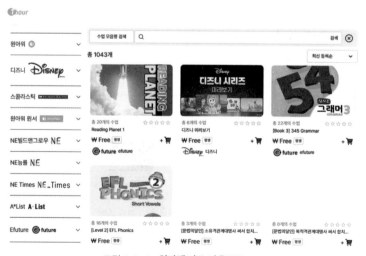

그림 3-1-6 **원마켓 자료 다운로드**

'원마켓'은 수업 자료 공유의 장입니다. 원아워의 제휴 업체인 'SCHOLASTIC', 'Disney', 'Learn&Leap', '능률' 등의 다양한 자료를 무료 혹은 유료로 활용할 수 있습니다. 초등 교과서는 YBM이 원아워와 협약을 맺고 있어서 학년별 각 단원을 무료로 손쉽게 활용할 수 있습니다. 한발 더 나아가 보다 추천하는 기능은 공개된 수업 다운로드 기능입니다. Step 1-1에서 제작한 수업을 공개 설정할 경우, 공개된 수업 목록을 통해 다른 교사와 공유할 수 있습니다. 공유한 여러 수업 중에 필요한 내용 요소가 있으면 수업 다운로드 및 편집을 통하여 수업을 재구성할 수 있습니다.

 영어 출판사가 YBM이 아닌 경우 어떻게 사용하면 좋을까요?

A. 필자의 학교 역시 타 출판사 교과서를 사용 중입니다. 이 경우 Step 1 수업 생성 단계에서 출판사에서 제공하는 전자저작물을 입력하였습니다. 혹은 교과서 Script를 넣어 수업하고자 하는 내용을 입력하면 됩니다.

Step 2 **수업에 활용하고 연습하기**

Step 1에서 생성한 학습 내용 요소를 기반으로 수업 시간에 다양한 연습 활동을 할 수 있습니다. 수업 기능(연습하기)에는 크게 단어, 문장, 말하기의 활동이 있습니다. 부분별로 살펴보겠습니다.

그림 3-1-7 **수업 및 과제 활동**

Step 2-1. 단어 학습 활동

　　플래시카드를 활용하여 단어별 뜻을 살펴본 뒤 카드 뒤집기 게임과 타자 게임을 활용하여 단어를 이해합니다. 또한 익힌 단어의 철자를 상, 중, 하의 단계로 개별 설정하여 철자를 익힙니다. 단어의 뜻을 보고 영어를 고르는 활동과 영어를 보고 뜻을 고르는 활동도 가능합니다. Image AI는 생성형 AI를 활용하여 단어를 추론할 수 있는 이미지를 생성하여 줍니다. 생성된 4개의 이미지와 가장 상황 맥락적으로 유사한 단어를 고르는 게임입니다. 게임을 통한 습득이 개인의 속도에 맞추어 이루어진다는 점이 효과적입니다.

그림 3-1-8　단어 연습 모드의 타자 게임

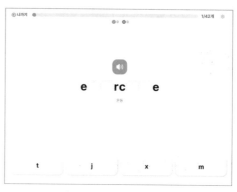
그림 3-1-9　단어 스펠링 연습

Step 2-2. 문장 학습 활동

　　단어 학습에서 각 단어를 익혔다면, 문장 학습에서는 학습한 단어를 활용하여 전체 문장을 익힙니다. 어순 배열은 전체 문장의 뜻과 빈칸을 보고 제시된 단어 중 적절한 것을 선택하여 문장을 완성하는 활동입니다. 빈칸 채우기는 전체 문장에서 빈칸에 들어갈 내용을 학생이 직접 입력합니다. Grammar 기능은 문법 용어가 표기되어 있어 초등학생에는 적합하지 않다고 느낄 수 있습니다. 하지만 이 Grammar 기능은 특정 상황에서는 꽤 활용도가 높습니다.

　　초등 영어의 단원은 특정 문법 기능을 목표로 한 단원의 전체 Key Expression이 설계되어 있기 때문입니다. 예를 들어, Past Tense Verb를 목표로 Who wrote the book?과 같이 wrote-write를 학습하는 단원이 있습니다. 이때, Grammar의 동사 기능을 선택하면 학습할 문장의 동사 부분에 빈칸이 나오고, 하나의 동사가 다양하게 변형된 보기를 제시합니다. write, wrote, writes 등 중에서 wrote를 고르는 활동을 통하여 단원에서 목표한 문법 기능 학습에 효과를 높일 수 있습니다.

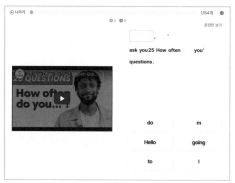
그림 3-1-10 **문장 어순 배열 난이도 중**

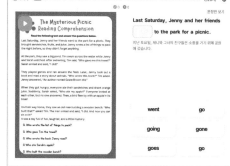
그림 3-1-11 **문장 Grammar 동사**

Step 2-3. 말하기 학습 활동

말하기 학습 활동은 섀도잉(듣고 따라 말하기), 음성 및 영상 더빙 등의 기능입니다. 학생이 영상을 듣고 발음 연습을 하면 AI 분석을 통하여 정확성, 유창성, 완성도, 억양을 분석하여 데이터를 제공합니다.

그림 3-1-12 **AI 음성 더빙**

Q. 교실에서 개별 듣기, AI 말하기 학습을 어떻게 진행하였나요? 시끄럽지는 않나요?

 A. 태블릿의 스피커와 마이크를 사용한 개별 듣기, 말하기 활동은 한계가 있습니다. 기기에 연결할 수 있는 마이크 기능이 있는 이어폰, 혹은 마이크가 달린 헤드셋이 필요합니다. 이때, 무선 블루투스형 이어폰, 헤드셋을 사용할 경우 학생 수가 많은 교실에서는 충돌이 일어납니다. 반드시 유선 헤드셋, 유선 이어폰을 활용하여야 합니다. 가능하다면 학생 개별 마이크 가능 이어폰을 지참하는 것도 좋은 방법입니다.

저희는 마이크가 달린 학생용 유선 헤드셋을 학교에서 단체로 구매하여 활용 중입니다. 첫 활동에서 필요 이상으로 크게 소리 내지 않고 서로 배려하는 자세 지도를 병행하였습니다. 이후 학습에서 학생들은 적당한 목소리로 마이크 가까이에서 발음을 연습하였고, 큰 소음 간섭 없이 AI 발음 평가를 통하여 학습하였습니다.

Step 3 과제 생성하기 및 과제 해결하기

Step 3-1. 과제 생성하기 – 교사

우선 교사 입장에서 '과제'를 살펴보겠습니다. 과제는 학생들이 연습하였던 활동 중 특정 활동을 선택하여 학생들이 해결하도록 하는 것입니다. Step 2 '연습하기'에 있던 활동을 통해 단어와 문장을 충분히 학습하였다면 Step 3은 과제를 통해 학습한 성취도를 파악하는 단계입니다. 특정 단어, 문장을 선택하고 어떤 형식으로 과제를 만들지 선택하면 과제 활동이 출제됩니다.

그림 3-1-13 **과제 생성하기 1**

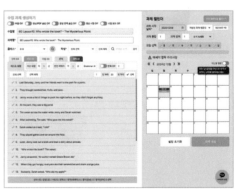

그림 3-1-14 **과제 생성하기 2**

Step 3-2. 과제 해결하기 – 학생

학생으로 로그인하여 과제를 선택하면, 주간 캘린더와 월간 캘린더 형식으로 과제의 현황이 나타납니다. 교사가 생성한 과제를 수행하며, 과제 완료 후 오답을 다시 확인하고 풀이합니다.

그림 3-1-15 과제 해결하기 1 　　　　　 그림 3-1-16 과제 해결하기 2

 과제 해결에서 일어나는 돌발상황이 있나요?

 과제 해결에서 흔히 일어나는 돌발상황은 아이들의 새로고침입니다. 아이들이 화면을 조작하거나 잘못 눌러서 튕기는 경우가 많습니다. 혹은 학교의 서버, 통신 장애로 튕기기도 합니다. 이때 과제 학습 이력이 초기화되어 아이들의 원성이 자자했었는데요. 원아워 측에 상황을 전달하여 중간 저장 기능을 건의한 결과, 11월 말 기능이 업데이트되었습니다. 뜨거운 환호를 받은 기능 업데이트였는데요. 과제 학습 중간에 튕겨도 이전에 해결 완료한 문제까지 중간 저장이 됩니다. 수업 시간 안에 다 해결하지 못할 때도, 다음 시간에 이어서 풀 수 있습니다.

Step 4 대시보드 확인하기

대시보드 역시 교사용과 학생용이 있습니다. 대시보드에는 학생이 해결한 과제에 대한 학습 성취도 분석이 나타납니다. 교사는 캘린더 형식으로 학급의 과제별 진행 상황을 파악할 수 있습니다. 월간 리포트 기능으로는 한 달간 학습한 취약점과 반 전체 AI 분석 통계를 제시합니다. 학생별 리포트로는 좀 더 구체적으로 최근 3개월간 학습량 비교, 오답 풀이 전 첫 과제 결과 비교, 자주 틀린 단어/문장 Top 10 등을 제시합니다. 누적한 학습 결과를 비교한 데이터를 제공하기에 학생 상담과 지도 활용에 효과적입니다.

학생 입장에서 과제 수행 후 바로 개별 과제에 대한 자세한 리포트를 살펴볼 수도 있습니다. 예를 들어 내가 AI 문장 더빙 과제를 수행하였을 때, 문장 전체와 문장 내 단어의 발음 정도를 모두 분석하여 제시합니다. 문장 전체의 정확성, 유창성, 완성도, 억양을 점수로 표시합니다. 문장 내의 단어에 대해서는 단어마다 발음의 정확도를 색으로 보여줍니다.

그림 3-1-17 **부여한 과제별 학급 진행 상황 대시보드**

그림 3-1-18 **학생 개인별 대시보드(AI 발음 분석)**

윈아워를 수업에 활용해 보며

윈아워를 사용하면 실제성 높은 영상 자료를 편리하게 활용할 수 있습니다. 또한 표현 활동 이전에 최소한의 출발점을 맞추기에 용이합니다. 어떻게 보면, 거꾸로학습의 개념이 대두되었던 필요성과 맞닿아 있습니다. 필자는 먼저, 학생이 자신의 학습 속도에 맞추어 단계적 영어 Drill 학습에 참여하도록 하였습니다. 이후 차시에서는 공통적으로 익힌 단원 학습 내용에 기반하여 영어를 활용한 의사소통 활동으로 나아갔습니다. 우리 반 친구들의 습관 조사 질문 만들기, 좋은 질문에 투표하고 답변하기, 여행지의 장단점 비교하기, 우리 모둠의 여행지 장점 발표하기 등 말하기와 쓰기를 주로 한 기능 통합적 활동입니다.

아이들이 각자의 학습 격차 속에서 공통적인 내용 기반을 확실히 다지지 못한 상태였다면, 위와 같은 영어 표현 활동은 어려웠을 것입니다. 한 단원의 모든 내용을 코스웨어로 구성하지 않아도 괜찮고, 필자처럼 표현(production) 단계로 나아가기 위한 이해(reception) 단계의 도구로 활용할 수도 있습니다. 교과서 지문과 영상을 넣어 단원 복습용, 혹은 진단, 차시, 형성 평가로 활용하는 것도 가능합니다.

이처럼 교사의 수업 설계 내에서 필요에 따라 활용하면 무궁무진한 활용 방안이 있습니다. 수업에 참여한 학생들도 "원아워를 통해 개념을 더 탄탄하게 잡을 수 있었다.", "녹음을 하면 AI가 내 발음의 정확도를 알려주어 좋았다.", "많은 단어와 문장을 더 체계적으로 깊게 학습한 것 같다." 등의 후기를 남겼습니다.

처음부터 많은 기능을 한 번에 모두 사용하는 것은 부담스러울 수 있습니다. 한 활동에 한두 기능씩 학생과 함께 적용하다 보면, 어느새 학생도 교사도 원아워를 활용한 다채로운 수업에 물들어갈 것입니다.

위 내용을 바탕으로 선생님께서도 활용도 높은 AI 에듀테크 수업의 매력을 느껴보시길 권하며 마치겠습니다.

그림 3-1-19 '원아워' 활용 단원 재구성 설계

그림 3-1-20 학생의 '원아워' 사용 수업 후기

그림 3-1-21 학생의 '원아워' 사용 수업 후기

02

우리 반 새로운 글쓰기 선생님 '키위'와의 만남

역삼초
서혜진

배경 및 특징

스마트폰이 대중화된 이후인 2010년부터 2024년 사이에 태어난 세대를 '알파세대'라고 부릅니다. 현재 초등학교에 다니는 학생들은 알파세대에 속합니다. 이들은 디지털 매체에 높은 적응력을 갖고 있습니다. 단순히 콘텐츠를 수용하는 것에 그치지 않고 직접 생산자가 되어 자신만의 독창적인 콘텐츠를 만들어내는 능력을 갖추고 있다는 점에서 이전 세대와는 확연히 구분됩니다. 예를 들어, 몇 가지 애플리케이션의 기능만 익히면 복잡한 영상 제작도 척척 해냅니다. 또 다양한 플랫폼에서 자기 생각과 특성을 표현하는데 거침없습니다. 이러한 디지털 활용 역량은 알파세대를 독특하게 정의 내리는 하나의 요소입니다.

또한 알파세대는 코로나19 팬데믹을 겪으면서 비대면 교육 환경을 직접 경험한 세대이기도 합니다. 이들은 LMS(Learning Management System, 학습 관리 시스템)와 같은 플랫폼을 또 다른 하나의 교실로 자연스럽게 인식합니다. 교사가 사용하는 에듀테크 기술에 어른보다 더 빠르게 적응할 수 있습니다. 이들에게 디지털 세상은 적응하거나 극복해야 할 장애물이나 도전 과제가 아닌 하나의 놀이터로서 여겨지고 있습니다.

하지만 높은 적응력과 유연한 사고를 가진 알파세대에 대한 우려의 목소리도 존재합니다. 대표적으로 문해력 문제입니다. 알파세대는 텍스트보다 이미지와 영상과 같은 시각적 매체를 통해 정보를 얻는 데 익숙합니다. 시각적 매체는 직관적이고 전체적인 형태로 정보를 제공합니다. 하지만 텍스트의 경우 앞뒤 맥락에 숨겨진 정보를 찾거나 세부 정보를 깊이 있게 파악해야 하는 특성이 있습니다. 이러한 정보의 특성으로 인해 알파세대의 경우 텍스트 기반의 정보를 이해하거나 분석하는 능력이 상대적으로 부족한 경우가 많습니다.

아무래도 텍스트와 친숙하지 않다보니 자연스럽게 사용하는 어휘의 양이 적거나 수준이 낮은 경우를 종종 발견할 수 있습니다. 이는 단순히 읽기 학습에만 영향을 주는 것이 아니라 실생활에서 자기 생각과 경험을 표현하는 데도 어려움을 초래합니다. 표현에 대한 욕구는 있으나 이를 구체적으로 어떻게 나타낼지 몰라 주저하거나 제한적인 어휘를 강하고 반복적으로 사용하는 경향을 보이기도 합니다.

이러한 문해력 부족은 단순히 학업에 대한 성취에만 영향을 미치는 것이 아니라 문제를 여러 측면에서 다각적으로 살펴볼 수 있는 비판적 사고 능력, 다른 사람과의 다채로운 소통을 기반으로 하는 협력적 문제 해결 능력 등에도 부정적인 영향을 미칠 수 있습니다. 따라서 알파세대의 특성을 면밀히 분석하여 균형 잡힌 교육적 접근이 필요한 시점입니다. 이를 위해서는 이들에게 다양한 표현 경험을 제공하는 일이 선행되어야 합니다. 디지털 세상에서 성장한 강점을 유지하면서도 깊이 있는 문해력을 함께 함양할 수 있는 교육 방식이 요구되는 실정입니다.

이러한 상황에서 학생들의 문해력을 신장시키기 위해 제가 택한 방법은 디지털 글쓰기였습니다. AI 글쓰기 평가 서비스인 '키위'를 활용하여 글쓰기를 하나의 놀이처럼 느끼게 하는 것이 주요 목적이었습니다. 사실 키위를 활용하기 이전부터 아침 시간을 활용해 주제 글쓰기를 지속적으로 진행하고 있었지만, 글쓰기에 관심이 없는 학생들의 경우 한 편의 글을 완성하여 제출하는 것을 굉장히 부담스러워했습니다. 키위에서 제공하는 '키위런' 서비

그림 3-2-1　AI 챗봇 '키위티'

스를 활용해 학생이 디지털 글쓰기 활동을 통해 글쓰기 학습에 대한 부담감을 줄일 수 있도록 새로운 학습 방법을 도입해 보았습니다. 이 과정에서 학생의 글쓰기를 도와주는 AI 챗봇 '키위티'의 도움을 통해 학생들은 글을 쓰는 사고 과정에서 필요한 도움을 지속적으로 받을 수 있었습니다. 더불어 학생들이 쓴 글을 키위티 서비스를 활용해 AI로 평가받기도 하고 누적적으로 학생의 글쓰기 기록을 관리할 수 있게 되었습니다.

나의 글쓰기 친구, 키위챗

글쓰기를 좋아하지 않는 친구들도 눈을 반짝이는 시간이 있습니다. 바로 자신이 관심 있는 이야기를 다른 친구들이 집중해서 들어줄 때입니다. 이 순간만큼은 쑥스러워하는 표정 뒤에 설레는 마음이 가득 담겨있는 것 같습니다. 이야기를 들려주는 일은 단순히 말을 하는 것이 아니라 다른 사람들과 연결됐다는 느낌을 주는 소중한 시간이기도 합니다. 유발 하라리의 「사피엔스」에서도 인간을 '이야기하는 동물', 호모 픽투스(homo fictus)라고 표현한 것을 보면 우리는 누구나 자신의 이야기를 하고 싶어 하는 것 같습니다.

하지만 많은 학생이 자신의 이야기와 생각을 풀어내는 글쓰기를 어려워하고 재미없다고 생각하는 이유는 글쓰기가 양방향 의사소통이 아닌 일방적인 생각을 나열하는 과제로 인식하는 경우가 많기 때문인 것 같습니다. 글쓰기를 하나의 의사소통 형태로 보기보는 자신이 머릿속에서 떠오른 생각을 단순히 글자로 옮기는 작업으로 여기는 경향이 있는 것 같습니다.

글쓰기가 진정으로 흥미롭고 의미 있는 활동이 되기 위해서는 타인과의 상호작용 경험이 추가되어야 합니다. 글쓰기를 통해 자신을 표현하고 타인의 반응을 경험하면서 생각을 수정하거나 반짝이는 아이디어의 발견을 통해 쓰기 활동의 즐거움을 느낄 수 있어야 합니다.

하지만 교실에서 글쓰기를 할 때 정해진 수업 시간이라는 물리적 한계로 모든 학생의 글에 교사나 다른 친구들이 세심한 피드백을 주거나 반응을 전달하기는 어렵습니다. 이러

에듀테크 활용 수업들

132

한 한계를 글쓰기 친구 '키위챗'으로 극복해 볼 수 있겠다는 생각이 들었습니다.

키위챗은 학생이 쓴 글을 읽고 또래 친구의 입장에서 글에 대해 질문하거나 답변하며 사고를 확장하는 데 도움을 주는 교육용 챗봇입니다. 단순히 학생의 질문에 답만 하는 것이 아니라 학생이 쓴 글을 읽고 질문을 하기도 합니다. 또 반복되는 이야기나 엉뚱한 말에도 끝까지 친절하게 답을 해주기도 합니다. 평소 자

그림 3-2-2 **피드백을 제공하는 키위챗**

기 생각을 공개적으로 표현하기 어려워하는 친구도 챗봇과의 대화를 통해 도움을 받을 수 있습니다.

자신이 쓴 글에서 추가로 보충할 부분은 없는지 조언을 얻는 모습도 관찰할 수 있었습니다. 이때 키위챗은 단순히 글을 다시 써주는 것이 아니라 학생이 미처 생각하지 못한 측면을 생각해 볼 수 있게 제안하는 형태로 피드백을 제공하는 모습을 볼 수 있었습니다. 챗봇과의 대화를 통해 글쓰기가 단순히 결과로 보이는 것이 아니라 지속적인 수정을 통해 발전해 나가는 과정임을 인식하는 계기가 되었습니다.

학생들과 수업을 하다 보면 특히 글쓰기에서 맞춤법이나 띄어쓰기 등과 같은 형식적인 부분에 부담을 느끼는 학생들이 많습니다. 학생들이 꼽은 디지털 글쓰기의 장점은 맞춤법과 같은 형식적인 부분의 오류를 자동으로 찾아준다는 점이었습니다. 실제로 키위챗을 활용할 때도 형식적 오류를 찾아주는 형태로 챗봇을 활용하는 모습을 보이기도 했습니다. 자신이 쓴 글에서 맞춤법이나 띄어쓰기 오류가 없는지 묻고 답하는 활동을 통해 글을 지속해서 고쳐 쓰는 모습 또한 관찰할 수 있었습니다.

키위챗은 학생들의 글쓰기 과정에서 따뜻한 친구처럼 중요한 역할을 했습니다. 글을 쓰며 고민이 되는 지점에 공감하며 적절한 질문을 던져 학생들이 스스로 고민에 대한 답을 찾아갈 수 있도록 도왔습니다. 맞춤법과 띄어쓰기와 같은 형식적인 부분에서도 부드럽게 피드백을 제공하여 글을 수정하는 과정에서 학생들이 성취감을 느낄 수 있도록 했습니다. 교사가 일괄적으로 피드백을 제공하는 방식 대

그림 3-2-3 **형식적 오류를 찾아주는 키위챗**

신 대화형 접근 방식을 채택하여 학생들이 글을 지속적으로 발전시켜 나가는 모습을 키위 챗을 통해 발견할 수 있었습니다.

✏️ 나의 두 번째 글쓰기 선생님, 키위티

글쓰기 활동은 학생들에게만 부담으로 다가오는 것은 아닙니다. 학생들의 글쓰기를 세심하게 평가하고 피드백하기 위해서는 교사 또한 많은 노력을 기울여야 합니다. 맞춤법 과 띄어쓰기와 같은 형식적인 부분은 물론 글의 구조와 내용의 논리성을 분석해 적절한 피드백을 제공하는 일 또한 만만치 않습니다. 특히 학생들의 배경지식과 문해력, 쓰기 능력

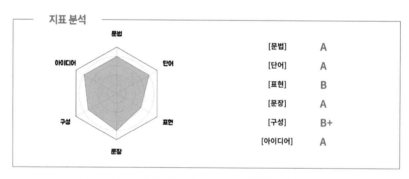

[문법]	A
[단어]	A
[표현]	B
[문장]	A
[구성]	B+
[아이디어]	A

[문법]　맞춤법, 철자법, 띄어쓰기, 단락나누기 등의 문법 규칙에 대한 지식이 풍부해요.
[단어]　글로 전달하고자 하는 내용을 표현하기 위해 다체로운 단어를 필요한 곳에 사용하고 있어요.
[표현]　접속 표지를 활용하여 글을 매끄럽게 연결하고 독자에게 내 의사를 정확하게 전달할 수 있어요.
[문장]　다양한 길이와 구조를 가진 문장을 사용하여 글의 내용을 표현하는 능력이 뛰어나요.
[구성]　내가 쓴 글이 어떤 갈래의 글인지, 논리적인 순서에 맞는 글인지 생각하며 글쓰기 연습을 해 보아요.
[아이디어]　적절하고 관련 있는 세부 내용과 정보를 사용하여 글을 쓰는 방법을 잘 알고 있어요.

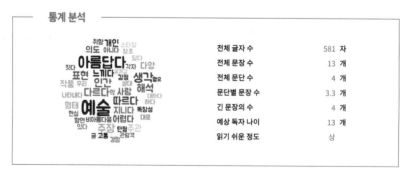

전체 글자 수	581	자
전체 문장 수	13	개
전체 문단 수	4	개
문단별 문장 수	3.3	개
긴 문장의 수	4	개
예상 독자 나이	13	개
읽기 쉬운 정도	상	

그림 3-2-4　**키위티의 지표분석과 통계분석**

이 각기 다르기 때문에 이를 고려한 맞춤형 지도 방안을 마련하고 실행하는 데에도 상당한 에너지가 소모됩니다.

만약 글쓰기 수업을 할 때 학생의 글을 분석하고 유의미한 데이터를 제공하는 보조 수단이 있다면 어떨까요? 키위티에서는 학생이 쓴 글을 문법, 단어, 표현, 문장, 구성, 아이디어와 같은 6가지 측면을 분석하여 결괏값을 제시합니다. 더불어 학생이 해당 글에서 많이 사용한 단어를 워드 클라우드* 형태로 제시하여 글의 요지를 한눈에 파악할 수 있게 해 줍니다. 교사는 해당 지표를 보고 중점적으로 지도해야 할 부분을 빠르게 파악할 수 있습니다. 예를 들어 단어 사용이나 표현은 풍부하지만, 문법이 약한 경우 해당 학년에서 배우는 국어 교과에서 문법 영역에 더 초점을 맞추어 추가 과제를 제시할 수 있습니다. 혹은 문법과 같은 형식적 측면에는 높은 점수를 받았으나 아이디어나 문장 구성 측면을 어려워하는 경우 자유롭게 글감을 떠올려볼 수 있도록 다채로운 보조 매체를 활용해 볼 수 있습니다.

특히 학생의 글을 첨삭하다 보면 문법적 오류를 하나씩 찾아 바르게 고쳐주는 데 많은 시간이 소요됩니다. 키위티에서는 단순히 학생의 글을 정량적으로 평가할 뿐만 아니라

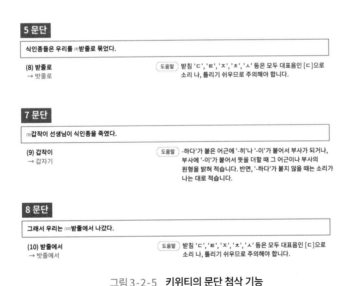

그림 3-2-5 **키위티의 문단 첨삭 기능**

✽ 워드클라우드(Word Cloud)는 텍스트 데이터에서 특정 단어들이 등장하는 빈도와 중요성을 시각화하여 나타낸 그래픽 표현을 의미한다.

문단별로 고쳐야 할 표현을 정확히 알려주고 도움말을 제시하여 학생의 이해를 돕습니다. 예를 들어 "받줄", "갑작이" 등과 같이 틀린 맞춤법 표현을 바르게 고쳐주고 도움말을 통해 문법 영역에 대한 이해를 높일 수 있습니다. 글을 쓰고 난 뒤 키위티에서 제공하는 리포트를 살펴보며 틀린 부분을 다시 한번 수정해 봄으로써 내실 있게 고쳐쓰기 활동을 진행할 수 있습니다.

키위티에서 제공하는 리포트를 통해 학기 초에 학생의 글쓰기 실력을 진단해 보고 학부모 상담 자료로도 활용할 수 있습니다. 단순히 학생이 쓴 글을 평가 자료로 보여드리며 설명하는 것보다 앞서 언급한 지표분석, 통계분석 및 문단 첨삭 기능 등을 기반으로 설명하면 더 구체적이고 객관적인 학습 처방이 이루어질 수 있습니다.

정리

일 년 동안 AI 글쓰기 평가 서비스인 키위와 함께 디지털 글쓰기 활동을 꾸준히 진행했습니다. 학생들은 "글쓰기는 어렵다.", "글쓰기는 힘들다.", "글쓰기는 귀찮다."라는 고정관념을 넘어 글쓰기를 재미있고 유익하고 즐거운 하나의 과정으로서 깨닫게 되었습니다. 키위는 교실에서 때로는 글쓰기 친구처럼, 선생님을 도와주는 보조교사처럼 그 역할을 톡톡히 해냈습니다.

무한한 디지털 세상을 살아갈 알파세대 어린이들이 자기 생각과 느낌을 유연하고 정교하게 표현하며 책임감 있는 디지털 시민으로 성장할 수 있도록 디지털 글쓰기 활동은 앞으로도 키위와 함께 계속될 것입니다.

Q. **학생이 키위런을 단독으로 사용할 수 있나요?**

A. 키위런은 학생이 단독으로 사용할 수 없습니다. 메뉴에서 '선생님 연결하기' 버튼을 눌러 선생님의 인증 번호나 계정을 입력하고 인증 요청하기를 눌러야 합니다. 선생님과 연결이 되면 나의 강의실에서 선생님이 내주신 과제를 모아서 볼 수 있습니다.

03

익힘책 없는 수학 시간을 현실로! '미래엔 AI클래스'

이담초
이성강

AI 코스웨어 리뷰어의 시작

'AI 코스웨어'라는 용어는 AI 디지털교과서가 등장한 지금에도 매우 생소합니다. AI는 뭔지 아는데 도대체 학습 코스웨어는 무슨 뜻일까요? 학습 코스웨어란 '학습코스+소프트웨어'의 합성어입니다. 학습코스가 들어 있는 소프트웨어란 뜻입니다.

저는 2021년 어느 한 연수로 칸아카데미를 만난 것이 AI 코스웨어의 첫 만남이었습니다. 코로나19로 인해 블랜디드 러닝이 교육계에 유행처럼 퍼져나갈 때쯤, 칸아카데미를 만난 것은 혁명적이었습니다. 수학을 가르치는 모든 선생님이라면 알고 있는 문제들의 해결 실마리가 보였기 때문입니다. 선생님들은 수학을 가르칠 때 어떤 어려움을 갖고 계시는가요? 우리는 익힘책을 풀게 할 때 이런 이야기를 듣곤 합니다.

"선생님 다했는데 뭐해요?"

이럴 때 선생님들은 어떻게 말씀해 주시나요? 보통은 "옆 친구 도와줘~"라고 이야기하지만 우리는 압니다. 옆 친구를 도와주다가 떠들고, 안 도와주고 돌아다니기도 하며, 아이들이 가르쳐주는 것이 문제 해결에 큰 도움이 되지 않을 때도 있습니다. 그럴 때마다 심화 문제를 뽑아서 놔두지만, 이것도 매번 수업 때마다 준비하기가 너무 어렵고, 이걸 풀어줄 시간도 마땅치 않습니다. 이뿐만 아닙니다. 느린 친구들을 위해 풀이를 해주는 것인데 느린 아이들은 수업 시간 동안 다 풀지 못하는 경우가 부지기수이며, 한두 명도 아니라 하나하나 봐주기도 어렵습니다. 급한 마음에 느린 학습자를 먼저 챙기다가 중위권 학생을 놓치는 일도 발생합니다. 분수, 소수, 나눗셈, 비례식 등 어려운 단원에서는 중위권 학생들도 성취 수준에 도달하지 못하는 경우가 있습니다.

사실, 1 대 다수로 학생들을 상대하는 상황 속에서, 이러한 문제들은 구조적으로 어쩔 수 없이 발생하는 문제이기에 해결하기 정말 어려운 문제입니다. 한 반에 20명이 넘는 아이들을 실시간으로 파악하는 건 물리적으로 불가능에 가깝습니다. 그러나 AI 코스웨어를 접하며 조금은 해결 가능성을 보았습니다. AI 코스웨어는 자동 채점 기능으로 교사의 채점하는 부담을 줄여줄 뿐만 아니라, 학생들의 수준별로 과제를 생성하고 배부하기 때문입니다. 또한 대시보드를 통해서 학생들의 현 도달도를 한눈에 볼 수 있는 데다가 누가 어느 단원에서 헤매고 있고, 어떤 차시에서 잘하는지 알 수 있습니다.

디지털 대전환의 시대적인 흐름과 함께 다양한 AI 코스웨어가 나타났습니다. 그리고 필자는 AI 코스웨어의 가능성에 매료되어 나오는 것은 모조리 검토하고 사용했습니다. 학급에서 쓸 만한 것을 찾기 위해 스스로 평가 기준을 만들어 평점을 매겼습니다. 정말 안 써본 것이 없었는데 어느 하나 마음에 드는 코스웨어가 없는 것이 아쉬웠습니다. 그러던 도중에 화려한 기능은 없지만 제 마음에 쏙 든 코스웨어가 있었습니다. 바로 '미래엔'에서 무료로 제공하는 서비스인 '미래엔 AI 클래스'입니다. 미래엔 AI 클래스는 제가 중요하다고 생각했던 AI 코스웨어로서의 조건을 대부분 충족했습니다.

1 로그인 방법이 쉬워야 한다.

초등학교에서 디지털 융합 수업할 때 가장 어려운 점이 바로 로그인입니다. 매번 아이디와 비밀번호를 잊어버리는 아이들이 있기 때문이죠. 미래엔 AI 클래스는 QR코드를 찍고 자기 번호, 이름, 인증 번호 4자리만 입력하면 됩니다. 비밀번호 재설정도 가능합니다.

2 자동 채점 내용이 교사에게 보여야 한다.

자동 채점은 AI 코스웨어라면 당연히 지녀야 할 조건입니다. 채점 시간을 단축하는 것만으로 교사는 활동을 더욱더 다양하게 구성할 수 있습니다. 더불어 아이들의 채점 내용이 교사에게 모니터링되고, 누적이 되어야 합니다. 실시간으로 아이들이 풀었는지가 기록되어 학생들이 수업에 따라오는 속도를 판단할 수 있어야 합니다. 이런 자료는 상담자료로 활용할 수 있습니다.

③ 모두에게 동일한 문제를 부여해야 한다.

동일한 문제를 배부할 수 있는 기능 역시 매우 중요합니다. 다수의 학생을 동시에 상대하기 때문에 동일한 문제를 이용해 지도하는 것은 수업에서 반드시 필요한 요소입니다. 개념 지도와 문제 풀이 과정을 효과적으로 가르쳐주기 위해서는 동일 문제 배부 기능이 필요합니다. 수업 후 형성평가를 진행할 때도 마찬가지로 동일 문제가 필요합니다.

④ 교과서 차시대로 되어야 한다.

우리는 뒤죽박죽된 학습 순서를 진도표대로 재구성할 시간이 없습니다. 종종 AI 코스웨어 중 개념 순서로 나선형으로 계열화가 되어 있는 학습코스가 있기도 합니다. 하지만 혼자서 공부할 때는 좋지만 초등수학 수업에서는 이런 순서는 불필요합니다. 교과서 수업 진도에 따라 맞춰져 있는 학습 자료를 그대로 사용하는 것이 훨씬 편리합니다.

⑤ 오답을 다시 풀 수 있어야 한다.

아쉽게도 미래엔 AI 클래스는 오답 다시 풀기 기능은 제공하지 않습니다. 그렇지만 저는 결손을 수업 방법으로 해결했습니다. 이 점은 뒤에서 다루도록 하겠습니다.

저는 이 4가지 기본 조건을 충족한다면 그 외 기능들은 개발사의 의도에 따라 다르게 구성할 수 있다고 생각합니다.

미래엔 AI 클래스를 활용한 필자의 수업사례를 소개하겠습니다. 대부분 선생님의 수업처럼 제 수학 수업도 비슷합니다. 어느 날은 교과서를 이용하고, 또 어느 날은 수모형 등의 구체물을 이용하기도 합니다. 미래엔 AI 클래스를 이용한다고 해서 수업이 크게 바뀌거나 하진 않았습니다. 다만, 평가 시의 모습이 조금 달라집니다. 저는 익힘책 대신 미래엔 AI 클래스를 이용합니다.

우선, 로그인 과정부터 말씀드리겠습니다. 미래엔 AI 클래스는 QR코드만 인식하면 번호, 이름, 인증 번호를 입력하도록 합니다. 이것이 회원가입이자 로그인입니다. 한번 로그인할 때 입력한 정보가 등록되어 계속 사용할 수 있도록 학습 기록이 저장됩니다. 아이들이 직접 등록해도 되지만 교사가 미리 번호에 맞는 이름을 등록해 놓는 것이 좋습니다. 아이들이 직접 하게 하면 자기들의 별명을 등록하거나, 로그인 규칙에 맞지 않는 이름을 등록하여 혼란을 초래하는 경우가 많기 때문입니다.

그림 3-3-1 **로그인 모습 1**

그림 3-3-2 **로그인 2**

아이들은 접속하면 바로 자신에게 부여된 과제를 볼 수 있습니다. 이 문제들은 익힘책 형태로 제공됩니다. 아이들이 푸는 과제는 교사가 제공하는 문제만 풀 수 있기 때문에 아이들이 다른 학습지에 접속하거나, 마음대로 선행학습을 할 수 없습니다. 이 점은 아이들의 자율 학습에는 불편함으로 작용하지만, 교사 한 명이 다수의 학생을 상대로 수업할

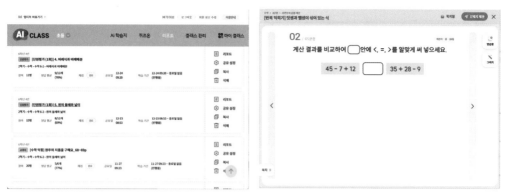

| 그림 3-3-3 리스트 | 그림 3-3-4 학습지 화면 |

때는 매우 편리합니다. AI 코스웨어를 사용하다 보면 문제의 난도가 높아 교실에서 적용하기 힘든 경우가 많습니다. 하지만 미래엔 AI 클래스의 경우 미래엔 출판사의 익힘책 문제를 옮겨 온 것이라 평이한 난도의 문제들로 구성되어 있다는 점이 장점입니다.

미래엔 AI 클래스를 활용하고 가장 크게 바뀐 부분은 수업 결과를 확인하는 습관이 생겼다는 점입니다. 미래엔 AI 클래스는 대시보드를 통해서 아이들의 학습 결과 데이터를 분석하고 정리하여 보여줍니다. 대시보드만 있으면 아이들이 다 풀었는지 일일이 확인할 필요가 없습니다. 그리고 학생들이 어떤 문제를 가장 어려워하는지도 알 수 있게 됩니다. 누가 해당 단원과 차시에서 잘하고 못하는지도 명확히 알 수 있습니다.

"그래도 손으로 푸는 게 맞지 않나요?" 이렇게 생각할 수도 있습니다. 필자도 물론 아이들이 손으로 풀면서 뇌를 자극하는 과정이 꼭 필요하다고 생각합니다. 그러나 디지털 도구를 활용하여 답을 입력하지만, 아이들은 실제로 손으로 풀고 있습니다. 공책을 펴서 문

그림 3-3-5 손 풀이

그림 3-3-6 화면 풀이

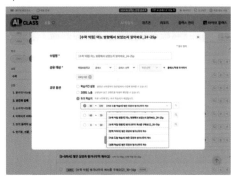

그림 3-3-7 **문제 내는 화면**　　　　　　　　그림 3-3-8 **퀴즈온 화면**

제를 푸는 아이들도 있고, 스마트 기기의 메모장 앱을 켜거나, 미래엔 AI 클래스에 내장된 손 풀이 기능을 활용하기도 합니다. 미래엔 AI 클래스의 손 풀이 기능을 활용하면 펜 사용 기록이 남아 교사가 살펴볼 수 있습니다. 하지만 아이들의 손 풀이 기록을 확인할 일은 많지 않습니다. 저는 아이들의 손 풀이는 각자 편한 방식을 택하도록 했습니다.

미래엔 AI 클래스의 장점은 기능이 단순하지만, 기초, 심화 문제를 모두 부여할 수 있으며 심지어 게임형 과제도 구현되어 있다는 점입니다. 수학 익힘책을 교실에서 사용하면 "다 풀었는데 뭐해요?"라는 문제에 봉착합니다. 그 이유는 바로 너무 쉽기 때문이죠. 미래엔 AI 클래스는 학생의 과제 점수에 따라 기초, 심화 등 다양한 과제를 추가 부여할 수 있습니다. 교사가 점수만 설정하면 자동으로 과제가 생성됩니다. 보통 저는 이 기능을 활용하여 80점 이상의 점수를 얻은 학생들에게 심화 과제를 부여합니다.

아이들은 어려운 문제를 혼자 풀어보다가 어려우면 친구들과 같이 고민해 보고, 틀리면 해답을 보면서 자신의 실수를 찾아냅니다. 기본 문제를 80점 이상 맞은 학생들은 심화 문제도 80~90퍼센트 이상 맞춥니다. 그만큼 어려운 문제에 대한 수요가 있으며, 아이들은 능력이 된다는 뜻이죠. 미래엔 AI 클래스에는 '퀴즈온'이라는 게임형 문제들도 들어 있습니다. 교사가 직접 구성하거나, 제공되는 문제를 풀 수 있는데 진도가 빠른 경우 이런 문제를 풀면서 쉬어가기도 합니다.

미래엔 AI 클래스에는 오답 풀이 기능이 없지만, 이런 단점은 아주 간단하게 해결할 수 있습니다. 오답 노트를 학생 스스로 작성하게 하는 것입니다. 저는 기본 문제만 푼 학생에겐 오답 노트 4문제, 심화 문제까지 도달한 학생에겐 오답 노트 1개의 과제를 부여합니

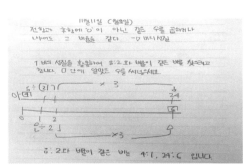

그림 3-3-9 **오답 노트 1**

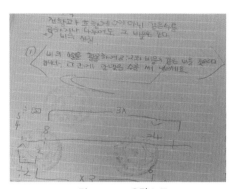

그림 3-3-10 **오답 노트 2**

다. 심화 문제를 푸는 동기 부여도 되고, 많이 틀린 학생들은 남는 시간에 자신의 틀린 부분을 점검할 수 있습니다.

미래엔 AI 클래스를 쓰면 모든 문제를 풀이해 주지 않아 문제 풀이 시간이 단축됩니다. 정답률이 높은 문제는 남는 시간에 개별적으로 지도하고, 정답률 낮은 문제 위주로 풀이해 주기 때문입니다. 심지어 정답을 매기는 과정도 없기에 수업 중 버려지는 시간이 줄어 아이들이 스스로 공부하고, 점검하는 시간을 줄 수 있습니다.

학부모의 신뢰를 얻는 간단한 방법

AI 코스웨어의 핵심 중 하나는 학습 리포트입니다. '데이터를 정리하여 시각화하는 방법'은 코스웨어 개발사가 가장 신경 쓰는 부분입니다. 미래 교육 현장에서는 리포트를 읽는 능력이 교사의 전문성을 결정하는 요소 중 하나로 자리 잡을 겁니다.

"엄마가 선생님이 확실히 다르신 것 같대요." 학부모 상담 이후에 학생이 저에게 했던 말입니다. 제가 한 것은 리포트를 보여드린 것 뿐이었습니다. 리포트를 보여주며 "우리 학생이 이런 부분이 부족하네요. 방학 동안 이런 보완이 필요합니다."라는 말에, 학부모님이 감명받은 것입니다. 미래엔 AI 클래스는 학생별 리포트와 학습지별 리포트를 줍니다. 학습지별 리포트는 수업마다 활용할 수 있습니다. 아이들이 순식간에 다 찍어놓고 노는 것은

| 그림 3-3-11 | **학습지별 리포트** | 그림 3-3-12 | **학생별 리포트** |

아닌지, 우리 반 아이들이 대체로 어려워하는 문제는 무엇인지, 이번 차시에서 의외의 모습을 보이는 학생이 누군지 살펴볼 수 있습니다. 반면, 학생별 리포트는 아이의 누적 데이터를 종합한 자료입니다. 단원별 학습 성취도와 그동안의 학습 성과를 지켜보고 아이의 학습에서 보완이 필요한 부분을 찾을 수 있습니다. 취약한 단원들을 찾아 맞춤형 학습지도 제공되기 때문에 학부모 상담 시에 매우 유용한 자료로 활용할 수 있습니다.

만능인 도구는 절대 없습니다. 각자 잘 쓰는 에듀테크 도구들이 많지만, 저는 미래엔 AI 클래스를 만나고 교사가 학습 코치의 역할을 어떻게 수행할 수 있는지 분명하게 느꼈습니다. 증거에 기반한 교사 피드백의 힘을 알게 되었으며, 그로 인해 익힘책을 단순히 채점할 때 막연히 보였던 우리 반을 이제는 명확하게 바라볼 수 있게 되었습니다. AI 코스웨어 입문을 망설이는 분들은 미래엔 AI 클래스를 한 번 경험해 보시기 바랍니다. 수학 외에도 다양한 과목이 제시되고, 중학교, 고등학교 선생님들도 활용하실 수 있습니다.

 미래엔 AI 클래스를 사용할 때 불편한 점은 없나요?

 종종 페이지의 글씨가 깨지는 오류가 발생하기도 합니다. 현재는 업데이트를 거치면서 거의 없어졌습니다. 교사가 학생의 화면을 실시간으로 보지 못하는 점은 조금 아쉽습니다. 실시간 화면 대신에 수업 보드에서 학생의 제출된 학습지를 볼 수 있지만 접속 과정이 다소 불편합니다.

04

인공지능이 도와주는 모두의 글쓰기 피드백_자작자작

서울가동초
이현지

배경 및 특징

글쓰기는 국어뿐만 아니라 다양한 교과에서 빠지지 않고 이루어지는 중요한 활동입니다. 학생들은 글쓰기를 통해 자기 생각을 논리적으로 정리하고 표현하는 방법을 배울 수 있으며, 이는 창의력과 비판적 사고를 키우는 데 필수적인 과정입니다. 그러나 글쓰기가 중요하다는 사실을 교사와 학생 모두가 인지하고 있음에도 불구하고, 실제 글쓰기 수업이 원활히 진행되기란 결코 쉽지 않습니다.

생각을 글로 옮기는 과정이 익숙하지 않은 학생들은 글쓰기를 막막하게 느끼거나, 잘 써야 한다는 압박감에 오히려 창의성을 발휘하지 못하기도 합니다. 특히 교실 내에서 수준 차이가 큰 학생들이 함께 글쓰기 활동에 참여할 경우, 어떤 학생은 글쓰기를 비교적 쉽게 완성하는 반면, 어떤 학생은 처음 몇 줄을 쓰는 데도 어려움을 겪습니다.

이런 상황에서 교사는 모든 학생에게 적절한 도움을 제공하고, 그들의 글을 일일이 읽고 피드백을 제공하려 하지만, 현실적으로는 시간과 자원의 한계에 부딪히기 마련입니다. 또한, 학생들이 쓴 글에 피드백을 제공하는 과정도 쉽지 않습니다. 한 학급의 학생이 20~30명이라고 가정하면, 학생들이 제출한 글의 분량만으로도 상당한 시간이 소요됩니다. 그 글을 꼼꼼히 읽고, 각 학생에게 맞춤형 피드백을 제공하려면 교사는 추가적인 업무 부담을 감당해야 합니다. 그러나 수업 준비와 평가, 행정 업무까지 병행해야 하는 교사의 일정을 고려할 때, 이러한 개별 피드백 제공이 지속적으로 이루어지기는 어렵습니다. 그 결과, 글쓰기에 대한 피드백이 단순히 형식적인 코멘트나 학습지 수준으로 제한되거나, 모든 학생에게 균등한 학습 기회를 제공하기 어려운 경우도 많습니다.

더불어, 학생들에게 글쓰기에 대한 동기를 부여하는 것에도 많은 어려움이 있습니다. 학생들 중 다수는 글쓰기를 어려운 과제로 여기며, 자신이 표현하고자 하는 생각을 글로 옮기는 데 거부감이 있습니다. 특히, 글쓰기에 대한 부정적인 경험이 누적된 학생들은 자신이 글을 잘 쓸 수 없다고 단정 짓고, 시도조차 꺼리게 됩니다. 교사로서는 이러한 학생들에게 글쓰기가 흥미롭고 유익한 활동이라는 점을 설득해야 하지만, 기존의 수업 방식으로는 학생들에게 긍정적인 경험을 제공하기가 쉽지 않았습니다.

이러한 배경 속에서 AI 글쓰기 플랫폼 '자작자작'은 교사들에게 새로운 가능성을 열어 줍니다. AI 기술을 활용한 이 플랫폼은 학생들에게 맞춤형 피드백을 제공하며, 글쓰기 과정을 부담이 아닌 성장의 기회로 전환시켜 줍니다. 이를 통해 교사는 학생 개개인의 필요를 충족시키면서도, 업무 부담을 줄이고 수업의 질을 향상시킬 수 있습니다.디지털 기술을 활용한 글쓰기 수업에서 가장 중요한 요소 중 하나는 학생들에게 흥미롭고 적절한 글쓰기 주제를 제시하는 것입니다. 자작자작은 이 과정을 효과적으로 지원하기 위해 설계된 AI 디지털 교육 플랫폼으로, 글쓰기 중심 수업을 혁신적으로 돕는 다양한 기능을 제공합니다.

핵심 기능 및 활용

1 알맞은 글쓰기 주제를 제시해요

교사는 자작자작을 통해 반별 또는 동아리별로 학생 그룹을 구성하고, 각 그룹에 글쓰기 주제를 쉽게 제시할 수 있습니다. 학생들이 과제에 몰입할 수 있도록, 글쓰기 주제와 함께 참고 자료를 제공하는 기능도 지원합니다. 예를 들어, 주제와 연관된 영상, 이미지, 문서 등 다양한 미디어 자료를 첨부하여 학생들의 이해와 흥미를 동시에 끌어낼 수 있습니다. 이는 단순히 주제를 전달하는 것을 넘어, 학생들에게 깊이 있는 사고와 창의적 접근을 유도하는 데 도움을 줍니다.

만약 교사가 적합한 글쓰기 주제를 찾는 데 어려움을 느낀다면, 자작자작이 추천하는 글감 라이브러리를 활용할 수도 있습니다. 이 라이브러리는 다양한 주제를 포함하고 있어, 교사가 학생들의 흥미와 수준에 맞는 주제를 손쉽게 선택할 수 있도록 돕습니다. 이러한 기능은 글쓰기 주제를 설정하는 데 소요되는 시간을 줄이고, 수업 준비 과정을 더욱 효율적으로 만들어 줍니다.

그림 3-4-1　자작자작 글감 편집 화면　　　그림 3-4-2　사작자작 글감 라이브러리 화면

② AI가 개별 피드백을 도와줘요

글쓰기는 단순히 과제를 완성하는 데 그치지 않고, 반복적인 피드백과 수정을 통해 발전해 나가는 과정입니다. 그러나 교사가 모든 학생의 글을 세세히 읽고, 각 부분에 대해 구체적인 피드백을 제공하기에는 현실적인 제약이 많습니다. 자작자작의 AI 피드백 기능은 이러한 문제를 해결하며, 학생들에게 개별화된 피드백을 제공해 글쓰기 능력을 한 단계 더 성장시켜 줍니다.

학생들은 자작자작을 통해 주어진 글쓰기 주제에 대해 글을 작성하고, 작성이 끝난 후 스스로 맞춤법 검사를 통해 글을 점검할 수 있습니다. 이 과정은 학생들에게 자기 주도적인 학습 습관을 형성하도록 돕습니다. 글을 다듬은 후 학생들이 제출하면, 교사는 AI 코치를 활용하여 보다 심층적인 피드백을 받을 수 있습니다.

AI 코치의 주요 특징은 단순한 맞춤법 및 문법 검사에 그치지 않는다는 점입니다. AI 코치는 학생들이 제출한 글에 대해 주제의 충실성, 어휘의 적절성, 문법의 정확성, 맥락의 일관성, 시각과 태도 등 다양한 평가 영역에서 세밀한 분석을 제공합니다. 또한, 교사는 학습 내용에 맞추어 평가 기준을 추가할 수도 있습니다.

이러한 영역별 피드백은 학생들이 자신이 작성한 글을 더 깊이 이해하고, 수정해야 할 부분을 명확히 인식할 수 있도록 돕습니다. 특히, AI 코치는 평가와 함께 구체적인 수정 방향을 제시하여 학생들이 다음 글쓰기를 준비할 때 실질적인 도움을 받을 수 있게 합니다.

AI 코치를 활용하면 교사는 모든 학생에게 균등한 피드백을 제공할 수 있을 뿐 아니라, 각 학생의 글쓰기 수준과 성장 과정을 한눈에 파악할 수 있습니다. 이는 교사가 수업 시간 내에 효율적으로 학생들을 지도할 수 있도록 도와주며, 학생들에게는 자기 글에 대한 성찰과 개선의 기회를 제공합니다.

자작자작의 AI 피드백 기능은 단순히 글쓰기 결과를 평가하는 도구가 아니라, 학생과 교사가 함께 성장할 수 있는 학습의 파트너로서 중요한 역할을 수행합니다.

그림 3-4-3 **자작자작 AI 피드백 학생 화면**

그림 3-4-4 **자작자작 AI 피드백 교사 화면**

❸ 문집 제작을 손쉽게 해요

학교 현장에서 학생들의 글을 모아 문집을 만드는 일은 흔히 이루어지는 활동입니다. 학생들에게는 자신이 작성한 글이 한 권의 책으로 엮이는 경험이 자부심과 성취감을 줄 수 있으며, 교사에게도 글쓰기에 대한 학생들의 노력과 성장을 한눈에 확인할 수 있는 기회가 됩니다. 하지만 문집 제작 과정은 상당히 많은 시간이 소요되고, 디자인 및 편집 작업의 복잡함 때문에 부담스럽게 느껴지기도 합니다.

자작자작의 문집 제작 기능은 이러한 어려움을 해결하며, 쉽고 빠르게 반이나 동아리 만의 문집을 완성할 수 있도록 도와줍니다. 자작자작의 디지털 책장 탭을 활용하면, 학생들이 작성한 글을 기반으로 디지털 문집을 제작할 수 있습니다. 사용 방법은 매우 간단합니다. 먼저 디지털 책장 메뉴에서 새로운 문집 제작을 시작한 뒤, 플랫폼 내 간편한 디자인 도구를 활용해 반 이름, 제목, 이미지를 포함한 표지를 직접 제작할 수 있습니다. 이후, 학생들이 작성한 글 중 문집에 포함할 글을 주제별이나 학생별로 정리된 목록에서 손쉽게 선택하면 됩니다.

이렇게 만들어진 문집은 단순히 디지털 파일 형태로 끝나는 것이 아니라, 웹 문집으로 공유하거나 PDF 형태로 다운로드하여 저장할 수 있습니다. 웹 문집은 반 전체 또는 학부모와 쉽게 공유할 수 있으며, PDF 문집은 인쇄하여 실제 책 형태로 제작할 수도 있습니다.

자작자작의 문집 제작 기능은 학생들에게는 자기 글이 책으로 엮이는 특별한 경험을 선사하며, 교사에게는 문집 제작 과정에서의 업무 부담을 크게 줄여줍니다. 나아가 문집이라는 결과물은 학생들에게 글쓰기에 대한 긍정적인 동기를 부여하며, 글을 통해 표현하는 기쁨을 느낄 수 있도록 돕습니다.

✏️ 정리

자작자작을 도입하면서 글쓰기 수업의 운영 방식에 큰 변화가 생겼습니다. 이전에는 학생들에게 개별적인 피드백을 제공하는 데 시간과 노력이 많이 들었고, 문집 제작과 같은 활동은 엄두를 내기 어려웠습니다. 하지만 자작자작의 AI 피드백과 디지털 문집 제작 기능을 활용하면서 글쓰기 수업이 훨씬 체계적이고 효율적으로 바뀌었습니다. 학생들은 자신의 글에 대해 즉각적이고 세부적인 피드백을 받을 수 있어 스스로 글을 개선하는 데 자신감을 얻었고, 문집 제작을 통해 성취감을 느끼는 등 긍정적인 변화를 경험했습니다.

앞으로 AI와 에듀테크의 활용이 확대되는 교육 환경에서 자작자작은 단순한 보조 도구를 넘어, 교사가 학생들의 성장을 돕는 데 핵심적인 역할을 할 것입니다. 특히, AI가 제공하는 맞춤형 피드백은 학생들의 글쓰기 실력을 끌어올리고, 교사에게는 더 많은 시간을 확보해 수업의 질을 높일 기회를 제공할 것입니다.

05

'지니아튜터' 단순하고 직관적인
AI 코스웨어의 강점

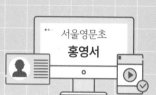

서울영문초
홍영서

에듀테크를 시작하는 교사의 고민

선생님께서는 AI 코스웨어를 활용하며 한 번쯤 이런 고민을 해보셨을지도 모릅니다. "내가 이 도구의 모든 기능을 잘 활용할 수 있을까?" "복잡해서 아이들과 사용하기 어렵지는 않을까?" "새로운 프로그램을 익히느라 수업 준비 시간이 늘어나지는 않을까?" 에듀테크와 AI는 교육에 새로운 가능성을 열어주지만, 그 도구를 선택하고 실제로 활용하는 과정은 결코 간단하지 않습니다.

그런 한편, 시중의 AI 코스웨어는 점차 복잡하고 정교한 기능을 탑재하며 고도화되는 추세입니다. 하지만 모든 기능을 완벽히 갖춘 고도화된 도구가 반드시 더 나은 선택이라 할 수 있을까요? 오늘 소개할 '지니아튜터'는 이 질문에 새로운 시각을 제공합니다. 지니아튜터는 AI 코스웨어를 처음 접하는 교사와 학생 모두 부담 없이 사용할 수 있는 직관적이고 효과적인 학습 평가 도구입니다.

지니아튜터: 단순함 속의 강력함

지니아튜터의 가장 큰 특징은 단순함과 직관성입니다. 복잡한 설정이나 세부적인 문제 제작 없이 이미 준비된 문항을 기반으로 선택, 삭제, 재배치만 하면 수업에 바로 활용할 수 있습니다. 인터페이스도 매우 직관적이어서 교사가 사용하는 화면과 학생이 보는 화면 간의 차이가 크지 않습니다. 덕분에 도구를 익히는 데 드는 시간이 줄어들고, 학생들도 빠르게 적응할 수 있습니다.

그러나 지니아튜터의 단순함은 기능의 제한으로 보일 수도 있습니다. 예를 들어, 다른 고도화된 코스웨어처럼 각 문제를 세부적으로 제작하는 등 교사의 자율성을 극대화하는 기능은 지원하지 않습니다. 특히 수학의 경우 문항 추천 알고리즘이 특정 개념을 기반으로 정교한 설계를 제시한다고 보기에는 아쉬운 점이 있습니다. 하지만 이런 한계가 오히려 장점으로 작용하기도 합니다. 특히 에듀테크를 처음 접하는 교사들이나 복잡한 기능에 부담을 느끼는 학생들에게 지니아튜터는 적합한 선택지가 되기 때문입니다.

실제로 제가 지니아튜터 활용 연수를 진행하였을 때, 많은 선생님으로부터 처음에는 "기능이 너무 단순하다"라는 첫인상 후기를 받았습니다. 복잡한 알고리즘이나 세부적인 학습 분석 기능을 기대했던 교사들에게는 지니아튜터가 다소 빈약하게 느껴집니다. 하지만 1~2차시 연수에서 찬찬히 실습하고 그다음에 별도의 과정 없이 바로 수업에 사용할 수 있다는 점에 큰 만족도를 보였습니다. 약간의 실습만으로도 기능을 온전히 파악했다는 감각은 교사의 수업 설계와 진행에 부담을 덜고 자신감을 제공해 줍니다.

그렇다면, 학생들에게도 실제로 효과적일까요? 저는 수업에서 다양한 AI 코스웨어를 활용하면서 학생들에게 각 코스웨어를 경험해 볼 기회를 주고, 이후 어떤 코스웨어를 가장 선호하는지에 대한 의견을 나누는 시간을 가졌습니다. 교사로서 저는 학생들이 복잡하고 정교한 알고리즘을 통해 심화된 학습 경험을 제공하는 고도화된 코스웨어를 더 좋게 판단할 것이라고 예상했습니다.

하지만 학생들의 선택은 제 예상을 빗나갔습니다. 직관적이고 단순한 구조를 가진 지니아튜터가 학생들에게 가장 많은 선택을 받았던 것입니다. 지니아튜터는 다른 코스웨어들에 비해 심화 학습이나 문제 추천 알고리즘의 정교함이 떨어질 수 있습니다. 하지만 이 단순함이 오히려 장점으로 작용했습니다. 많은 학생이 지니아튜터의 문제 풀이 과정이 명확하고 직관적이라며 학습에 대한 부담을 덜 느꼈다고 말했습니다. 교사 입장에서 지니아튜터의 기능은 제한적이라고 느껴질 수 있지만, 학생들은 이러한 단순한 반복과 명료함에서 스스로 학습의 성취감을 얻고 있었던 것입니다.

이와는 대조적으로, 복잡한 코스웨어들은 학생들에게 더 많은 학습 데이터를 제공하고 개별 맞춤형 학습이 가능했지만, 오히려 학생들 사이에서는 "너무 어려워서 따라가기 힘들다"는 피드백이 많았습니다. 코스웨어를 선택할 때 교사는 종종 학습의 심화와 교사의 자율성을 먼저 고려합니다. 그러나 지니아튜터를 통해 느낀 것은, 학생들이 코스웨어를 얼마나 친숙하고 부담 없이 사용할 수 있는지가 역시 학습 효과에 큰 영향을 미친다는 점이었습니다. 결국 학생들의 선택은 학습 도구의 본질적인 목표, 즉 학습 효과성을 고려한 결과였고, 이는 교사로서 저에게 중요한 교훈을 남겼습니다.

교사 입장에서도 지니아튜터는 수업 준비 시간을 절약하고, 수업에 더 집중할 수 있도록 돕습니다. 단원 시작 전의 진단 평가, 학습 중간 점검, 단원 마무리 평가 등 다양한 상황에서 지니아튜터는 빠르고 효과적인 도구로 자리 잡았습니다.

에듀테크 도입을 망설이거나, 복잡한 기능이 부담스러운 교사들에게 지니아튜터는 훌륭한 시작점이 될 것입니다. 학생들과 가벼운 사용성을 경험하며 간단하고 직관적인 도구를 꾸준히 활용하고 싶으신가요? AI 에듀테크 활용에 자신감을 얻고, 학생들과 함께 더 나은 학습 경험을 만들어 보시길 바라며, 지니아튜터의 핵심 기능과 활용 사례를 소개합니다.

지니아튜터 AI 평가 분석 코스웨어의 핵심 기능

지니아튜터는 AI 평가와 분석을 지원하는 서비스입니다. '학습', '리포트', '교과 평어 작성기'라는 크게 3가지 핵심 기능을 갖추고 있습니다.

학습은 학생들이 교사의 문제 설정과 배포에 따라 AI 평가 서비스를 통해 학습하는 과정입니다. 차시별/성취 기준별 평가 항목을 제공하며 학생들의 학습 결과에 대한 자동 채점이 이루어집니다. 리포트 기능을 통해서는 학급 전체 학습 분석/개인별 학습 분석 리포트를 제공합니다. 각 차시, 단원, 학기를 종합적으로 분석하여 제공하는 일종의 대시보드입니다. 교과 평어 작성기는 현재 베타 서비스로 운영되고 있는 AI 평어 작성 도움기입니다.

세부적인 기능과 활용법에 대하여 살펴보겠습니다.

핵심 기능 1 ▎ AI 평가 서비스: 학습

지니아튜터는 출제와 채점의 품을 줄여준다는 점에서 교사의 평가 부담을 완화합니다. 크게 기본 과정과 맞춤 과정으로 나뉩니다. 학습 과정 등록하기에서 기본 과정과 맞춤 과정을 선택하여 학습의 과정을 구성합니다.

그림 3-5-1 **기본 과정**   그림 3-5-2 **맞춤 과정**   그림 3-5-3 **맞춤 과정 시험지 등록하기**

1-1. 기본 과정

기본 과정은 말 그대로 진단평가, 차시별 형성평가, 단원평가로 이어지도록 기본적인 평가의 흐름에 따라 설계되어 있습니다. 학습 과정에서 새 과정 등록하기를 통하여 학생과 활용할 과정을 설계합니다. 이는 필요에 따라 학교급, 학년, 학기, 과목을 선택하는 것입니다. 이후 교과서, 성취 기준, 일반과정의 구분을 선택합니다. 교과서를 고를 경우에는 티셀파 기반의 프로그램이므로 천재교육의 교과서만을 목록에서 선택할 수 있습니다.

성취 기준을 활용할 경우 학습 과정의 세부 목록이 성취 기준 영역명으로 나타납니다. 또한 성취 기준 항목에 맞추어 학습 과정이 진행되므로 차시별 평가, 단원별 평가가 어렵습니다. 그래서 출판사 간의 내용이 크게 차이 나지 않는 한, 학생들에게 표지는 다르지만 필요한 내용을 선생님이 편집하여 출제한다는 것을 알려 활용하는 것을 추천합니다.

일반과정은 2024년 12월 기준, 수학 과목 학습을 위한 과정입니다. 수와 연산 영역과 관련된 보충 학습 문제를 제공하는 학습 과정입니다. 기본 과정 활용에서는 활용할 과목을 교과서로 선택하고, 수학의 경우 필요에 따라 일반과정을 하나 더 추가하여 개설하는 방향을 추천합니다.

1-2. 맞춤 과정

맞춤 과정은 초기 지니아 서비스에는 없었던, 새로 업데이트된 서비스입니다. 기본 과정이 단원 혹은 성취 기준을 따르는 학습 내용이라면, 맞춤 과정은 단원 간의 경계를 허물어 제작하는 과정입니다. 단 아직 학년 간의 경계를 허물어 하나의 과정으로 만드는 것은 어렵습니다.

예를 들어, 학년 말에 영어 1년 전체 학습에 대한 복습 과정을 만들고 싶은 상황을 가정하겠습니다. 이 경우 1학기 Review, 2학기 Review, 1년 Review 등의 단원을 설정합니다. 1학기 Review에는 1, 2, 3단원을 통합한 학습지와 4, 5, 6단원을 통합한 학습지를 생성할 수도 있습니다. 혹은 1년에 학습한 모든 단원을 설정한 후 전 단원의 내용을 통합한 학습지를 생성할 수도 있습니다.

수학을 예로 든다면, 특정 단원만 엮어 분수의 사칙연산 학습지, 입체 도형 학습지 등을 설정합니다. 단원/차시를 선택한 후에 문항 수와 난이도 비율을 선택하면 학습지가 자동 출제됩니다. 이렇게 출제된 활동지를 기본 과정과 같은 방식으로 문제 목록을 수정 후 저장하면 완료됩니다. 중복된 지문이 있는 경우 팝업이 뜨며 중복 지문을 삭제하고 저장합니다.

2. 학습 과정별 출제

기본과정과 맞춤 과정의 단계로 학습 과정을 등록한 이후에는 학습 과정별 평가 문항을 출제합니다. 대표적으로 교과서로 학습 과정을 설정한 경우로 설명하겠습니다. 각 학습 과정에서는 크게 단원 목록이 제시됩니다. 각 단원을 펼치면 진단평가, 차시평가(영어의 경우 기능별 평가), 단원평가로 다시 구분됩니다. 진단평가는 문항 편집은 불가하지만, 미리보기, 인쇄하기, 공유하기 기능은 가능합니다. 차시평가와 단원평가는 미리보기, 인쇄하기, 공유하기 기능에 더하여 편집하기 기능이 있습니다. 여기에서 주목할 부문은 편집하기 기능과 공유하기 기능입니다.

지니아튜터는 초깃값으로 문항을 설정하여 제공합니다. 교사는 이를 기반으로 문항 삭제, 교체, 추가, 재배치를 통하여 편집하여 평가지를 제작합니다. 초기에 제공된 문항과 순서가 학급에 적절할 경우 편집 없이 바로 사용하는 것도 가능합니다. 다만, 문항 내의 숫자, 내용 자체를 제작하거나 수정할 수는 없습니다.

공유하기 기능은 이렇게 편집한 혹은 제공된 평가지를 학생에게 배포하는 작업입니다. 이때 학생에게 마감일을 설정하고 안내하여 마감일 전까지 응시하도록 독려하는 기능이 있습니다. 마감일을 설정하지 않고 배포하는 것도 가능합니다. 배포할 학생의 명단을 골라 최종적으로 공유하기를 눌러 배포합니다. 특정 학생을 제외하거나 선택하는 것은 가능하지만, 하나의 차시나 단원에 대하여 여러 버전의 평가지를 만들어 배포할 수는 없습니다. 기본적으로 반 전체에게 공동의 문항이 배부됩니다.

1. 과제 배포할 때 주의할 점

과제 배포 후에는 문항 수정을 할 수 없습니다. 배포 취소로 배포된 시험지 자체를 삭제해야 수정할 수 있습니다. 학생이 학습한 내역이 있을 경우에는 학생의 학습 데이터도 함께 삭제됩니다. 따라서 배포 전에 반드시 미리보기 기능을 활용하여 수정할 사항이 없는지 최종 확인을 거쳐야 합니다.

2. 과제 공유하기 기능 마감일 설정

마감일이 지난 이후에는 학생이 과제 응시를 할 수 없습니다. 학생이 동일한 시험에 재응시가 필요한 경우, 혹은 아직 미응시한 경우에는 마감일 설정을 다시 조작하여야 합니다. 따라서 마감일이 지난 후에 학생이 응시하는 것을 허용하고 싶다면, 마감일 설정을 끈 채로 활용하는 것을 추천합니다.

3. 학생의 학습 과제 해결

학습 과제를 모두 출제하였다면, 이제 본격적으로 학생이 지니아튜터를 통해 학습하는 단계입니다. 학교 상황에 따라 크롬북, 스마트패드, 컴퓨터실 PC 등 다양한 기기를 활용할 수 있습니다. 학습 과제 해결 과정에서 학생들과 겪은 시행착오를 공유하겠습니다.

Tip 로그인 직후 홈페이지 메인 화면

로그인 직후 홈페이지 메인 화면(왼쪽 그림)에서 선생님이 학생이라면, 어떤 것을 클릭하실 건가요? 첫 시간, 다수의 아이가 "선생님 안 들어가져요"를 외칩니다. 바로 교과서 사진을 열심히 클릭하기 때문인데요. 교과서 사진을 누르지 말고 상단의 '학습' 배너를 눌러 학습 과정을 선택하도록 안내하여야 합니다. 혹은 하단으로 스크롤을 내려(오른쪽 그림), '더보기'를 눌러서 펼치거나, '학습하기'를 클릭하여 바로 해당 학습을 시작해야 합니다.

이후, 학생이 '학습' 배너의 화면에서 '대기' 상태인 문제를 펼쳐 '학습하기' 단계를 시작합니다. 학습 진행 중에는 미완료의 경우 붉은색의 '진행', 완료하여 제출한 학습의 경우 파란색 '완료'로 나타납니다.

1번 문제를 푼 후 학생은 어떤 행동을 해야 할까요? 답안을 입력하면 푼 문제의 번호는 파란색으로 바뀌며, 아직 풀지 않은 번호를 클릭하거나 스크롤을 내려 다음 문제를 풀면 됩니다. 스크롤을 내려서 다음 문제를 풀어야 하지만, 일부 학생은 제출하기 버튼을 즉시 누릅니다. 답안 제출 시, 풀지 않은 문제는 오답 처리되며 재응시가 불가하다는 팝업 창이 뜹니다. 하지만 이를 읽지 않고 바로 제출을 누르는 경우도 있습니다. 따라서, 지니아튜터 첫 사용 수업에서 학생들과 문제 제출 방법을 함께 익히기를 추천합니다. 또한 서버가 튕기는 상황을 대비해서 임시저장 버튼을 틈틈이 누를 것을 함께 안내해야 합니다.

그렇다면, 실수로 답안이 제출된 경우에는 어떻게 해결할 수 있을까요? 혹은 학생이 입력한 답안을 정답 처리하고 싶을 때는 어떻게 해결할 수 있을까요? 이때는 교사가 학생의 학습을 추적, 관찰하는 기능인 리포트 즉 대시보드 기능을 활용하여야 합니다. 두 번째 핵심 기능, 리포트 기능으로 넘어가 살펴보겠습니다.

그림 3-5-4 **학급 선택 – 전체 과목 보기 - 배포순 정렬**   그림 3-5-5 **학급 선택 – 과목 선택 – 최신순 정렬**

리포트 기능은 크게 학급, 과목 필터가 있습니다. 상단에서 학급, 과목을 선택하면 해당 과목에서 공유한 학습 평가가 공유 순서대로 나열됩니다. 최신순 혹은 배포순으로 공유일을 변경하여 정렬할 수도 있습니다. 진행하였던 모든 평가에 학생들의 참여 현황과 학급 평균 성취도를 한눈에 제시합니다.

각 평가별 참여 현황과 성취를 살펴보기 위해서는 상세 돋보기 페이지로 들어갑니다. 이 페이지에서는 해당 평가의 내용 영역과 단원, 차시, 해당하는 성취 기준의 내용과 학습 평균 성취 기준 달성률을 제공합니다. 아래로 내리면 학생별 문제 현황 대시보드, 즉 우리가 필요했던 학생 개별 리포트와 채점 수정 기능이 있습니다. 초기화 기능과 수정 기능을 살펴보겠습니다.

그림 3-5-6 **개별 평가의 상세 보기 페이지**(학급 리포트)   그림 3-5-7 **학생 개인별 리포트 페이지 상세 보기**

💡 **Tip** 선택 학생 시험 초기화 기능 활용

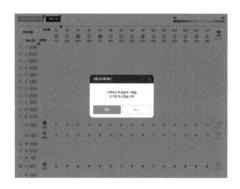

위에서 말한 실수로 답안이 제출된 경우, 해당 학생을 선택한 후 초기화합니다. 이후 학생이 해당 평가를 재응시하는 방법입니다.

그런데, 저는 이 기능을 지금도 많이 사용합니다. 학생이 완전 학습에 이르도록 동일 평가 재시험으로 활용하기 때문입니다. 수학 과목의 경우에는 틀린 문항에 대하여 유사 학습, AI 학습으로 재학습을 도와주는 기능이 있습니다. 하지만 영어와 다른 과목에는 해당 학습 절차가 없습니다. 그래서 학생이 틀린 문항이 많아 붉은색~노란색을 받았다면, 선택 학생 시험 초기화 기능을 활용합니다. 학생은 자신의 학습 리포트를 확인하며 틀린 문항을 학습한 후 교사가 그 학생의 해당 평가를 초기화하여 재응시를 돕습니다. 간단한 방법이지만, 이를 통하여 학생은 차곡차곡 개인별 학습 결손을 보완합니다.

💡 **Tip** 문항 채점 수정 기능

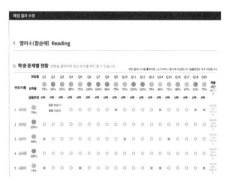

"선생님! 저 이거 맞았는데 틀렸다고 떠요." 영어 two를 숫자 2로 입력하여 오답 처리가 된 경우입니다. 이런 상황은 어떻게 해결할 수 있을까요? 채점 수정 기능으로 해결할 수 있습니다. 학생 개개인의 이름 옆의 ○, × 버튼을 눌러 정답 처리하거나 일괄 변경으로 처리할 수 있습니다. 단, 답안의 내용 자체를 바꿀 수 없으므로 고객센터에 1대1 문의해야 합니다.

3편

AI 기반 코스웨어로 맞춤형 학습관리

각 평가에 대한 데이터가 쌓이면, 과목별로 종합 리포트를 발행할 수 있습니다. 4개 이상의 단원 또는 8개 이상의 형성평가를 진행하면 종합 리포트가 만들어집니다.

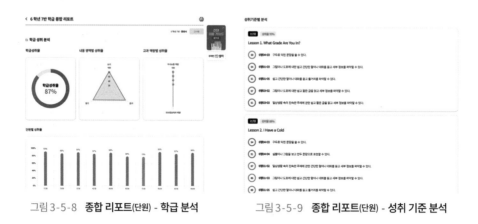

그림 3-5-8 **종합 리포트**(단원) **- 학급 분석**   그림 3-5-9 **종합 리포트**(단원) **- 성취 기준 분석**

핵심 기능 3 **교과 평어 작성기**

지니아튜터에서 2024년 11월 새로 업데이트된 기능입니다. 평어 입력 기간이 되면 공통적으로 업무 부담을 느낍니다. 교과 평어 작성기에서는 해당 성취 기준을 선택한 뒤, 인원수와 상중하를 입력하면 평어가 생성됩니다. 엑셀 파일로 다운로드와 복사 기능을 지원합니다. 이와 같은 기초 자료를 바탕으로 교사의 수정 및 재작성을 거치면 더 질 높은 평어를 완성할 수 있습니다.

 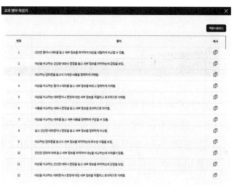

그림 3-5-10 **교과 평어 작성기 – 성취 기준 선택**   그림 3-5-11 **교과 평어 작성기 - 교과 평어 생성**

지니아튜터 활용 후기

작년 5학년 수학 학습에서도, 올해 6학년 영어 학습에서도 아이들과 지니아튜터를 활용하였습니다. 수학 학습에서는 연습장을 활용하며 사고 과정을 기록하게 지도하였습니다. 물론 지금은 지니아튜터가 필기 기능을 지원하지만, 아날로그적 학습 방법과 AI 코스웨어 학습 방법의 병행은 분명 강력한 학습 방법 중 하나이기 때문입니다.

Tip 6학년 1학기 개인별 학습 리포트 발행 및 상담

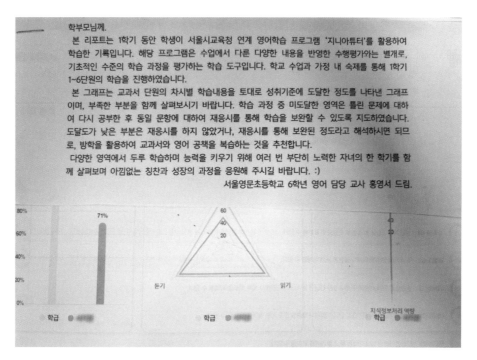

학부모님께.
　본 리포트는 1학기 동안 학생이 서울시교육청 연계 영어학습 프로그램 '지니아튜터'를 활용하여 학습한 기록입니다. 해당 프로그램은 수업에서 다룬 다양한 내용을 반영한 수행평가와는 별개로, 기초적인 수준의 학습 과정을 평가하는 학습 도구입니다. 학교 수업과 가정 내 숙제를 통해 1학기 1~6단원의 학습을 진행하였습니다.
　본 그래프는 교과서 단원의 차시별 학습내용을 토대로 성취기준에 도달한 정도를 나타낸 그래프이며, 부족한 부분을 함께 살펴보시기 바랍니다. 학습 과정 중 미도달한 영역은 틀린 문제에 대하여 다시 공부한 후 동일 문항에 대하여 재응시를 통해 학습을 보완할 수 있도록 지도하였습니다. 도달도가 낮은 부분은 재응시를 하지 않았거나, 재응시를 통해 보완된 정도라고 해석하시면 되므로, 방학을 활용하여 교과서와 영어 공책을 복습하는 것을 추천합니다.
　다양한 영역에서 두루 학습하며 능력을 키우기 위해 여러 번 부단히 노력한 자녀의 한 학기를 함께 살펴보며 아낌없는 칭찬과 성장의 과정을 응원해 주시길 바랍니다. :)
　　　　　　　　　　　　　　　　　　　서울영문초등학교 6학년 영어 담당 교사 홍영서 드림.

1학기에 시행한 6개 단원평가를 바탕으로 개인별 학습 종합 리포트를 발행하였습니다. 이를 인쇄하여 학생과 개별 상담의 기초 자료로 활용하였습니다. 겉보기에는 단순한 숫자와 수치의 나열에 불과할 수 있으나, 교사가 한 학기 동안 파악한 학생의 평소 학습 습관과 성향을 바탕으로 리포트를 분석하면 수치 이면에 있는 학생의 노력과 보완 방법이 보입니다. 이를 토대로 학생과 개별 상담을 진행하였고, 학생과 함께 리포트를 분석하고 맞춤형 학습 방법을 함께 논의하였습니다. 학생은 상담 내용을 바탕으로 스스로 한 학기의 성취를 되돌아볼 수 있었습니다. 또한 리포트는 가정으로 전달하여, 한 학기 동안 학생들의 노력과 성취에 대하여 부모님들과 대화하는 시간을 가졌습니다.

마찬가지로 어떤 AI 코스웨어를 활용하더라도, 성적과 상관없이 학습자 주도성이 낮은 학생들에게는 교사의 돌봄이 필요합니다. 기존의 학습 활동에서 다양한 내적, 외적 동기를 제공하고 개별 보상, 모둠별 보상 등을 활용하듯 지니아튜터에서도 이를 활용하면 학습의 효과성을 높일 수 있습니다. 그래서 AI 코스웨어를 활용할 때, 학습 설계와 학생 지도에 대한 교사의 전문성은 더욱 중요합니다.

분명한 목적을 가지고 교사의 필요에 맞는 AI 교육 서비스, 에듀테크를 선별하고 활용하면 학습자 개개인의 성장에 필요한 영역을 보완할 수 있습니다. 단순함 속에 강력함을 가진 지니아튜터가 선생님의 에듀테크 생활의 가벼운 첫걸음이 되기를 희망하며 마치겠습니다.

06

클래스팅AI로 실천하는 미래 교육

미원초
유수근

✏️ 맞춤형 교육이 어려웠던 이유

'미래 교육'을 언급할 때 항상 언급되는 표어는 바로 '맞춤형 교육'입니다. 맞춤형 교육은 학생 개개인의 학습 능력, 흥미, 요구, 학습 스타일 등을 고려하여 최적화된 교육을 제공하는 방식입니다. 전통적인 학급 평균 맞춤형인 일률적 교육과 달리, 학생의 개별적인 특성과 필요를 중심으로 학습 내용, 방법, 속도 등을 조절합니다. 맞춤형 교육을 통해서 학생의 학습 동기와 성취를 높이고, 자기 주도 학습 능력을 키워줄 수 있습니다.

사실, 학습자의 학습 능력, 흥미, 요구, 학습 스타일을 파악하는 것은 그렇게 어려운 일 까지는 아닙니다. 약간의 시간을 들여서 학생을 관찰하면 알 수 있는 부분들입니다. 그러나 문제는 학생은 다수지만, 교사는 한 명이라는 점입니다. 교실은 한 학생만 관찰하고 있을 수 없는 환경입니다. 하루하루 조금씩 달라지는 학생들의 학습 능력, 흥미, 요구, 학습 스타일을 일일이 파악하는 것은 물리적으로 불가능한 일에 가깝습니다.

이러한 물리적인 한계에도 불구하고 맞춤형 교육을 실천하고자 하는 노력은 꾸준히 이어져 왔습니다. 학생들의 학습 수준을 삼등분하여 뿌리, 줄기, 열매 학습지를 따로 개발하거나 학습자를 분류하여 도달 상태에 따라 피드백 발문을 다양하게 준비하는 등의 방법들이 있었습니다. 그러나 이러한 시도는 물론 그 의미와 가치를 인정할 수는 있지만, 지속 가능한 방법이냐고 묻는다면 물음표를 남기고 싶습니다. 학생들을 진단하고, 평가 내용을 다음 수업에 환류하여 새로운 학습지와 피드백을 준비하는 과정은 교사의 시간과 에너지가 너무 많이 소모되는 일입니다. 한두 번은 실천할 수 있겠지만, 대부분의 수업에서 실천하기는 어렵습니다.

AI로 맞춤형 교육에 희망이 들다

그런데 이제는 맞춤형 교육이 가능할지도 모르겠습니다. AI 코스웨어가 등장했기 때문입니다. 'AI(인공지능)+Course(교육과정)+Software(소프트웨어)'의 합성어인 AI 코스웨어를 한 문장으로 정리하면 '인공지능을 활용하여 교육과정 성취 기준을 달성할 수 있도록 지원하는 에듀테크 프로그램'입니다. 팬데믹 기간을 거치며 AI 코스웨어가 교육 현장에 깊숙이 들어왔습니다. 이제는 교사가 학생들을 진단·분석하거나 후속 학습을 추천할 때 인공지능이 그 과정을 보조합니다. 인공지능이 학습 데이터를 알아서 수집하고 분석하여 대시보드로 교사에게 보여줍니다. 교사는 대시보드를 보고 학급 학생들의 전반적인 학습 수준이 어떤지 파악할 수 있습니다. 또한 개별 학생의 데이터가 분석된 대시보드를 통해 학생의 학습 결손이 어디에서부터 시작되었는지 진단할 수도 있습니다. 이러한 과정을 지원하는 에듀테크로 '클래스팅AI'를 소개하려 합니다.

 Q. 클래스팅AI는 어떤 학년에서 이용하면 좋을까요?

 A. 과목에 따라 이용 가능한 학년에 차이가 있을 수 있습니다. 클래스팅AI 수학의 경우는 초등학교 1학년부터 고등학교 3학년까지 모든 학년을 지원합니다.

CLASSTING AI

클래스팅AI 로고

적절한 피드백은 언제일까?

2015 개정 교육과정부터 2022 개정 교육과정 모두 '과정 중심 평가'를 강조합니다. 과정 중심 평가는 학생의 전반적인 학습 과정을 중시하며, 단순한 결과 평가에서 벗어나 학습 경험과 성장을 종합적으로 평가하는 평가 방식입니다. 과정 중심 평가는 학습 과정 자체를 관찰하고 분석하며, 분석한 내용들을 종합하여 피드백하는 관찰-분석-종합-피드백

에듀테크 활용 마법들

의 흐름을 가지고 있습니다. 과정 중심 평가는 이 과정을 통해 학습 결과를 확인할 뿐만 아니라, 학습을 수행하는 과정 역시 평가합니다. 그리고 다음 학습을 위해 현재의 도달점을 확인하기 위한 평가로서의 의미도 포함하고 있습니다. 결과만 강조하던 전통적인 방식의 평가에서 벗어나 학생의 성장 과정에 대한 평가로 평가의 패러다임이 이동하고 있습니다. 그렇다면, 학생의 성장을 지원할 수 있는 맞춤형 피드백은 언제 그리고 어떻게 실시해야 하는 걸까요?

[그림 3-6-1]은 클래스팅AI에서 확인할 수 있는 학생의 대시보드입니다. 상단에는 막대그래프와 꺾은선 그래프를 통해서 학생의 정답률 변화 추이와 학년 평균 정답률 추이, 그리고 문제 풀이량을 알 수 있습니다. 특정 단원의 최종 풀이 문항 수와 최종 정답률을 파악할 수 있습니다. 소위, '학습에 대한 평가'를 지원하는 기능입니다. 한편, 아래에 있는 영역 그래프는 시간에 따른 정답률 변화 추이를 보여줍니다. 대시보드의 학생은 학년 평균보다 조금 부족한 정답률에서 시작해서 점점 낮아지다가 저점을 찍고서는 결국 학년 평균 정답률에 도달합니다.

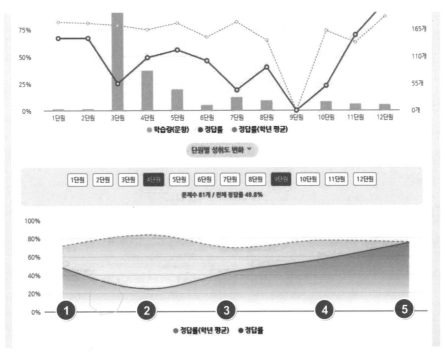

그림 3-6-1 **학생 대시보드**

독자님들께 질문을 드리고자 합니다. 클래스팅AI가 정리해 준 영역 그래프에서 ①~⑤로 표시된 시점 중 해당 학생은 어떤 시점에서 가장 교사의 피드백을 필요로 할까요?

필자는 ②라고 생각하고 피드백을 했습니다. 위 대시보드에 따르면, ②는 학년 평균 정답률은 상승하는 데 반해, 학생의 정답률은 떨어지고 있는 부분입니다. 다른 학생들은 대체로 쉬워하는 부분이지만 이 학생은 조금 풀리지 않는 부분이 있는지 오히려 문제를 해결하기 어려워하고 있습니다. 평소 수업 태도가 바르고 성실하게 공부하는 학생이기 때문에 지금 시점에 피드백하면 스스로 잘 '해결'할 수 있겠다는 생각이 들었습니다. 그래서 이 학생을 ②번 시점에 불러 이야기를 나눠보았습니다.

"유미(가명)가 약분과 통분 단원(초등 5학년 1학기 4단원)을 어려워하는 것 같아서 불렀어. 어느 부분을 배울 때부터 힘들어졌는지 교과서에서 짚어볼래?"

그러자 유미는 약분을 배우는 부분부터 어려워졌다고 답했습니다. 분모와 분자를 같은 수로 나누어야 하는 것은 알겠는데 그 '같은 수'를 어떻게 알아낼 수 있는지 어려워했습니다. 대화를 통해서 유미는 공약수의 개념이 부족하다는 것을 알게 되었고, 해당 개념을 천천히 다시 설명해 주었습니다. 그리고 클래스팅AI로 할 수 있는 숙제도 주었습니다. 약분 개념 영상을 다시 한번 복습할 것과 AI러닝을 이용해 교사가 배부한 문제를 푸는 것이었습니다.

유미는 성실하게 숙제를 해왔고, 이제는 약분을 할 수 있겠다고 말했습니다. 그리고

그림 3-6-2 **클래스팅AI 약분과 통분 개념 학습 영상**

그림 3-6-3 **클래스팅AI AI러닝 문제 배부 장면**

그 후 유미는 대시보드에서 확인할 수 있듯이 결국 학년의 평균적인 정답률까지 올라올 수 있었습니다.

모든 곳에 교사가 있을 수 없기에 AI 보조교사를 만들었다

유미를 지도하는 과정을 통해서 미래 교육의 방향과 방법에 대해서 조금 더 실천적으로 이해할 수 있었습니다. 모든 학생을 일일이 관찰할 수는 없지만 AI 보조교사를 활용하면 학생들의 학습 과정을 한눈에 관찰하고 학습 데이터를 정리할 수 있습니다. AI 보조교사가 보여준 데이터를 분석하고, 교사가 관찰해 온 정성적인 데이터와 종합하여 적절한 시점에 피드백을 하는 것입니다. 이러한 과정을 통해서 유미는 자신의 문제를 해결하고 결국은 단원의 학습 목표를 달성할 수 있었습니다.

전통적인 교육 방식이라면 과정 중심 평가와 맞춤형 교육을 학급 전체에 일반화하기는 어렵습니다. 교사가 늘 모든 학생의 옆에 붙어있을 수 없기 때문입니다. 하지만 이제는 AI 코스웨어라는 든든한 AI 보조교사가 있습니다. AI 코스웨어를 이용해서 학생을 진단·관찰하고 분석, 종합, 피드백하는 과정은 충분히 학급 전체로도 일반화될 수 있습니다. 교사의 품이 반드시 들어가야 하는 많은 부분을 에듀테크와 AI가 지원하는 덕분에 교사는 모든 학생을 살펴볼 수 있는 시간과 에너지를 확보할 수 있습니다.

물론, AI 보조교사에게 과정 중심 평가의 모든 과정을 맡길 수는 없습니다. AI는 정량적 데이터를 수집하고 분석하는 데 강점이 있지만, 학생들의 사회적·정서적 요소나 태도와 같은 정성적인 데이터는 수집할 수 없습니다. 이러한 정성적인 데이터는 여전히 교사의 고유한 영역으로 남아 있으며, 이는 AI가 대체할 수 없는 부분입니다. 교사는 AI가 수집한 정량적 데이터를 바탕으로 학생들의 개별적인 학습 맥락을 이해하고, 사회·정서적 발달을 지원하기 위해 정성적인 관찰 데이터를 더해 학생들에게 적절한 피드백을 제공해야 합니다.

AI와 미래 교육

　　미래 교육의 핵심은 AI를 활용한 맞춤형 교육입니다. '단 한 명의 아이도 포기하지 않
는 교육'은 인구절벽이라는 국가적인 위기 앞에서 명목적인 비전이 아니라 현실적인 절박
한 목표가 되어가고 있습니다. 한 명의 아이도 포기할 수 없는 상황에서 AI의 도움을 통해,
평균 맞춤형 교육이 아닌 개별 맞춤형 교육을 실천할 수 있는 노력이 이루어져야 할 것입
니다. 그리고 이 일을 교사만이 할 수 있기에, 미래의 교육에서는 교사의 역할이 더더욱 중
요합니다. AI가 일자리를 위협하는 내부의 적이 아니라, 함께 학생을 성장시키는 보조교사
로서 활발하게 활용되는 미래 교실의 모습을 기대합니다.

에듀테크 활용 바이블

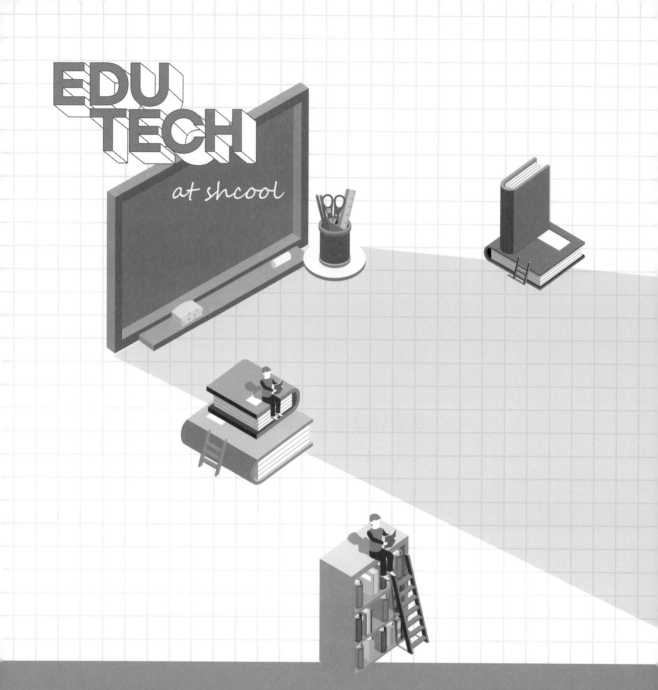

EDU
TECH
at shcool

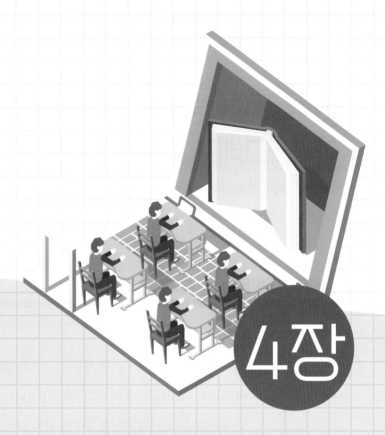

모두가 참여하는
생성형 AI 활용 수업

생성형 AI로 문제의 양면성을 드러내는 '아가모그래프' 작품 만들기

삼덕초
김서진

배경 및 뤼튼(WRTN) AI의 특징

2022년 11월. 전 세계인들에게 가장 충격을 준 서비스가 등장했습니다. 바로 OPEN AI에서 출시한 베타버전의 대화형 인공지능인 챗GPT입니다. 2023년에는 안정된 서비스로 출시되었고 나날이 사람들의 생활 속 챗GPT의 활용도는 더욱 높아지고 있습니다. 챗GPT의 등장과 함께 생성형 AI의 시대가 도래했습니다.

2020년쯤 '너를 만나다'라는 다큐멘터리 프로그램에서 죽은 아이의 얼굴, 목소리를 AI의 기술로 되살려서 가상공간에서 자식을 잃은 부모님과 만남을 성사시키는 감동적인 이야기를 그려낸 적이 있습니다. 그 장면을 보면서 AI 기술의 발전에 대해 놀라움을 가지며, 이런 대단한 기술은 전문가만이 다룰 수 있을 것이라 생각했었습니다. 하지만 2023년 챗GPT를 시작으로 생성형 AI 기술을 평범한 사람들도 아주 손쉽게 접근하여 다룰 수 있게 되었고, 플랫폼도 매우 다양해졌습니다. 생성형 AI의 활용은 많은 이점을 제공하고 있지만, 동시에 몇 가지 부작용과 윤리적 문제도 동반하기도 합니다. 정보의 왜곡, 편향성이 나타나기도 하며 계속해서 생성형 AI를 사용할 경우 창의성을 요하는 일에서 AI에 의존하여 인간 본연의 창의성을 잃을 염려도 있습니다. 또한 최근에는 딥페이크, 보이스피싱 등 범죄에 생성형 AI가 활용되기도 합니다.

제가 맡았던 5학년 아이들 또한 생성형 AI인 챗GPT가 화두에 오르기 시작할 때 무척이나 관심이 많았습니다. "선생님 챗GPT 사용해 보셨어요? 저도 쓰고 있어요."라고 먼저 이야기하는 아이도 있었습니다. 이때 생성형 AI의 부정적인 측면을 방지하고자 만 13세 미만의 아이들은 사용이 불가하다는 약관이 나온 상태였습니다. 그러나 아이들은 부모님의 아이디를 활용하여 저보다도 먼저 사용해 보았다는 것이었습니다.

생성형 AI는 우리 생활 속에 서서히 스며들기 시작할 것인데 아이들의 사용을 무조건 막기만 해선 안 될 노릇이었습니다. 그래서 어떻게 하면 잘 활용할 수 있을지 교육하는 것에 대해 중요성을 느끼게 되었습니다. 여기서 잘 활용한다는 것은, 기능적인 측면뿐 아니라 윤리적인 측면과 스스로 절제하면서 사용할 수 있는 능력까지 포함하는 것입니다.

이에 따라 교사로서 어떻게 하면 생성형 AI를 수업에서 잘 다룰 수 있을지 고민이 되었습니다. 그저 단순히 생성형 AI를 경험해 보는 것에 그치지 않고, 생성형 AI가 무엇인지, 긍정적인 면과 부정적인 면에는 무엇이 있는지 그리고 우리가 어떻게 하면 긍정적인 방향으로 활용할 수 있는지 아이들과 꼭 다루어 볼 필요가 있다고 생각했습니다.

제가 수업에서 활용한 생성형 AI는 '뤼튼(WRTN) AI'입니다. 뤼튼 AI는 GPT-4와 같은 다양한 생성형 AI를 한자리에서 무료로 사용할 수 있는 서비스입니다. 앞서 언급했던 OPEN AI의 챗GPT는 사용 연령 제한 약관으로 인해 수업에서 아이들이 직접 사용해 볼

뤼튼 청소년 보호 정책

뤼튼테크놀로지스("회사" 또는 "뤼튼"이라 함)는 청소년이 건전한 인격체로 성장할 수 있도록 하기 위하여 청소년 보호 정책을 수립하고 관련 기술 개발 및 실행하고 있습니다.

뤼튼은 만 14세 미만의 사용자에게 보호자의 동의 하에 서비스를 제공 하고 있습니다.
만약 귀하께서 14세 미만 청소년의 보호자이신 경우, 당사 서비스 이용 약관 및 개인정보 보호 정책을 참고하시어 어린이가 뤼튼 서비스를 이용하도록 허용하기 위하여 필요한 정보를 확인해주시기 바랍니다. 그 외 최소 연령 미만 사용자의 이용 관련 추가적인 보유 기술 현황 및 정책 등이 궁금하시다면, 뤼튼 담당 부서(support@wrtn.io)로 연락 해 주십시오.
회사는 본 청소년 보호정책을 통하여 회사가 청소년보호를 위해 어떠한 조치를 취하고 있는지 아래와 같이 알려 드립니다.

유해정보에 대한 청소년접근제한 및 관리조치
회사는 청소년이 아무런 제한장치 없이 청소년 유해정보에 노출되지 않도록 뤼튼의 모든 서비스 여정과 각종 기능 내 유해 컨텐츠에 관한 기술적 필터링 장치를 마련하고 적용하며 청소년 유해정보가 노출되지 않기 위한 예방차원의 조치를 강구합니다.

유해정보에 대한 청소년접근제한 및 관리조치
회사는 청소년이 아무런 제한장치 없이 청소년 유해정보에 노출되지 않도록 뤼튼의 모든 서비스 여정과 각종 기능 내 유해 컨텐츠에 관한 기술적 필터링 장치를 마련하고 적용하며 청소년 유해정보가 노출되지 않기 위한 예방차원의 조치를 강구합니다.

청소년 유해정보 처리에 관한 문의 사항 및 기술적 대응 관리
회사는 청소년 유해정보 처리에 관한 문의 사항 및 기술적 대응 관리를 위한 전담 인력을 배치하여 그 피해가 발생하거나 확산되지 않도록 하고 있습니다. 이용자 분들께서는 하단에 명시한 "3. 뤼튼 청소년보호 담당 연락처" 항을 참고하여 메일을 통하여 문의할 수 있습니다.

뤼튼 청소년 보호 담당 연락처
뤼튼은 청소년들이 좋은 정보를 안전하게 이용할 수 있도록 최선을 다하고 있습니다.

[청소년 보호 담당 부서 연락처]
메일 : support@wrtn.io

그림 4-1-1 **뤼튼 AI의 청소년 보호 정책**

출처 뤼튼 홈페이지(https://sso.wrtn.ai/policy/youth?redirect_uri=https%3A%2F%2Fwrtn.ai%2F)

순 없지만, 뤼튼(WRTN) AI는 만 14세 미만의 사용자에게는 보호자의 동의하에 서비스를 제공하므로 아이들과 활용할 수 있기 때문입니다. 또한 뤼튼(WRTN) AI는 Chat GPT와 같이 대화를 통해 결과물을 생성해 내는 형태이지만, 대화뿐만 아니라 이미지 생성 작업을 수행할 수 있어 다양한 분야에 활용될 수 있습니다. 또한 학교에서 일괄 발급하여 사용하고 있는 구글 계정으로 로그인할 수 있어서 아이들과 사용하기에 제일 적합했습니다.

챗GPT는 기회일까? 위기일까?

아이들이 활용하게 될 생성형 AI인 챗GPT의 의미와 긍정, 부정적인 측면을 다루고자 '챗GPT는 기회일까, 위기일까?'로 함께 글을 써보고 이야기를 나눈 수업 사례를 소개합니다. 아이들과 뤼튼(WRTN) AI를 본격적으로 활용하기 전, 긍정적인 측면, 부정적인 측면의 두 가지 관점에서 챗GPT의 활용에 대해 아이들과 간단한 토론을 한 뒤 본인의 생각을 작성하도록 했습니다.

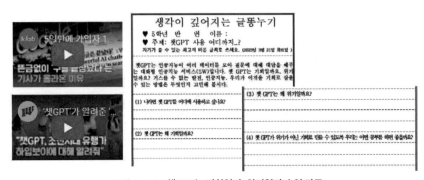

그림 4-1-2 챗GPT는 기회일까, 위기일까 수업 자료

아이들은 기사 속 내용을 바탕으로 본인의 생각을 나누었습니다. 챗GPT가 위기가 아닌 기회로 활용할 수 있도록 AI에 대한 지식을 공부하면 좋겠다는 의견을 모아 챗GPT의

원리를 이해하고 직접 사용해 보는 경험을 사회시간에 배우는 '인권' 주제와 연관 지어 수업에서 다루었습니다.

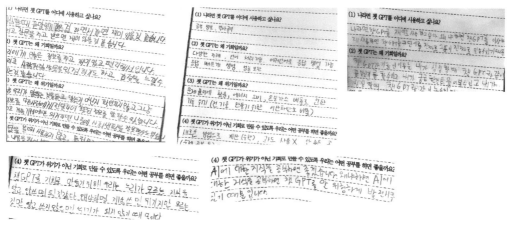

그림 4-1-3 **챗GPT는 기회일까, 위기일까 학생 답변**

먼저 생성형 AI의 원리를 이해하기 위해 아이들이 모두 동일하게 '마틴 루터킹의 연설문 내용'이라는 정해져 있는 답을 요구하는 질문을 했습니다. 어떤 학생들은 마틴 루터킹 연설문의 원어 버전을, 어떤 학생들은 요약된 연설문 내용을 답변으로 받았습니다. 아이들은 자신의 답변을 패들렛에 공유했고 동일한 질문임에도 불구하고 서로 다른 답변을 받았음을 눈으로 확인했습니다. 그리고 STW(SEE-THINK-WONDER) 기법을 통해 생성형 AI인 챗GPT가 답변을 생성하는 원리를 추측해 볼 수 있었습니다. 또한 서로가 답변받은 정보가 다르기에 누구의 정보가 옳은지 자신이 직접 조사해 봄으로써 챗GPT를 활용할 때 정

그림 4-1-4 **마틴루터킹 연설문 답변 모음 패들렛**

보의 신뢰성을 점검해 보고 잘못되거나 편향된 정보가 있을 수 있음에 대해서도 이야기를 나누어 볼 수 있었습니다.

 S- 뤼튼에 '마틴 루터 킹의 연설문 내용 알려줘'라고 물어봤는데 내 것과 친구들 것들이 길이, 내용 등이 모두 다르다. T- 뤼튼이 잘못된 정보를 줬는데도 그대로 믿으면 위험하고 잘못될 수도 있겠다, 뤼튼이 생각만큼 똑똑하지 않다. W- 같은 정보로 답했는데 뤼튼은 왜 각각 다른 정보를 줄까?

 S:마틴 루터킹의 연설문 내용을 보았다.
T:뤼튼이 우리가 말하는 내용을 다 알고 있어서 재미있었다.
W:뤼튼에게 친 마틴 루터킹의 연설문 내용이 진짜인지 궁금하다

 S: 마틴 루터킹의 연설문을 뤼튼에게 물어봐서 연설문을 봤다.
T: 질문은 똑같은데 언어와 내용이 다르게 나와서 놀랐다.
W: 왜 질문은 똑같은데 언어와 내용이 다르게 나올까?

그림 4-1-5   뤼튼 사용 후 아이들의 STW(SEE-THINK-WONDER)

문제의 양면성을 보여주는 아가모그래프 작품

'생성형 인공지능(AI)을 수업에 활용해 사회 문제에 대한 관점을 넓힐 수 있을까?'라는 고민으로부터 시작된 '인권 문제의 양면성을 드러내는 아가모그래프* 작품 만들기' 수업 사례를 소개합니다.

이 수업의 목표는 우리 사회가 갖진 문제의 양면성을 드러냄으로써 문제 심각성을 알리는 것입니다. 수업 과정은 다음과 같습니다.

1. 학생들은 심각성을 알리고 싶은 주제(문제)를 정하고, 자신들이 정한 문제의 심각성을 알리기 위해 대비되는 두 장면을 설명하는 프롬프트를 만듭니다.
2. 다음으로 뤼튼(WRTN) AI의 이미지 생성 기능을 활용하여 프롬프트를 입력하고 이미지를 만듭니다. (미리캔버스, 캔바 등의 다른 플랫폼을 활용하여 이미지를 생성할 수도 있습니다.)
3. 마지막으로 이미지를 출력하고 종이에 붙여 아가모그래프 작품을 만듭니다.

---

* '아가모그래프(Agamograph)'란 바라보는 각도에 따라 다른 그림이 보이는 작품으로 프랑스 화가 야코프 아감(Yaacov agam)의 이름을 딴 기법입니다. 두 가지 그림을 활용한 착시 예술 기법인 키네틱아트의 한 형태로, 어린 시절 홀로그램 같은 캐릭터 카드를 오른쪽 왼쪽 기울이면 다른 그림을 볼 수 있었던 렌티큘라 카드와 비슷한 것입니다.

학생들은 모둠별로 알리고 싶은 사회 인권 문제를 정하였습니다. '노인 고립, 독거사 문제', '아동 노동 문제', '환경권 박탈 문제' '인종 차별 문제' '학교폭력 문제' 등 본인들이 탐구했던 인권 문제 중 하나씩을 고르고 이와 관련되어 상반되는 두 그림을 생성형 AI에 프롬프트를 입력하여 만들어 냈습니다. 작품명, 알리고 싶은 문제, 입력한 프롬프트, 생성된 그림을 정리하여 작품 설명서를 제작하고 공유하였습니다.

작품명	어느 노인의 하루
작품 설명(우리가 알리고 싶은 문제)	노인 고립 문제, 노인 독거사 문제

그림 1. 방안에 혼자 외롭게 있는 노인을 그려줘.	그림 2. 가족과 함께 행복하게 이야기하는 노인을 그려줘.

작품명	거짓말 같은 이야기
작품 설명(우리가 알리고 싶은 문제)	우리는 평소에 재미있게 놀고 있지만 다른 면에서는 힘들게 일을 한다. 우리가 그 친구들을 위해 조금만 도와 줄 수는 없는 건가?

그림 1. 집에서 재미있게 놀고 있는 아이를 그려줘.	그림 2. 공장에서 힘들게 일을 하는 아이를 그려줘.

공유된 자료를 토대로 인권 문제를 알리는 상반된 두 개의 그림을 교사가 출력해 주면, 학생들은 두 개의 그림을 오리고 붙여서 각도에 따른 시선, 관점에 따라 다르게 보면 사회 현상 속 숨겨진 인권 문제가 드러나는 아가모그래프 작품을 완성할 수 있습니다.

그림4-1-6 **인권 문제의 양면을 나타내는 아가모그래프 작품**

정리

미래 사회에서 변화의 속도는 점점 증가할 것입니다. 동시에 변화로 인해 발생하는 문제의 총량 또한 더욱 많아질 것입니다. 우리는 인공지능이라는 커다란 변화에서 발생하는 문제 또한 많아질 것이라고 예견할 수 있습니다. 위 수업 사례들은 챗GPT의 긍정적인 측면과 부정적인 측면을 바라보아 자신이 어떻게 활용하면 좋을지 스스로 생각해 보는 기회를 갖게 합니다. 그리고 생성형 AI로 이미지를 만들고, 아가모그래프라는 미술 기법을 접목하여 두 각도에서 바라보는 그림이 다르게 만들어 사회 속 '인권' 문제의 양면성과 심각성을 알릴 수 있도록 시각화하였습니다.

새로운 기술이나 급격히 변화하는 사회에서 발생하는 문제들을 접할 때 학생들이 다양한 관점에서 바라보는 비판적 사고력을 기르도록 하는 것은 교육의 중요한 역할입니다.

Q. 아가모그래프 작품은 어떻게 만드나요?

A. 아가모그래프 작품을 만들기 위한 방법을 간단히 소개하면 다음과 같습니다. 두 가지 다른 그림을 준비한 후 아래처럼 파란색, 빨간색 그림을 세로로 길게 자릅니다. 그리고 부채모양으로 접은 종이에 교차로 붙여 완성합니다. 그러면 왼쪽의 각도에서는 파란색 그림, 오른쪽의 각도에서는 빨간색 그림을 볼 수 있습니다.

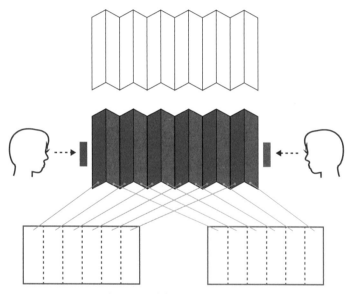

그림 4-1-7 **아가모그래프 작품 제작 방법**

02

생성형 AI로
버츄얼 아티스트 제작하기

계원예고
장성주

생성형 AI 활용 수업의 설계

　생성형 인공지능 기술은 비약적인 발전을 이루며 우리 사회에 깊숙이 침투하고 있습니다. 예술가에게는 창의적인 영감을 선사하고, 기업에는 콘텐츠 생산의 효율성을 높여주며, 의료 분야에서는 빠르고 정확한 치료에 기여하고 있지요. 하지만 학교 현장에 등장한 생성형 인공지능 기술은 그리 달가운 것만은 아니었습니다. 최근 일어난 청소년 딥페이크 범죄 사건은 이 기술이 얼마나, 어떻게 악용될 수 있는지를 여실히 보여줍니다. 친구의 사진을 무단으로 사용하여 음란한 콘텐츠를 만들고, 이를 SNS에 유포하기까지 한 일련의 사건들은 생성형 인공지능 기술을 잘못 수용한 결과입니다. 동시에 오늘날 청소년에게 인공지능 윤리 교육이 절실한 이유이기도 하지요.

　이번 수업은 학생들이 생성형 인공지능 기술을 올바르게 수용하고 활용하길 바라는 마음으로부터 비롯되었습니다. 학생들은 텍스트, 이미지, 음악 등 다양한 종류의 생성형 인공지능을 체험함으로써 기술의 실제를 느끼고, 그것을 사용할 때의 바람직한 자세를 고민해 볼 것입니다. 이렇게 인공지능 윤리에 대한 인식을 높이는 것이 이 수업의 핵심 목표입니다. 수업의 바탕이 되는 2022 개정 교육과정의 내용 체계는 <표 4-2-1>과 같습니다.

표 4-2-1 '현대사회와 윤리' 과목에서 'III. 과학과 디지털 학습 환경 윤리' 단원의 내용 체계

핵심 아이디어	• 현대에는 개인과 사회에 대한 과학기술의 영향력이 커짐에 따라 과학기술의 연구 윤리와 사회적 책임이 더욱 중요하다. • 정보사회에서 정보통신 기술의 발달로 인해 발생하는 다양한 윤리 문제를 해결하기 위해서는 정보 윤리뿐만 아니라 미디어 문해력을 바탕으로 한 미디어 윤리의 함양이 필요하다. • 인공지능의 연구와 활용에 대한 윤리적 탐구는 인공지능 기술로 인해 발생할 수 있는 윤리 문제를 예방하고 인공지능 기술의 바람직한 활용을 도울 수 있다.
범주	**내용 요소**
지식·이해	1. 과학기술 연구의 학문적 자유와 사회 책임은 어디까지인가? • 과학기술의 가치 중립성 논쟁 • 과학기술의 사회적 책임 2. 정보 윤리와 미디어 문해력의 필요성과 역할은 무엇인가? • 정보사회의 특징과 윤리적 쟁점들 • 뉴미디어 사회의 특징과 윤리적 쟁점들 3. 인간의 삶을 위한 윤리적 인공지능의 의미와 윤리적 쟁점은 무엇인가? • 인공지능과 인간의 관계 • 인공지능의 윤리적 쟁점
과정·기능	• 윤리적 관점에서 비판하기 • 윤리적 관점에서 정당화하기 • 윤리적 관점에서 실천 방안 제안하기
가치·태도	• 자유와 책임, 존중의 자세 • 존엄성과 자율, 유용성을 균형 있게 중시하는 태도

2022 개정 도덕과 교육과정(제2022-33호)에서 고등학교 일반 선택 과목인 '현대사회와 윤리'는 현대사회에서 일어나는 다양한 문제와 쟁점을 윤리적 관점에서 이해하고 합리적으로 해결할 수 있는 도덕적 탐구 능력과 윤리적 성찰 및 실천 능력을 기르기 위한 과목입니다. 이는 2015 개정 도덕과 교육과정(제2015-74호)의 고등학교 일반 선택 과목인 '생활과 윤리'를 개편한 것으로, 기존의 내용을 계승하면서도 오늘날 새로이 등장한 윤리적 쟁점을 반영하여 발전된 모습을 보이고 있습니다. 여기서 특히 돋보이는 내용은 세 번째 지식·이해 요소, 즉 인공지능 윤리에 관한 것입니다. 2022 개정 교육과정이 학생 스스로 인공지능 분야에서의 연구나 성과에 대해 비판적으로 성찰하고, 윤리적으로 정당한지 탐구하는 역량을 함양하는 것을 목표로 함을 알 수 있습니다. 이와 관련한 교과 성취 기준은 <표 4-2-2>와 같습니다.

표 4-2-2 'III. 과학과 디지털 학습 환경 윤리' 단원의 성취 기준

교과	영역(단원)	성취기준
현대사회와 윤리	과학과 디지털 학습 환경 윤리	[12현윤03-03] 윤리적인 인공지능을 위하여 인간과 인공지능의 관계를 설명하고, 인공지능으로 인해 발생하는 윤리 문제의 해결 방안을 인공지능 윤리의 관점에서 제시할 수 있다.

생성형 AI 활용 수업의 실제

성취 기준을 토대로 볼 때 이번 수업의 목적은 윤리적인 인공지능의 개발과 활용을 위하여 인간과 인공지능의 관계 설정에 대한 논의들을 이해하고, 인공지능 시대에 필요한 인공지능 문해력을 갖추는 데 있습니다. 학생들은 국내외 인공지능 윤리 가이드라인에서 강조되는 책임성, 투명성, 편향성 등의 문제를 해결할 수 있는 윤리적 실천 방안을 탐구하고, 나아가 인공지능 시대에 등장한 새로운 윤리 문제에 관심을 두고 이를 인공지능 윤리의 관점에서 해결하게 될 것입니다. 이 수업은 <표 4-2-3>과 같이 구성되었습니다.

표 4-2-3 **수업 설계안**

대단원	III. 과학과 디지털 학습 환경 윤리	
중단원	3. 인공지능과 윤리	
소단원	(1) 인공지능과 인간의 관계 (2) 인공지능과 관련된 윤리 문제	
학습 목표	1. 인간과 인공지능의 관계에 대한 다양한 입장을 적용할 수 있다. 2. 인공지능과 관련된 윤리 문제와 그 원인을 설명할 수 있다. 3. 인공지능 윤리의 의미와 필요성을 이해할 수 있다.	
차시	주제	활용 도구
1	인공지능과 관련된 윤리 문제 조사	canva, padlet, 네이버 팀보드 등
2	인간과 인공지능의 바람직한 관계 도출	
3	생성형 인공지능을 활용하여 버츄얼 아티스트 제작	챗GPT, 뤼튼, playground 등
4	인공지능 윤리에 관한 토의	

Q. 인공지능 문해력이란?

A. 인공지능 문해력이란 인공지능이 텍스트를 이해하고 해석하는 능력을 의미합니다. 이는 단순히 글자를 읽는 것을 넘어서, 문맥을 파악하고 의미를 이해하며, 질문에 답하거나 정보를 요약하는 등의 작업을 포함합니다. 예를 들어, 인공지능이 뉴스 기사를 읽고 그 내용을 요약하거나, 사용자의 질문에 적절한 답변을 제공하는 것이 이에 해당합니다.

1차시 수업에서 학생은 인공지능과 관련된 윤리 문제를 조사하고 교과서의 내용과 연계하여 탐구합니다. 조사한 사례들을 책임성의 문제, 투명성의 문제, 편향성의 문제로 범주화하고, 각각의 문제가 발생한 원인을 분석해 보는 것입니다. 이때 canva나 padlet, 네이버 팀보드와 같은 공동 작업 도구를 활용하면 학생이 자신이 조사한 내용과 고민한 결과를 시각화하고, 타인과 생각을 공유하며 다각도에서 문제를 인식하게 할 수 있습니다.

 Tip

학창 시절 칠판 앞으로 나가 정답을 쓰던 기억 있으시죠? 너무 많은 아이들이 달려들어 어수선하거나, 수줍음에 한 명도 나서지 않아 민망하기도 했을 겁니다. 공동 작업 도구는 이러한 고민을 해결해 주며, 여러 가지 생각을 모을 때 효과적입니다.
한층 수월한 수업 진행을 위해 미리 분류 작업을 해보세요! 결이 비슷한 생각끼리 모이면 비교나 대조하기가 편하고 선생님의 의도대로 수업을 이어 나가기가 쉽습니다.

그림 4-2-1 padlet 활용 예시

2차시 수업에서 학생은 인간과 인공지능의 바람직한 관계를 고민합니다. 인공지능 윤리를 바로 알기 위해서는 인간과 인공지능이 어떻게 협력하고 공존할 수 있는지와 같은 주제가 중요하겠지요. 교사는 인공지능을 인간의 필요를 충족하기 위한 도구적 존재로 보는 도구주의적 관점을 중심으로 긍정적 견해와 부정적 견해를 비교하면서 학생이 인공지능 문해력과 그에 대한 성찰적 태도를 갖추도록 유도해야 합니다. 또한 인공지능의 무궁무진한 발전 가능성을 고려하여 도구주의적 관점을 넘어 인공지능과의 새로운 관계를 모색해 봐야 할 것입니다. 인공지능이 야기하는, 긍정적이거나 부정적인 변화에 대비하는 차원에서 수업은 다음 차시로 이어집니다.

3차시 수업에서 학생은 생성형 인공지능을 활용하여 버츄얼 아티스트를 제작합니다. 먼저 교사는 버츄얼 아티스트란 무엇인지 소개하며 관련 영상을 보여줌으로써 레퍼런스를 제공합니다. 다음은 버츄얼 아티스트의 예시입니다.

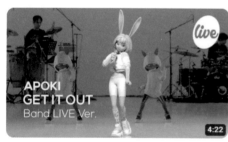
그림 4-2-2 APOKI의 'Get it out' 라이브 영상

그림 4-2-3 PLAVE의 '왜요 왜요 왜' 음악 방송 영상

레퍼런스를 얻은 학생은 활동지를 토대로 버츄얼 아티스트의 기본적인 틀을 구상하고, 그의 프로필과 데뷔 무대를 구체화합니다. 일차적으로는 챗GPT, 뤼튼 등의 텍스트 기반 생성형 인공지능을, 이차적으로는 playground 등의 이미지 기반 생성형 인공지능을 활용할 것입니다. 이때 적절한 명령어를 입력하여 저마다의 개성을 담은 버츄얼 아티스트를 완성할 수 있도록 교사의 세심한 지도가 필요합니다.

아이돌 그룹을 만드려고 하는데 어떤 컨셉이 좋을까?

📝 답변

아이돌 그룹의 컨셉을 결정할 때는 다양한 요소를 고려할 수 있습니다. 몇 가지 아이디어를 제안해 드릴게요:

1. **레트로 컨셉**: 80년대 또는 90년대의 음악과 패션을 재현하는 컨셉. 복고풍의 의상과 음악 스타일을 채택해 세대 간의 공감대를 형성할 수 있습니다.
2. **퓨전 장르**: 한국 전통 음악과 현대 음악 장르(예: EDM, 힙합)를 결합한 컨셉. 전통 악기를 활용한 곡과 퍼포먼스로 독창성을 강조할 수 있습니다.
3. **환경 친화적**: 지속 가능한 패션과 환경 보호 메시지를 담은 컨셉. 팬들과 함께 환경 보호 활동을 하는 모습을 통해 사회적 책임을 강조할 수 있습니다.
4. **스토리텔링**: 각 멤버가 특정 캐릭터나 역할을 맡아 스토리가 있는 곡과 무대를 구성하는 컨셉. 팬들과의 소통을 강화할 수 있는 요소입니다.
5. **다문화**: 다양한 국적의 멤버들이 모여 각자의 문화를 소개하는 컨셉. 글로벌 팬층을 형성할 수 있습니다.

이 외에도 특정 테마나 메시지를 중심으로 한 컨셉을 고려해 보세요. 목표로 하는 팬층과 시장 트렌드를 분석한 후 결정하면 더욱 효과적일 것입니다.

🔗 뤼튼에게 무엇이든 물어보세요

그림 4-2-4 **뤼튼 활용 예시**

📄 참고 자료

🟢 나무위키
한국 아이돌 (r1327 판)
아이돌 음악이 '이질적인' 가사로 채워지는 이유는, 아이돌 시장이 구매력 높은 10대...

🟢 나무위키
한국 아이돌 (r2013 판)
연예 기획사에서 아이돌을 기획할때는 컨셉과 이미지를 정해놓고 연습생을 선발...

🟢 인스티즈
정말 많이....바뀐 이니스프리 광고 컨셉 근황
변화할때 되기도했다지만은 기존에 이니스프리가 집중하고 광고해왔던 그 느낌을 ...

🔴 더쿠
엔믹스 신곡 '별별별 (See that?)' 멜론 일간차트 진입 순위
엔믹스 신곡 '별별별 (See that?)' 멜론 일간차트 진입 순위 ; 1. 무명의 더쿠·대박...

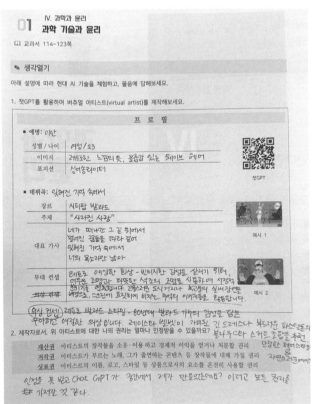

그림 4-2-5 **학생 1의 사례**

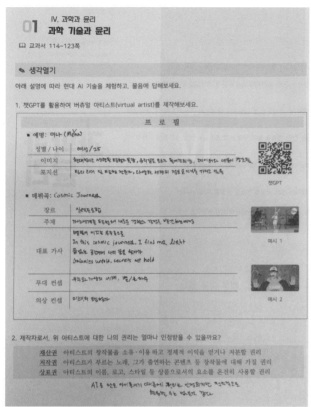

그림 4-2-6 **학생 2의 사례**

Q. 더욱 다채로운 수업을 원한다면?

A. 동영상 생성 AI로 뮤직비디오를 만들거나, 음악 생성 AI로 노래를 짓도록 할 수 있습니다. 대중적이면서도 접근이 쉬운 도구 몇 가지를 소개합니다.

1. Canva:

비디오 제작 기능이 포함되어 있으며, 다양한 템플릿과 디자인 도구를 제공합니다. 기본적인 비디오 생성은 무료로 가능하지만, 일부 프리미엄 기능은 유료입니다.

2. CapCut:

100개 이상의 템플릿과 1,000개 이상의 효과를 제공하여 사용자가 쉽게 멋진 비디오를 만들 수 있도록 돕습니다. 무료로 제공되며, 프리미엄 기능은 유료입니다.

3. Suno AI

사용자가 원하는 스타일의 음악을 빠르게 생성할 수 있는 도구입니다. 다양한 장르의 음악을 만들 수 있으며, 직관적인 인터페이스로 쉽게 사용할 수 있습니다.

4차시 수업에서는 개별 산출물을 발표하고, 이전 차시 학습 내용과 연계한 토의를 진행합니다. 교사와 학생은 생성형 인공지능이 데이터를 가공하고 편집하는 과정을 심도 있게 탐구하며, 다음과 같은 질문에 대해 자유롭게 논의합니다.

- 내가 만든 버츄얼 아티스트는 나의 순수한 창작물인가? 혹은 나의 창의적인 저작물인가?
- 나는 버츄얼 아티스트에 대한 재산권, 저작권, 상표권 등의 권리를 주장할 수 있는가?
- 나는 버츄얼 아티스트가 일으키는 문제를 책임져야 하는가? 혹은 그 책임을 회피할 수 있는가?

이 과정에서 학생은 생성형 인공지능이 제공하는 창의적인 가능성과 함께, 생성된 콘텐츠의 저작권 및 윤리적 사용 문제에 대해서도 고민해 보게 됩니다. 예를 들어, 학생이 제작한 아티스트와 그의 콘텐츠가 다른 아티스트의 것과 유사할 경우 저작권 문제가 발생할 수 있다는 점을 가정할 수 있습니다. 이때 이 문제를 해결하는 주체는 누가 되어야 하는지도 문제가 되겠지요. 이렇게 권리에 관한 논의를 책임에 관한 것으로 확대함으로써 학생은 인공지능 윤리의 필요성을 효과적으로 인식할 수 있습니다. 교사는 인공지능의 기술적 원리와 윤리적 기준에 대한 종합적 이해를 모색하고, 학생은 구체적인 윤리 원칙을 수립하며 수업을 마칩니다.

 인공지능 윤리란?

인공지능 윤리란 인공지능의 설계와 제작 및 사용에 있어 지켜야 할 도덕적 원칙을 의미합니다. 이는 인공지능이 인간 사회에 미치는 영향을 고려하고, 기술이 공정하고 책임감 있게 사용되도록 하기 위한 지침을 제공합니다. 인공지능 윤리는 다음과 같은 주제를 다룹니다.

1. **공정성**

   인공지능이 특정 집단에 대한 편향이나 차별을 초래하지 않도록 해야 합니다.
2. **투명성**

   사용자 및 이해관계자는 인공지능의 작동 방식을 명확하게 이해해야 합니다.
3. **책임성**

   인공지능의 결정이나 행동에 대한 책임이 누구에게 있는지를 명백히 해야 합니다.

4. 프라이버시

   인공지능이 수집하는 데이터를 사용함에 있어서 개인의 프라이버시를 존중해야 합니다.

5. 안전성

   인공지능이 안전하게 작동하고, 예기치 않은 결과를 초래하지 않도록 설계해야 합니다.

6. 인간 중심의 설계

   인공지능 기술은 인간의 복지와 사회적 가치를 증진하는 방향으로 개발되어야 합니다.

생성형 AI 활용 수업의 마무리

이번 수업에서 학생들은 생성형 인공지능 기술을 직접 체험하며 버츄얼 아티스트를 제작하는 과정을 통해 이 기술의 원리와 활용 방안을 이해할 수 있었습니다. 이에 더해 생성형 인공지능이 낳는 윤리적 고민에 대해 토론하며, 자신만의 가치관을 정립해 보는 시간을 가졌습니다. 미래 사회의 책임감 있는 시민으로 성장하는 데 있어서 인공지능 윤리의 필요성을 실감하고 구체적인 판단을 내린 이날의 경험은 막중한 역할을 할 것입니다.

수업의 전반에서 교사의 역할은 고정되어 있지 않습니다. 이것은 어쩌면 윤리 교과의 특성 때문일 겁니다. 교사는 긍정적이거나 부정적인, 혹은 낙관적이거나 비관적인 입장을 번갈아 취하며 학생이 '누군가'의 생각을 흡수하는 것이 아니라 '자신'의 생각을 확립하게 해야 합니다. 서두에 언급하였던 딥페이크 기술을 예로 들자면, 그것이 범죄 도구로 쓰이는 동안 다른 한편에서는 더는 보지 못해 그리운 얼굴을 만나게 하는 매개체가 되기도 함을 소개함으로써 학생이 다각도에서 문제를 인식하도록 해야 합니다. 그리하여 학생이 일상에서 인공지능과 주체적으로 관계를 맺게 된다면 그것으로 수업의 목적을 달성한 것입니다.

A. 딥페이크 기술의 긍정적 활용 사례로 손꼽히는 빙그레의 캠페인을 함께 알아봅시다. 2024년 8월, 빙그레는 죄수복을 입고 옥중에서 순국한 독립운동가의 마지막 사진을 인공지능으로 복원하고, 새롭게 지은 한복을 입혀 영웅의 모습으로 탈바꿈해 주었습니다. 이 광고는 가장 발전된 현대의 기술로 과거와 현재를 이어 새로운 감상을 불러일으켰다는 점에서 호평받았습니다.

그림 4-2-7 빙그레가 진행한 캠페인 '처음 입는 광복'

03

생성형 AI를 활용하여
우리 동네 노래를 만들어요!

역촌초
조민주

2024학년도부터 1~2학년에게 2022 개정 교육과정이 도입되었습니다. 변화가 가장 두드러지는 교과는 통합교과입니다. 현재 지도하고 있는 2학년 학생들은 봄, 여름, 가을, 겨울의 네 권의 책이 아닌 나, 자연, 마을, 세계, 계절, 인물, 물건, 기억 8권의 책으로 통합교과를 학습하고 있습니다. 2015 개정 교육과정에서는 단원명이 계절에 국한되어 있었기 때문에 시기에 맞추어 지도해야 하는 어려움이 있었지만, 주제별로 교과서 이름을 정하면서 교사의 자율성이 더욱 높아졌다고 볼 수 있습니다.

또한 전체 교과에서 기초 소양 중 하나인 디지털 소양을 기르기 위한 다양한 활동들을 소개하고 있습니다. 국어과의 매체를 활용한 글쓰기, 수학과의 알지오매스를 활용한 도형 그리기, 통합과의 AR을 활용한 체험활동 등 다양한 주제에서 디지털 소양을 함양하고 있습니다.

소개할 수업은 통합 '마을' 단원의 '마을 노래 만들기' 차시입니다. 교과서상에는 가락에 맞추어 어울리는 노래를 만드는 것으로 되어 있습니다. 물론 익숙한 동요에 가사만 바꾸는 것도 학습 목표를 달성하는 좋은 방법이기는 하지만, 우리 마을의 노래라는 자긍심을 갖도록 하기 위해 가락까지 만들어 보기로 했습니다.

작곡을 위한 코드에 익숙하지 않던 차에 'Suno.ai'라는 생성형 AI 도구를 알게 되었고 이를 활용하여 학생들과 함께 노래를 만들어 보았습니다. Suno.ai는 곡의 가사와 장르를 직접 정해서 만들 수도 있고, 주제와 장르를 입력하면 원하는 노래로 만들어 주는 생성형 인공지능입니다. 교실 장면에서 사용할 때는 생성형 AI 활용 지침에 따라 초등 기준으로 교사의 시연으로 수업을 진행하였습니다.

그럼 중요한 기능들을 살펴보겠습니다.

가사를 입력하여 노래를 만들어요

주로 사용한 기능은 입력한 가사를 바탕으로 노래를 만드는 것입니다. 먼저 학생들에게 우리 동네에 소개해 주고 싶은 것이나 장소가 있으면 붙임딱지에 적어보도록 하였습니다. 그리고 붙임딱지에 적은 내용을 바탕으로 학생들과 그 장소를 생각하면 떠오르는 생각이나 느낌을 한 문장으로 적도록 했습니다. 이를 바탕으로 다듬는 과정에서 교사의 도움을 받아 하나의 가사를 완성하였습니다.

가사를 만들 때는 'verse'와 'chorus' 부분으로 구분을 해주고 운율에 맞게 입력해 주면 더 완성도 높은 노래를 만들 수 있습니다. 특히나 chorus 부분의 운율을 맞춰주면 학생들도 따라 부르기 쉬운 노래가 완성된답니다! 가사나 장르를 한글로 입력해도 찰떡같이 알아듣고 원하는 것으로 생성해 줍니다.

 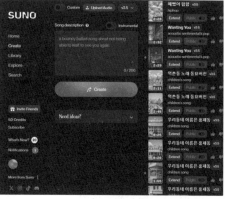

그림 4-3-1   **suno.ai 가사 작성 화면**   그림 4-3-2   **suno.ai 주제와 장르 작성 화면**

주제와 장르를 정해서 노래를 만들어요

이번에는 주제와 장르를 제시하면 주제와 관련된 가사까지 만들어주는 기능입니다. 왼쪽 위 custom 해제하고 글 상자에 원하는 주제와 장르를 적으면 해당하는 노래로 만들어줍니다. 이때에도 마찬가지로 주제나 장르를 자세하게 적을수록 원하는 작품을 얻을 수 있는 확률이 높아집니다.

create 버튼을 누르면 기본적으로 노래가 두 곡씩 생성됩니다. 생성된 노래들을 들어보고 원하는 곡을 사용하면 됩니다. 마음에 들지 않으면 다시 한번 create 버튼을 눌러 노래를 생성하면 됩니다.

✏️ 만들어진 노래를 공유해요(feat.웨일 브라우저)

만들어진 노래를 학급 안에서만 부르지 말고 학교와 가정에도 공유해보는 것은 어떨까요? suno.ai에는 만들어진 노래를 공유하는 기능이 있습니다. 이 기능을 웨일 브라우저의 QR코드 만들기 기능을 활용하여 손쉽게 할 수 있습니다.

먼저 공유 버튼을 클릭하여 공유용 링크를 복사합니다. 그 후 새 탭을 열어 해당 공유 페이지를 엽니다. 마우스 오른쪽 버튼을 클릭하여 '이 페이지의 QR코드 생성'을 누르고 QR코드를 만듭니다. 만들어진 QR코드를 저장하여 원하는 곳에 사용할 수 있습니다.

그림 4-3-3　**공유 버튼 클릭**

그림 4-3-4　**QR코드로 만든 우리 마을 노래**

Suno.ai의 요금 체계가 궁금해요!

 Suno.ai는 요금을 내지 않고 쓰는 무료 계정, 월 10달러의 이용 요금을 지불하는 Pro 계정과 월 30달러를 지불하는 Premier 계정이 있습니다.

무료 계정의 경우 매일 50크레딧이 제공되며 한 곡을 생성할 때마다 5크레딧이 차감됩니다. 한 번에 2개의 곡이 생성되고 상업적으로 이용할 수는 없습니다.

Pro 계정은 한 달에 2,500크레딧이 제공되기 때문에 최대 500곡을 생성할 수 있습니다. 한 번에 10개의 곡을 생성할 수 있고 상업적 이용이 가능합니다.

Premier 계정은 Pro 계정의 혜택을 누리며, 한 달에 10,000크레딧이 제공되어 2,000개의 곡을 생성할 수 있습니다.

04

인간 작사, AI 작곡, 창의성에 날개를 달아줄 'Suno AI'

천안오성초
홍지혁

배경 및 'Suno AI'의 특징

최근 교육계에서 주목받는 기술 혁신 중 하나는 인공지능의 등장과 활용입니다. 메타버스와 같은 기술이 새로운 교육 환경의 가능성을 보여주고 있지만, 그에 못지않게 인공지능이 가져올 변화는 교육 현장에서 더 빠르게 확산되고 있습니다. 특히, 2025년에는 AI 디지털 교과서가 도입될 예정이며, 이는 학생들의 학습 방식과 교사의 교육 접근법에 큰 변화를 줄 것입니다.

생성형 인공지능 기술은 단순히 답변을 생성하는 것을 넘어, 예술, 문학, 음악 등 창의적 영역에서도 두각을 나타내고 있습니다. 특히, DALL-E와 Stable Diffusion과 같은 이미지 생성 AI는 미술 창작의 장벽을 낮추며, 전문가뿐만 아니라 일반인도 쉽게 예술 활동에 참여할 수 있는 길을 열어주었습니다.

오늘 제가 소개할 Suno AI는 이러한 흐름 속에서 음악 분야에 혁신을 가져온 생성형 인공지능입니다. Suno AI는 텍스트를 기반으로 음악을 창작하는 도구로, 입력된 텍스트에 따라 곡의 분위기, 스타일, 장르 등을 쉽고 자연스럽게 작곡합니다. 이는 음악 제작을 단순화하고, 전문 지식 없이도 누구나 작곡할 수 있는 환경을 제공합니다. Suno AI의 장점은 다음과 같습니다.

▪ Suno AI의 주요 장점

1. 텍스트 기반 작곡의 간편성

Suno AI의 가장 큰 특징은 사용자가 입력한 텍스트로 곡을 생성한다는 점입니다. 예를 들어, '평화롭고 서정적인 피아노곡'이라고 입력하면 AI는 이에 맞는 음악을 생성합니다. 이 과정을 통해 작곡 경험이 없는 초등학생도 자신만의 음악을 만들 수 있습니다.

2. 높은 접근성과 활용성

Suno AI는 사용자 친화적 디자인으로 약간의 지도로도 초등학생이 쉽게 사용할 수 있도록 설계되었습니다. 또한, 구글, 마이크로소프트, 애플, 디스코드 등의 아이디로 회원 가입을 할 수 있어서 매우 편리합니다. 또한, 무료로 10개의 곡을 만들 수 있습니다.

3. 프롬프트(명령어) 접근성

Suno AI에는 다른 사람들이 AI로 작곡한 다양한 노래들이 홈 화면에 나와 있습니다. 학생들은 화면에 나온 노래를 들어보면서, 어떤 명령어들로 그 노래가 만들어졌는지 살펴보고 참고할 수 있습니다.

그림 4-4-1 Suno AI 홈 화면

Suno AI는 교육과 창작 활동에서 다양한 방식으로 활용될 수 있습니다. 다음은 제가 Suno AI의 주요 기능을 통해 교육에 적용한 방법들입니다.

 내가 만든 시를 노래로

시를 감상하거나 창작하는 활동은 문학 교육에서 중요한 요소 중 하나입니다. 하지만 대부분의 학생은 시를 짓는 것에 큰 흥미를 느끼지 않습니다. 따라서, 학생들의 시를 Suno AI를 통해 새롭게 음악으로 재탄생을 시키는 것으로 흥미를 끌어낼 수 있습니다.

Q. 음악에 가사를 넣고 싶을 때, 빼고 싶을 때?

A.
1. 가사를 넣기 위해선 'Custom' 버튼을 누르고 'Lyrics'에 가사를 써야 합니다. 만약 가사를 쓰지 않는다면 Suno AI가 스스로 작사를 합니다.
2. 반대로, 가사가 없는 배경음악을 만들기 위해선 노래 설명을 쓰는 곳 옆에 'Instrumental' 버튼을 눌러야 합니다. 이 버튼을 누르면, 가사가 없는 음악을 만들 수 있습니다.

그림 4-4-2 **배경음악을 만들기**

저의 수업에서 학생들은 자신의 감정을 담은 시를 작성한 후, Suno AI를 이용해 가사에 어울리는 음악을 만들었습니다. 생성된 음악을 들으면서 자신의 글이 음악으로 재탄생되는 경험은 학생들에게 창작의 즐거움을 선사했습니다. 이를 통해 단순한 글쓰기 활동을 넘어 학생들이 창의적으로 표현하는 능력을 키울 수 있는 기회가 되었습니다.

학생들은 시를 노래로 재탄생시키는 과정을 통해 시의 운율감과 형식의 중요성을 알게 되고, 문학을 향유하는 태도를 기를 수 있습니다. 실제 수업에서 '비교하는 표현을 사용하여 가사 쓰기'를 했을 때, 학생들의 태도는 사뭇 진지했습니다. 그들이 처음부터 끝까지 작곡할 수는 없지만, 같은 가사에서 어떤 스타일의 노래를 붙였을 때 가장 좋았는지 판단하고 서로 음감회를 진행하기도 했습니다.(아래 QR코드는 학생 중 '체육 시간'과 관련해 비유하는 표현을 사용하여 시로 만든 음악입니다.)

그림 4-4-3 **음감회**

2 영상의 배경음악으로

Z세대와 알파 세대를 아우르는 '잘파 세대'는 영상 콘텐츠와 매우 친숙한 세대입니다. 이들은 자신의 개성을 표현하기 위해 다양한 영상을 제작하고 공유합니다. Suno AI는 이러한 영상에 어울리는 배경음악을 쉽게 만들 수 있습니다.

저는 학생들에게 배경음악의 중요성을 알리기 위해 다양한 영화나 광고 장면을 음 소거한 상태로 보여준 뒤에, 어떤 음악이 쓰이면 좋을지 발표하도록 했습니다. 또한, 무서운 장면에서 우스꽝스러운 배경음악을 설정한 영상을 예시로 보여주어 배경음악의 중요성을 알도록 수업을 설계했습니다.

이러한 활동을 통해, 학생들은 자신이 촬영한 영상의 분위기에 맞는 음악을 Suno AI 로 제작하도록 했습니다. 실제로, 감동적인 장면에는 잔잔한 피아노곡을 넣는 학생도, 활기찬 장면에는 신나는 힙합 음악을 추가하여 영상의 감정과 스토리를 강화한 학생도 있었습니다. 이렇듯 Suno AI는 학생이 영상 제작을 더욱 창의적이고 재미있는 활동으로 만들도록 합니다.

정리 및 요약

Suno AI는 위의 예시 외에도 다양한 과목과 연계하기 좋은 인공지능이라고 생각합니다. 예를 들면, 과목 단원을 정리하여 노래로 작곡하고, 가장 창의적인 노래를 뽑는 대회를 열어볼 수 있습니다. 이러한 활동은 단순히 학습 내용을 기억하는 데 그치지 않고, 학습의 재미와 창작의 기쁨을 함께 선사할 것입니다. 이외에도 제가 생각하지 못한 새로운 활용법이 무궁무진할 것이라고 생각합니다.

과거에는 음악 창작이 전문적인 기술을 가진 사람들만의 영역으로 여겨졌지만, 생성형 인공지능의 발전으로 누구나 음악을 창작할 수 있게 되었습니다. 인공지능의 발전은 인간의 창작 욕구를 위축시키는 것이 아니라, 이를 더욱 자극하는 촉매제가 될 수 있습니다. 예를 들어, 사진기의 발명은 회화 예술의 독자적인 발전을 이끌었고, 프린터의 발명 이후에도 서예와 손글씨는 예술의 영역에서 꾸준히 사랑받아 왔습니다. 마찬가지로, Suno AI 와 같은 기술은 창작 활동에서 초등학생 창작의 한계를 뛰어넘을 수 있도록 돕는 도구입니다.

Tip Suno AI 활용 팁

Suno AI를 효과적으로 활용하기 위해 다음과 같은 팁을 참고하세요.

1. 구체적인 텍스트 작성

원하는 음악의 분위기와 장르를 구체적으로 명시하면 더 좋은 결과를 얻을 수 있습니다. 예를 들어, '느린 음악'보다는 '느린 템포의 서정적인 기타곡'과 같은 구체적인 요청이 유리합니다.

2. 다양한 시도

동일한 텍스트로 여러 번 음악을 생성하고 비교해 보세요. 같은 명령어라도 정말 다양한 음악 스타일이 나타납니다. 또한, 수정을 통해서 음악 스타일을 바꾸거나 음악의 길이를 변형시킬 수 있습니다.

3. 교과 연계

Suno AI는 특정 과목과 연계하여 더욱 풍성한 학습 활동을 제공할 수 있습니다. 예를 들어, 뮤직비디오를 만들어 보거나, 역사 수업에서 특정 사건을 주제로 음악을 제작하는 활동을 진행할 수 있습니다.

4. 결과물의 공유와 피드백

자신이 만든 곡을 링크로 공유하거나 음악을 다운로드할 수 있습니다. 학생들이 Suno AI를 통해 만든 음악을 수업 시간에 공유하고, 서로 피드백을 주고받는 활동을 통해 창작의 재미와 성취감을 느낄 수 있습니다.

주의! Suno AI를 사용하기 위해선 최소 만 13세 이상이어야 하므로, 초등학생들이 쓴 가사를 바탕으로 교사가 제작을 돕는 형식으로 해야 합니다.

사전 교육 필요 국내 사이트가 아닌, 외국 사이트이기 때문에 첫 화면이 외국어로 되어 있습니다. 학생들에게 대략적인 사용 방법을 알려주면, 훨씬 수월하게 음악을 만들 수 있습니다.

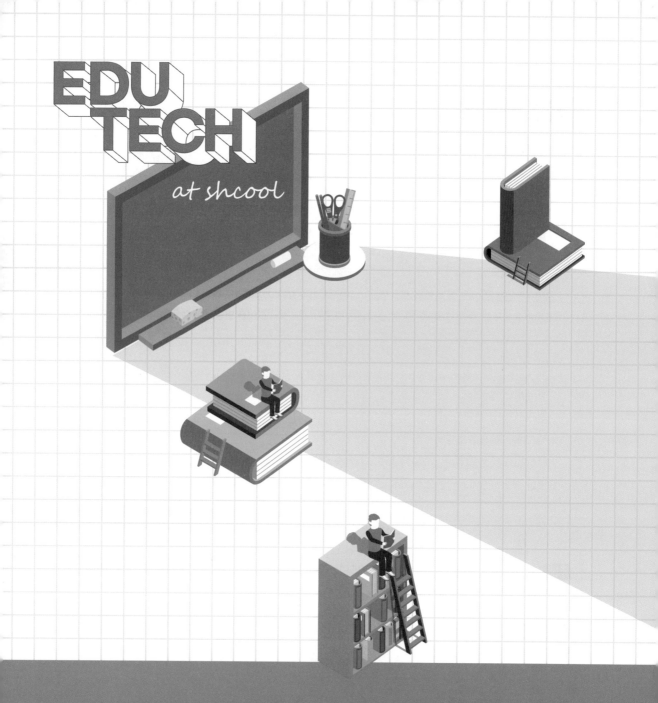

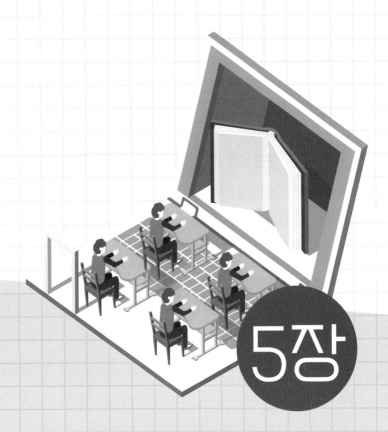

5장

에듀테크로 여는
새로운 세상 (메타버스, 코딩)

01

내가 만든 그림책을
VR로 실감 나게 감상해요!

역촌초
조민주

그림책은 아이와 어른 모두에게 큰 울림을 줍니다. 어린이에게는 모범감화의 효과를, 어른에게는 심리적 안정감을 주기 때문입니다. 필자 또한 그림책을 활용한 수업을 참 좋아합니다. 어렸을 적 등하굣길에 책을 읽으며 걸어가던 문학소녀는 어느새 자라 선생님이 되어 아이들과 그림책으로 소통하고 있습니다. 보통은 러그미팅의 형식으로 학생들에게 그림책을 읽어주는데, 그림책 속으로 조용히 빠져드는 모습을 가까이서 보는 것은 이 직업만이 누릴 수 있는 큰 기쁨입니다.

선생님이 그림책을 읽어주다 보면, 아이들은 그림책에 대한 흥미를 느끼게 되고, 어떤 아이들은 그림책을 만드는 데까지 관심을 가지게 됩니다. 특히나 만들기를 좋아하는 저학년 여학생들은 자신만의 이야기를 엮어 작은 책으로 만들기도 합니다. 이렇게 독자로서의 지속적인 경험은 학생들이 작가로서 첫걸음을 내딛는 데 큰 도움이 됩니다. 학생들의 흥미에 영감을 받아 그림책 제작 프로젝트를 시작했습니다.

그림책 제작 활동은 많은 학급에서 하고 있는 활동입니다. 학급마다 그 모습은 다르지만, 각자 이야기와 그림책을 구성하여 종이책을 발간하고 출판 축제를 여는 것이 최신의 흐름인 것 같습니다. 하지만 종이책을 만들려면 예산이 필요하고 책이 내 손안에 들어오기까지 최소 1주일이 걸립니다. 그래서 VRWARE 'storybuilder'를 활용하여 그림책 제작 프로젝트를 진행해 보았습니다.

우리 학급에서는 4학년 국어과의 '뒷이야기 상상하기'와 관련하여 제작 프로젝트를 진행했습니다. storybuilder를 선택한 이유는 제공하는 이야기의 개수가 만족스러웠기 때문입니다. 이야기의 개수가 학생의 선택권을 보장하는 것과 밀접한 관련이 있는데 제공되는 양은 부족하지 않았습니다.

수업에서는 간단히 전 시간에 학습한 AR과 그림책 제작 프로젝트에서 활용한 VR의 차이점을 알아보며 VR에 대해 익히는 시간을 가진 후 단계별로 그림책 제작 연습을 해보았습니다. Storybuilder에서는 스토리북 만들기–컬러링 하기–나만의 책 만들기 순서로 진행하였습니다.

스토리북 만들기 단계에서는 애플리케이션에서 제공하는 그림을 활용하여 우리가 아는 명작동화에 배경음악도 넣어보고 말풍선도 달아보며 이야기를 완성하였습니다.

컬러링 하기 단계에서는 밑그림만 그려진 페이지에 직접 색칠해 보았습니다.

나만의 책 만들기 단계에서는 학습한 내용을 발전시켜 빈 화면에 처음부터 끝까지 나만의 이야기를 만들어 보았습니다.

이야기에 어울리게 그림책을 만들어요!

Storybuilder는 회원가입이 필수이며, 유료 결제가 필요한 도구입니다. 로그인을 하는 과정은 까다롭지만, 본인의 작품을 잘 저장해 두고 작업 공간을 활용할 수 있어 큰 도움이 됩니다. 그림책을 디자인할 때는 태블릿 PC를 활용하여 제작하는 것이 편리합니다. 이 프로그램은 약 30개의 이야기를 제공하고 있는데, 그중 마음에 드는 이야기를 골라 이야기책을 꾸밀 수 있습니다. 밑그림이 그려진 화면에 어울리는 색으로 칠하고 작은 그림들은

그림 5-1-1 **그림책 제작 활동 모습**

그림 5-1-2 **그림책 제작 활동 모습**

스티커로 대신하여 이야기를 더 풍부하게 꾸밀 수 있습니다. 인물들에게 말풍선을 달아주어 대화하는 듯한 느낌도 줄 수 있습니다. 그림을 다 꾸몄다면 각 그림에 어울리는 이야기를 텍스트로 입력합니다. 그림으로 표현할 때 미리 글씨가 들어갈 공간을 남겨두고 작업을 하는 것을 학생들에게 알리고 페이지 디자인 능력을 익힐 수 있도록 도와줍니다. 책에는 효과음과 녹음한 음성도 삽입할 수 있어서 오디오북처럼 학생들의 음성을 녹음해서 삽입하는 것도 그림책을 다채롭게 제작하는 데 큰 도움이 됩니다.

저장은 두 가지 방법으로 할 수 있습니다. '내 작업실로 보내기'는 작업 상태로 저장하는 것이기 때문에 임시 저장의 성격이 강합니다. 이 버튼을 사용하면 언제든지 다시 작업할 수 있습니다. '만든 북 보기로 보내기'는 완성작을 저장할 때 사용하는 버튼입니다. 이 버튼을 누르면 VR 카드보드를 활용하여 그림책을 감상할 수 있게 됩니다.

✏️ 내가 만든 그림책을 VR로 확인해요.

그림책을 완성한 후에는 카드보드를 활용하여 VR로 감상할 수 있습니다. 카드보드를 만드는 데는 4학년 어린이들 기준 2차시가 소요되었습니다. 제작 단계가 조금 복잡하여 교사의 도움이 필요하지만, 오히려 도전 과제로 제시함으로써 학생들끼리 협동하는 모습을 볼 수 있었습니다.

카드보드를 모두 완성한 후에는 스마트패드 대신 핸드폰을 활용하여 감상합니다. 페

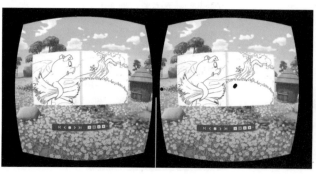

그림 5-1-3 **VR 화면**

그림 5-1-4 **VR 카드보드 활용 모습**

이지를 넘기거나 배경을 바꿀 때는 화면 한가운데의 회색 점을 이용하면 됩니다. 회색 점이 마우스 역할을 하여 학습자의 반응에 따라 화면을 전환합니다. 이야기의 배경 또한 학생들이 선택한 이야기에 맞게 변경되어 더 실감 나는 체험을 할 수 있습니다.

이 앱을 사용하기에 앞서 영어 기반의 애플리케이션을 한글로 번역한 앱이라 매끄럽게 사용할 수 있을까 걱정도 되었지만, 번역이 자연스럽게 잘 되어 있어서 아이들이 사용하기 좋았습니다. 특히 영어, 한국어 외에도 다른 언어도 제공하고 있어 다양한 배경의 어린이들이 사용하기 좋은 도구인 것 같습니다. 다만 제목이 모두 영어로 되어 있어서 아직 영어에 익숙하지 않은 초등 4학년은 교사의 개입이 많이 필요했습니다.

디지털 대전환의 시대가 되어감에 따라 전자책이 많이 나오고 전자책을 활용하는 사람들도 많아지고 있습니다. 전자책이 종이책을 대신할 수는 없겠지만 종이책의 한계를 극복하고 더 다채로운 경험을 제공하는 역할을 할 것입니다. 학생들이 독자이자 작가로서 자신의 상상력을 마음껏 펼칠 수 있는 그림책 만들기. 함께 해보지 않으실래요?

Q. AR과 VR의 차이가 무엇일까요?

A. AR은 증강현실로 현실 세계에 디지털 요소를 추가하여 구현하는 것입니다. Quiver 앱이나 포켓몬go처럼 화면의 배경은 현실 세계이고 그 위에 3D로 요소를 추가하게 됩니다. 반면 VR은 가상현실로 눈에 보이는 모든 요소가 디지털 요소들로 이루어진 것입니다. 그래서 VR은 메타퀘스트나 오큘러스와 같은 기기를 착용하고 감상해야 해야 합니다.

만들기 체험
(PC, 태블릿용)

영상으로
체험

✓ **5000명의 선생님들이 선택한 가상 공간 저작 솔루션!**

✓ **전교생이 월 400원으로 사용 가능!**(전교생 600명 기준)

✓ **2024 에듀테크 소프트랩** 실증우수제품 선정!

VR Player

저작한 맵을
공유 및 체험할 수 있습니다.

VR HMD

디바이스를 활용하여 저작한 맵을
VR 모드로 체험할 수 있습니다.

Multi Player

저작한 맵 안에서 채팅을 통해 의사소통하며
함께 체험할 수 있습니다.

Meta Player

만든 맵을 선생님, 친구들과 함께
체험할 수 있습니다.

Meta Classroom

상황에 맞는 메타버스 공간에서 발표수업, 참여수업 등
다양한 방법으로 수업 참여가 가능합니다.

**체험문의 및
구매상담문의** 📞 문의 전화 031-911-0609 / 070-4216-5156 ✉ 이메일 hc.park@globepoint.co.kr

지형 높낮이 조절과 다양한 오브젝트 및
학습용 이벤트를 활용하여 가상공간을 만들고
친구들과 함께 체험할 수 있는 학습도구입니다.

영상으로 체험하기

VR Player

저작한 맵을
공유 및 체험할 수 있습니다.

VR HMD

디바이스를 활용하여
저작한 맵을 VR 모드로
체험할 수 있습니다.

Multi Player

저작한 맵 안에서
채팅을 통해 의사소통하며
함께 체험할 수 있습니다.

Meta Player

만든 맵을 선생님, 친구들과 함께
체험할 수 있습니다.

Meta Classroom

상황에 맞는 메타버스 공간에서 발표수업, 참여수업 등
다양한 방법으로 수업 참여가 가능합니다.

METAWARE Edu School

모바일 환경에서 다양한 오브젝트와
이펙트 효과를 활용하여 가상 공간을
직접 제작하고 체험할 수 있는 학습 도구입니다.

영상으로 체험하기

몰입감 있는 공간 저작과
체험을 위해 날씨와
배경음악을 제공합니다.

객체에 애니메이션과 효과음을
설정하여 다양한 상황을
연출할 수 있습니다.

다양한 이벤트를 통해
게임 기반의 교육을
경험할 수 있습니다.

조이스틱형 플레이 기반으로
원활한 플레이를 지원합니다.

VR HMD를 통해 보다
현실성 있게 저작한 맵을
체험할 수 있습니다.

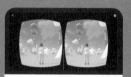
사용자들 간의 의사소통을 통해
다양한 협업과 이벤트 경험이
가능합니다.

VRWARE ASSEMBLR EDU

3D 증강 현실 AR 콘텐츠를 만들고 인터랙티브한
활동을 통해 학습을 더욱 흥미롭게
만들어 주는 교육 플랫폼입니다.

영상으로 체험하기

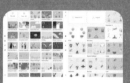
다양한 3D 오브젝트와
이미지를 사용하여
맞춤형 콘텐츠를 제작하세요!

QR 코드를 통해 콘텐츠를
공유하고 체험해보세요!

다양한 기기로
콘텐츠를 제작하고
휴대폰으로 체험해보세요!

애니메이션, 퀴즈, 텍스트 등
다양한 이벤트를 통해
재미있게 만들어보세요!

언제 어디서나 친구들과 함께
내가 만든 컨텐츠를
즐겨보세요!

3D 또는 QR 모드로
콘텐츠를 즐기세요!

교육 사례

〈진로체험교육〉

교육명	고양형현장직업체험패키지
교육대상	고양시 관내 중학교 1학년
교육인원	최대 30명
교육시간	1차시 (2시간 내외)

4차 산업기술의 이해 및 VR기술의 정의를 알아보고 VR저작 솔루션인
VRWARE Edu School을 활용하여 2인 1조로 맵을 만들고 발표한다.

〈늘봄 교육〉

교육명	동화 작가 체험 교육
교육대상	초등학교 저학년 (1~3 학년)
교육기간	최대 40차시

학생들은 VR환경에서 명작동화를 감상하고, VRWARE Edu StoryBuilder 프로그램 내의
브러쉬, 스티커, AI이미지 생성, 목소리 녹음 등의 간편한 기능들을 활용하여
나만의 스토리텔링을 담은 명작동화로 재창작하여 친구들에게 발표한다.

활용 사례

가상공간 콘텐츠

'ZEP'을 활용한 미술 수업,
도슨트 아바타와 함께
미술 감상의 새로운 차원으로!

경기 오산 운천초
신민경

초등학교 매 학년 미술 교과의 마지막 수업은 미술 감상 단원으로 구성되어 있습니다. 한 학기 동안 다양한 창작 활동에 익숙해진 아이들에게는 창작이 없는 작품 위주의 감상 수업이 정적으로 느껴질 수밖에 없습니다. 저도 학창 시절을 돌이켜보면 미술 감상 수업이 지루하게 느껴졌던 기억이 납니다. 교과서를 활용한 감상 수업은 작품의 크기가 손바닥보다 작아 마음에 와닿지 않았고, TV로 작품 자료를 보아도 강의식 수업이라 흥미를 갖기 어려웠습니다. 그래서 감상 수업을 좀 더 흥미롭고 활동적으로 디자인할 필요성을 느끼게 되었습니다.

발령 첫 해 저는 어떻게든 아이들을 미술 감상 수업에 적극적으로 참여하도록 다양한 방법을 시도했습니다. B4 종이에 작품을 컬러 인쇄하여 교실 벽면 전체에 10점 이상 붙이고, 실제 미술관처럼 감상하도록 도왔습니다. 포스트잇을 사용하여 감상을 써서 작품 주변에 붙이거나, 교실과 복도 곳곳에 작품에 대한 정보들을 붙이고 방 탈출 게임처럼 꾸미기도 하였습니다. 작품들이 수록된 미술 서적을 여러 권 빌려 학생들이 자유롭게 탐색하고 밍글 발표, 둘 가고 둘 남기 등의 다양한 발표 방법으로 학생들의 참여도를 높이기 위해 애썼습니다.

아이들이 좀 더 적극적으로 작품 감상에 참여하였지만, 이러한 수업의 아쉬운 점은 일회성이라는 점입니다. 감상 시간마다 컬러 프린트 10점 이상 작품을 인쇄하기란 쉽지 않았습니다. 아이들이 가만히 앉아서 감상 수업을 하는 것보다는 더 열심히 참여했지만, 아이들의 능동적인 참여를 끌어냈다고 보기엔 어려웠습니다. 아이들이 스스로 흥미, 호기심을 가지고 작품에 즐겁게 빠져들기보다는 교사가 제시하는 과제의 일환으로 감상에 참여한 것이었습니다. 학생들이 창작 활동을 할 때 본인의 작품 제작에 몰입하듯, 감상도 그러한 방식으로 이루어지길 바랐지만 쉽지 않았습니다.

이후 에듀테크 열풍이 불며 Padlet과 Google art & culture가 등장하였고, 저의 고민이 어느 정도 해소되었습니다. 인쇄를 하지 않아도 되고, 아이들이 능동적으로 작품을 선택하여 감상할 수 있으며, 이러한 감상의 과정이 기록으로 남아 다음 후속 활동으로도 자연스럽게 이어질 수 있었기 때문입니다. 그러던 중 'ZEP'이 교육계에 유행처럼 번지게 되었습니다.

ZEP은 여러 사람이 함께 가상공간에서의 실시간 소통과 협업을 지원하는 메타버스 플랫폼입니다. 특히 게이미피케이션 요소를 가지고 있어 아이들의 엄청난 몰입력과 흥미를 끌어낼 수 있다는 점이 가장 강점입니다.

실제로 ZEP을 사용해 보면 처음에는 학생들이 게임 자체에만 흥미를 느끼는 것 같지만, 교사가 게임을 어떻게 설계하느냐에 따라 학생들이 교과의 개념과 지식에도 집중하도록 만들 수 있습니다. 예를 들어, 해당 개념과 지식을 이해하지 않으면 다음 스테이지로 넘어갈 수 없도록 메타버스를 구성할 수 있기 때문입니다. 이러한 ZEP의 장점을 활용하여 다양한 교과 수업을 하며 게이미피케이션과 몰입의 교육적 효과를 직접 체험할 수 있었습니다.

그렇게 저는 다시 돌아온 연말 미술 감상 수업 시간에 자연스럽게 ZEP을 활용한 미술 수업을 기획하게 되었습니다. 학생들의 몰입과 흥미, 호기심을 한 번에 사로잡을 수 있겠다는 확신이 들었습니다. 성공적인 미술 감상 수업으로 이끌었던 ZEP 활용 수업의 주요 핵심 수업 설계와 팁을 몇 가지 소개하고자 합니다.

들어가기 전 핵심 수업 구성

소개할 수업은 초등 5학년 미술 교과의 감상 수업 '전통미술과 현대미술을 비교하여 감상하기'입니다. 메타버스 맵은 총 4개의 전시실로 구성되어 있습니다.

제1전시실에서는 전통미술 작품과 현대미술 작품을 섞어서 제시하고 학생들이 전통미술 작품을 찾아봅니다.

제2전시실에서는 전통미술 작품만을 제시하고 학생들이 자유롭게 전통미술 작품을 감상한 뒤, 전통미술의 특징을 정리합니다.

제3전시실에서는 같은 대상을 표현한 전통미술 작품과 현대미술 작품을 비교 감상합니다.

제4전시실에서는 나의 감상을 친구들에게 소개하고 나눌 수 있도록 합니다.

각각의 전시실은 별도의 맵으로 각 맵은 텔레포트로 연결되어 있으며, 텔레포트마다 퀴즈, 암호 코드가 설정되어 있어 학생들은 각 전시실의 미션을 완성해야 다음 전시실로 이동할 수 있습니다.

1️⃣ ZEP 입장은 놀이동산 입장과 같아요.(미술 관련 개념과 이론은 맵 내에 들어가기 전에 끝내요!)

ZEP은 다른 에듀테크보다도 교사의 수업 디자인과 연출이 가장 중요합니다. 게임적 요소로 학생들이 한 번 몰입하게 되면 그 흐름을 끊기가 쉽지 않기 때문입니다. 그래서 저는 ZEP 감상을 시작하기 전에 항상 이번 차시의 주요 개념과 이론들을 짚고 넘어가도록 맵을 구성하고 있습니다. 이는 현장 체험학습으로 놀이동산에 방문했을 때와 유사합니다. 현장 체험학습을 갔을 때, 아이들이 놀이동산에 입장하고 나면 교사의 지시나 안내를 듣기가 어려워 입장 전에 아이들에게 여러 주의 사항에 대해 알려주곤 합니다. 이처럼 메타버스 내의 본격적인 활동에 들어가기에 앞서 교사가 다양한 지도와 안내를 미리 알려줍니다.

전통미술과 현대미술의 비교 감상 수업 ZEP에 입장하게 되면 학생들은 벽면의 게시물 2개만 접근할 수 있고 나머지 길은 모두 막힌 상태에서 시작하게 됩니다. 벽면의 게시글 첫 번째는 미술 작품 감상 방법에 대한 것으로 어떤 대상을 나타낸 것인지, 언제 제작된 작품인지, 재료와 표현 방법에는 어떤 것이 있는지, 작품의 느낌을 표현하는 말에는 어떤 것이 있는지 확인하도록 합니다. 이때 교사는 해당 게시물을 함께 읽거나 칠판, PPT 등의 수업 보조자료를 사용하여 자세하게 설명합니다. 두 번째 게시글은 동기 유발에 해당하는 수업 자료로서 전통미술의 상징에 대하여 재미있게 제시합니다.

이러한 미술 개념과 이론, 교사의 필수 안내 등이 끝이 난 후, 아이들은 교사가 안내하는 입장 코드를 받을 수 있습니다. 이제, 학생들의 자유로운 관람의 시작입니다. 이와 같은 안내가 있고 없고의 차이는 추후 자유로운 관람이 끝나고 나의 감상을 구체화할 때 두드러지게 나타납니다. 따라서 일단 자유롭게 메타버스를 체험하고 나중에 교육적 개입을 계획하기보다는, 첫 단계에서 교사의 적극적인 안내와 개입을 추천합니다.

그림 5-2-1 미술 작품 감상 방법 안내	그림 5-2-2 동기 유발 작품 제시

2 놀이공원을 즐기려면 자유이용권은 필수(학생의 자유 감상 시간을 보장해 주세요.)

아이들은 전시실로 입장하여 벽에 제시된 작품들을 보통 5점, 많을 때는 10여 점 관람하게 됩니다. 이때 교사는 학생들이 자유롭게 돌아다니며 그림을 감상할 수 있게 시간을 제공하는 것이 좋습니다. 교사가 도슨트처럼 학생들과 함께 아바타를 움직이며 감상하는 방법도 있지만, ZEP 수업의 묘미인 몰입과 호기심은 학생들의 자유 속에서 피어나기 때문입니다.

교사가 큐레이팅하여 ZEP 맵 속에 넣어놓은 그림이라도, 아이들은 교사가 제시하는 그림을 수동적으로 감상한다고 생각하지 않습니다. 본인이 꾸민 자신만의 아바타를 사용하여 맵 내를 걸어 다니며 자신이 고른 순서대로 자유롭고, 능동적으로 감상하고 있다고 느끼기 때문입니다. 이 점이 ZEP을 활용한 메타버스 수업에서 학생들의 몰입과 호기심, 능동적인 참여를 끌어내는 주요 포인트입니다.

어느 정도 자유로운 감상 시간이 지나면 교사는 학생들에게 작품 전시의 관점을 제시하면 좋습니다. 전시실에 입장하기 전 교사와 함께 살펴보았던 개념, 이론에 관련된 것도 좋고, 자신이 가장 좋아하는 그림은 무엇인지, 그림을 구매한다면 어떤 것을 선택할 것인지, 그 까닭은 무엇인지 등을 생각하며 작품을 감상하도록 안내합니다. 단순히 시각 이미지로 작품을 보던 학생들도, 작품의 소재, 표현 방법, 색채 등을 꼼꼼히 비교하며 감상합니다. 작품을 보는 학생들의 눈빛이 작품을 구매하러 온 아트 컬렉터로 바뀌는 순간입니다. 다시 분주히 아바타를 움직이고 전시실을 누비며 이 그림, 저 그림 비교 감상하는 아이들을 보고 있노라면 흐뭇한 미소가 지어집니다.

Q. 도슨트처럼 학생들에게 다양한 작품 정보를 제공하고 싶은데 어떻게 하나요?

A. 도슨트로서 제공하고 싶은 작품의 정보를 ZEP 메타버스 내의 요소로 배치합니다. 그림마다 도슨트 역할을 하는 아바타 캐릭터를 세우고 아바타에 가까이 다가가면 작품에 대한 정보, 작가의 의도 등을 말풍선으로 말하도록 설정합니다. 감상의 주안점을 제시하거나, 핵심 개념들을 학생들이 작품을 감상하며 귀납적으로 찾게 하고 싶다면 전시실 곳곳에 열쇠 꾸러미를 배치하여 학생들이 마치 방 탈출 게임을 하는 것과 같이 화면을 구성할 수도 있습니다.

그림 5-2-3 **열쇠 배치 모습**   그림 5-2-4 **열쇠 꾸러미 팝업**   그림 5-2-5 **도슨트 아바타 말풍선**

3 그래도 이건 포기할 수 없어! 종이 학습지가 바로 킥!(종이 학습지를 활용한 아날로그 활동을 적절히 섞어요!)

ZEP을 활용한 수업의 우수한 몰입력이 마냥 수업에 도움만 되는 것은 아닙니다. 교사가 적절하게 개입하지 않으면, 아이들은 시간이 지날수록, 아바타와 게임적인 요소에 집중력을 빼앗기고 말기 때문입니다. 그래서 저는 ZEP을 활용한 수업을 할 때 꼭 종이 학습지를 사용하여 집중을 환기시키는 편입니다.

태블릿을 사용하는 수업을 한 번이라도 해보신 선생님들께서는 아이들이 교사의 발화에 집중하지 않고 계속 화면만 보는 장면을 보신 적이 있을 겁니다. 이런 몰입은 학습에 대한 건강한 몰입이라고 할 수 없습니다. 그리고 대화 없이 침묵 속에서 자신의 태블릿만을 쳐다보는 장면은 때로는 낯설게 느껴지기도 합니다.

종이 학습지를 활용한 감상 수업은 학생들에게 상호작용과 협력의 기회를 제공하며, 주관적인 감상을 더욱 풍성하게 만듭니다. 서로의 의견을 나누고 다름을 이해하는 과정은 감상의 깊이를 더해주고, 다양한 시각에서 작품을 바라보는 능력을 키울 수 있습니다. 또한, 메타인지 과정을 통해 학생들은 배운 내용을 자신의 언어로 정리하며 학습의 주체로서 더욱 성장할 수 있습니다. 이처럼, 감상 수업에서의 종이 학습지는 단순한 평가 도구를 넘어, 학생들의 학습 경험을 풍부하게 하는 중요한 감초 역할을 합니다.

저는 '전통미술과 현대미술의 비교 감상' 수업에서 총 두 차례에 걸쳐 종이 학습지를 썼습니다. 첫 번째 종이 학습지는 학생들이 자유롭게 제2전시실 전통미술 작품을 감상한 후 모둠별로 제공하였습니다. 다음 전시실로 넘어가기 위해서는 비밀 코드가 필요한데, 모둠별 학습지 빈칸을 모두 완성하여 각 퀴즈 정답의 앞 글자를 조합하면 비밀 코드가 되도록 맵을 구성하였습니다. 학생들은 비밀 코드를 얻기 위해 협동하여 전시실을 함께 누비고 소통합니다. 전시실 속 열쇠와 미리 배치된 캐릭터 도슨트의 설명을 꼼꼼히 읽고 학습지의 빈칸을 채우며 전통미술에 대한 개념을 자연스럽게 정리합니다. 게이미피케이션의 특징을 잃지 않으면서도 모둠별 협력과 의사소통의 기회를 제공하는 수업을 실현할 수 있습니다. 혼자서 감상할 때 놓칠 수 있는 감상 주안점들도 친구들과 미션을 해결하는 과정에서 "어? 그런 게 있었어?"라고 하며 한 번 더 확인하는 모습을 볼 수 있습니다. 교사의 피드백이 아닌 학생들 간의 상호작용으로 또 다른 배움이 일어나는 활동으로 모둠 활동지를 추천합니다.

두 번째 종이 학습지는 학습이 끝난 후 학생들이 배운 내용을 자신의 언어로 정리하는 메타인지 과정을 유도하는 활동입니다. 제3전시실에서 전통미술 작품과 현대미술 작품을 나란히 배치한 전시물을 자유롭게 관람한 뒤 개별 학습지를 제공합니다. 전시실에 전시된 5개의 전통미술-현대미술 작품 세트 중 자신이 가장 마음에 드는 작품 한 가지를 고르고, 학습지의 비교 기준에 따라 작품을 구체적으로 감상하게 하여 학습지를 쓰며 정리합니다. 지금까지 3개의 감상실을 돌며 느낀 감상을 모두 종합하여 자신의 언어로 표현함으로써, 학생들은 감상을 구체화하고 풍성하게 마무리할 수 있습니다. 또한 교사는 학습지를 통해 학생들이 학습 목표에 적절하게 도달했는지를 확인할 수 있으므로, 이러한 종이 학습지는 ZEP 수업의 평가 방법으로 활용될 수 있습니다.

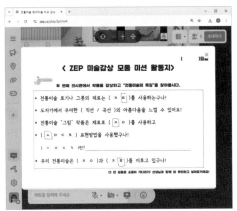

그림 5-2-6 **모둠별 활동지**

그림 5-2-7 **개인별 활동지**

Q. 에듀테크를 활용한 수업을 할 때 온라인 활동과 오프라인 활동 중 어떤 것을 선택해야 할지 고민되는 순간에 어떻게 정하면 좋을까요?

A. 저는 "내가 바라는 00 수업은 어떤 모습인가?", "이번 수업에서 내가 포기할 수 없는 것은 무엇인가?"와 같은 질문을 나 자신에게 자주 했습니다. 이번에 소개한 전통미술 감상 수업에서는 "내가 바라는 수업에서의 몰입이 이런 모습인가?", "지금까지 해오던 감상 수업에서 에듀테크 활용 수업을 하더라도 포기할 수 없는 활동은 무엇인가?"라는 질문을 했습니다. 그때 제가 내린 답은, 상호작용과 메타인지였습니다. 선생님도 수업 스타일, 학생들의 성향, 그리고 이번 차시의 학습 목표를 함께 고려하면 의외로 쉽게 문제를 해결할 수 있습니다. 에듀테크와 게이미피케이션은 수업을 지원하는 도구라는 점을 잊지 않으면 좋겠습니다.

기존의 전통미술 감상 수업을 메타버스와 같은 혁신적인 도구를 활용하여 학생들이 스스로 탐구할 수 있는 수업으로 변화시키는 것은 처음에는 낯설고 어려울 수 있습니다. 그러나 실제로 수업에 적용해 보면 학생들의 참여도를 극대화하고 학습의 깊이를 더하는 데 큰 도움이 되고, 더 적극적인 태도로 작품을 이해하고 풍성하게 감상하는 학생들을 마주할 수 있으리라 생각합니다. 돌아오는 미술 감상 수업에서는 메타버스를 활용하여 지금까지 경험해 보지 못했던 풍성하고 역동적인 미술 수업을 경험해 보길 제안합니다.

03

강력한 실과(정보) 수업 도구: 코들

전주자연초
엄태상

실과-정보 교육 AI 코스웨어: 코들

디지털 기술의 발전은 교육 현장에도 큰 변화를 불러오고 있습니다. 특히 소프트웨어와 인공지능(AI) 기술의 발전으로 학교 교육에서도 디지털 기반 수업 도입이 점차 확대되고 있습니다. 실과 및 정보 교과에서는 이러한 흐름을 담아 학생들에게 컴퓨터 과학의 기초와 프로그래밍 역량을 길러주는 역할을 담당하고 있습니다.

디지털 기반 교육을 효과적으로 운영하기 위해서는 적합한 도구와 지원이 필수입니다. 특히 컴퓨터 활용 수업이 주로 이루어지는 초등 실과의 정보 영역, 중등의 정보 교과에서는 더욱 그렇습니다. 초등 교실 현장에서 정보 수업은 어떤 모습인가요? 한 명의 교사가 모든 학생의 코드를 들여다보기란 여간 어려운 일이 아닙니다. 모니터 건너편의 아이들이 정말 코딩에 몰입하고 있는지, 딴짓하고 있는지도 알기 어렵습니다.

'코들(Codle)'은 이러한 필요에 대응하기 위해 개발된 AI 코스웨어로, 교사들이 정보 교과 또는 정보 영역의 수업을 설계하고 운영하는 데 실질적인 도움을 주는 도구입니다.

우선 코들의 대표적인 기능들을 살펴보겠습니다. 코들은 수업 콘텐츠 마련, 학생에게 배부, 수업 진행 및 모니터링, 평가까지 수업을 위한 일련의 모든 기능을 제공하고 있습니다.

그림 5-3-1 **교실 화면**

1 교실 개설, 학생 초대, 콘텐츠 관리

코들을 사용하면 교사는 쉽게 가상 교실을 개설하고 학생들을 초대할 수 있습니다. 교사 계정을 생성한 후, 교실을 만들고 학생들이 참여할 수 있도록 초대 코드를 발급할 수 있습니다. 학생들은 이 코드로 교실에 참여하게 되며, 교사는 참여한 학생들의 학습 상황을 관리할 수 있습니다. 또한, 교사는 다양한 콘텐츠를 직접 업로드하거나 코들에서 제공하는 콘텐츠를 활용하여 수업을 설계할 수 있습니다. 이를 통해 수업 준비와 운영이 더욱 간편해지며, 학습자 개개인의 진도와 성과를 쉽게 모니터링할 수 있습니다.

그림 5-3-2 **코딩 화면**

2 블록 코딩/텍스트 코딩 지원

코들은 스크래치, 엔트리와 같은 블록형 프로그래밍 언어와 파이썬과 같은 텍스트 프로그래밍 언어를 모두 지원합니다. 블록 코딩은 주로 초보 학생들이 직관적으로 프로그래밍을 이해하고 문제를 해결할 수 있도록 도와줍니다. 학생들은 주어진 미션을 블록을 조립하는 방식으로 해결하며, 컴퓨팅 사고력을 기를 수 있습니다. 반면, 텍스트 코딩은 더 고급 수준의 학생들을 위한 기능으로, 파이썬으로 본격적인 프로그래밍 언어를 학습하게 됩니다.

코들은 학생들이 작성한 코드를 교사가 직접 확인하고 실행할 수 있습니다. 이러한 기능은 학생들의 코드에 대한 디버깅과 피드백을 주는 데 유용하게 활용될 수 있습니다.

3 PDF 문서 활동 제공

코들은 수업 자료로 PDF 문서를 활용할 수 있는 기능도 제공합니다. 교사는 PDF 파일을 업로드하여 학생들에게 제공할 수 있으며, 학생들은 문서를 보면서 학습할 수 있습니다. PDF 문서 내에서는 페이지 확대, 축소, 전체화면 전환 등의 기능이 제공되며, 학생들이 집중할 수 있도록 특정 페이지에 주석을 추가할 수도 있습니다. 이러한 기능은 수업 내용을 더욱 효과적으로 전달하고, 교사가 학습 자료를 손쉽게 관리할 수 있게 합니다.

4 퀴즈 활동 제공

코들은 퀴즈 기능을 통해 학생들의 학습 성취도를 평가할 수 있도록 지원합니다. 교사는 객관식, 주관식 문제를 포함한 다양한 형식의 퀴즈를 구성할 수 있으며, 학생들은 퀴즈를 푼 후 즉시 피드백을 받을 수 있습니다. 코들의 퀴즈 기능은 학습 과정에서 학생들의 이해도를 점검하고, 오답 노트 기능을 통해 잘못된 부분을 복습할 수 있게 도와줍니다. 이 기능을 통해 교사는 수업 중간마다 학생들의 학습 진도를 점검하고, 추가로 설명이 필요한 부분을 확인할 수 있습니다.

5 외부 URL 연동

코들은 외부 URL을 연동하여 수업에 활용할 수 있습니다. 예를 들어, Google Forms, Slido, YouTube 동영상, ZEP의 메타버스 맵 등 외부 플랫폼과의 연동을 통해 다양한 학습 활동을 지원할 수 있습니다. 이러한 기능을 활용하면 수업의 내용을 확장할 수 있으며, 다양한 학습 도구와 자료를 쉽게 연결하여 학습 경험을 풍부하게 만들 수 있습니다. 특히, 외부 자료를 실시간으로 연동하여 학습 주제와 관련된 실생활 사례나 데이터를 학생들에게 제시할 때 매우 유용하게 사용할 수 있습니다.

6 보드로 소통하기

보드 기능을 활용하면 수업 안에 담벼락 형태의 게시판을 만들 수 있습니다. 이 공간은 학생들이 주제별로 글을 작성하고, 댓글을 달거나, 반응을 추가하는 등 소통 공간으로 활용할 수 있습니다. 주제별이나 모둠별로 칼럼을 만들면 팀 프로젝트 학습을 수행할 수 있습니다.

이 외에도 여러 가지 기능이 있지만 제가 느꼈던 코들의 두드러지는 부분은 학습 분석 기능이었습니다.

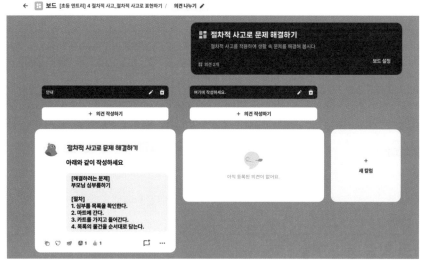

그림 5-3-3 **보드**

학습 분석이란?

학습 분석(Learning Analytics)이란 데이터를 기반으로 학습에 대한 진단과 처방을 내리는 과정을 의미합니다. 기술이 지원하는 교실 현장에서 학습 분석은 어떤 역할을 할까요? 교사가 그저 직관적으로 아이들에게 처방을 내리는 게 아니라 객관적인 데이터에 근거해서 학생에게 적합한 진단과 처방을 내릴 수 있습니다. 저는 교실에서 학습 분석의 역할을 세 측면으로 바라보고 있습니다.

첫 번째는 진단입니다. 학습 분석 기능을 통해 교사는 학생들이 현재 어떤 수준에 있는지, 학습의 어느 단계에서 어려움을 겪고 있는지 진단할 수 있습니다. 이를 통해 교사는 학생 개개인의 학습 상황을 실시간으로 파악하고, 필요할 경우 즉각적인 개입이 가능합니다. 학생들의 학습 진도, 활동 참여도, 퀴즈 성적 등 다양한 정보를 종합적으로 분석하여 학습의 문제점을 빠르게 진단할 수 있습니다.

두 번째는 처방입니다. 학습 분석을 기반으로 교사는 각 학생에게 맞춤형 처방을 내릴 수 있습니다. 예를 들어, 학습 진도가 느린 학생에게는 보충 자료를 제공하거나, 이해도가 높은 학생에게는 심화 과제를 부여하는 등의 차별화된 지도가 가능합니다. 이를 통해 학생 개개인의 학습 격차를 줄이고, 모두가 학습 목표에 도달할 수 있도록 돕습니다.

세 번째는 수업 개선입니다. 교사는 수업이 지닌 문제점을 파악하고, 이를 개선하는 데 필요한 정보를 얻을 수 있습니다. 예를 들어, 수업 진행 속도가 너무 빠르거나 특정 활동에서 많은 학생이 어려움을 겪는 경우, 이를 바탕으로 수업 방식을 조정하거나 설명을 보충할 수 있습니다. 이러한 분석은 수업의 질을 높이고, 학생들의 학습 효과를 극대화하는 데 기여합니다.

코들의 학습 분석 기능

코들은 실시간 활동 분석 기능과 기상캐스터 대시보드를 제공합니다. 교사는 학급의 학습 상태를 실시간으로 모니터링하고, 필요에 따라 수업을 조정할 수 있습니다.

1 활동 분석

활동 분석 도구는 각 학생이 수행한 학습 활동에 대한 상세한 정보를 제공합니다. 교사는 학생들이 특정 활동에서 얼마나 시간을 보냈는지, 어떤 활동에서 정체되고 있는지, 퀴즈 결과와 코딩 실습 성과 등을 한눈에 확인할 수 있습니다. 이러한 분석 자료를 통해 교사는 학생들의 학습 상태를 명확히 파악하고, 수업 중 어떤 부분에서 추가적인 설명이나 지원이 필요한지를 쉽게 알 수 있습니다.

2 기상캐스터 대시보드

교실 오케스트레이션(Classroom Orchestration)은 교사가 수업 중에 발생하는 다양한 학습 활동을 실시간으로 분석, 관리, 조정하여 학생들의 학습 성취를 극대화하는 교육 방법을 의미합니다. 이는 마치 오케스트라의 지휘자가 각 악기의 역할과 타이밍을 조정하여 전체적인 음악의 조화를 끌어내는 것과 같은 원리입니다. 교실 오케스트레이션은 다양한 도구와 데이터를 활용해 학생들의 학습 상태를 실시간으로 모니터링하고, 필요할 경우 즉각

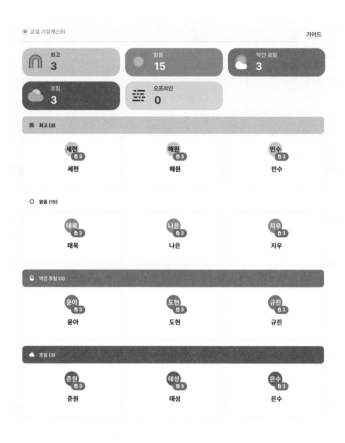

그림 5-3-4 **기상캐스터 대시보드**

적인 조치를 취하여 학습의 흐름을 원활하게 유지하는 것을 목표로 합니다.

코들의 기상캐스터 대시보드는 교실 오케스트레이션을 지원하는 도구입니다. 이 대시보드를 통해 저는 실시간으로 학생들의 학습 상황을 시각적으로 확인할 수 있었고, 학생들이 학습 과정에서 겪는 문제를 빠르게 파악할 수 있었습니다.

저에게는 대시보드를 통해 개입하는 두 가지 대표적인 상황이 있었습니다. 첫 번째 상황은 대부분의 아이들이 코딩에 집중하는 동안 한 아이는 빠르게 정리문제를 풀고 있었던 상황이었습니다. 저는 그 아이가 코드를 제대로 작성했는지 제출한 코드를 세심하게 검토할 수 있었고, 코드가 제대로 작성되지 않은 채 활동을 그냥 넘긴 것을 확인할 수 있었습니다.

다른 한 가지 상황은 절반인 40%~50%의 아이들이 문제를 해결하고 넘어갔지만, 나머지 아이들이 문제를 해결하고 있지 못하는 상황에서, 아이들이 또래 교수의 방법을 통해 문제 해결을 돕도록 한 것이었습니다. 이처럼 대시보드는 선생님의 개입과 활동의 조정을 불러올 수 있습니다.

학습 분석 디지털 도구가 교사에게 주는 시사점

지금까지 살펴본 것처럼 코들은 실습형 코딩 교육 도구인 동시에 학습 분석을 지원하는 디지털 도구입니다. 이러한 도구는 다음과 같은 시사점을 가집니다.

1 개별 맞춤형 학습의 가능성 확대

실시간 학습 분석은 각 학생의 학습 상태와 성취도를 면밀히 파악할 수 있게 합니다. 교사는 학습이 더딘 학생에게는 추가적인 지원을, 학습 속도가 빠른 학생에게는 심화된 학습 기회를 제공하여, 개별 맞춤형 학습을 더욱 효과적으로 구현할 수 있습니다. 이는 학생들 간 학습 격차를 줄이고, 많은 학생이 학습 목표를 달성할 수 있는 기반을 마련해줍니다.

2 교사의 주도성 강화와 수업 개선

앞서 소개한 사례처럼 학습 분석 도구는 교사가 수업 중 실시간으로 데이터를 활용하여 수업의 방향을 조정할 수 있도록 돕습니다. 저는 여기서 교사의 주도성이 발휘되었다고 생각합니다. 자동차의 비유로 들어보자면, 데이터가 방향을 제시하는 내비게이션이라고 한다면 교사의 주도성은 수업을 더 높은 수준으로 끌고 가는 핸들과 액셀이라고 할 수 있겠습니다.

3 하이터치 하이테크 교육의 실현

하이터치 하이테크 교육이란, 첨단 기술을 활용하여 개인별 맞춤형 창의적 학습을 이끄는 것을 의미합니다. 학생들의 학습 데이터를 기반으로 수준과 속도에 맞는 개별화된 맞춤형 지식 이해 교육을 구현하는 것이 하이테크이고, 프로젝트, 토론 등의 다양한 창의적 활동을 통해 학생들의 주도성과 역량을 함양시키는 교육이 하이터치라고 할 수 있습니다.

하이터치 하이테크 교육을 실현하는 데 중요한 역할을 하는 기술이 바로 학습 분석 기술입니다. 교사는 학습 분석 기술의 힘을 빌려 학생들의 개별적인 학습 상태를 상세하게 파악할 수 있고, 이를 바탕으로 학생 한 명 한 명에게 필요한 맞춤형 지도를 제공할 수 있습니다.

Q. 학습 분석 외에도 교사의 주도성을 돕는 코들의 다른 특징이 있나요?

A. 코들의 학습 분석 대시보드가 교실의 상황을 제시하면 교사는 수업을 재구성할 필요성을 느낄 수 있습니다. 수업 재구성은 콘텐츠를 추가, 수정, 삭제, 순서 변경하는 행동으로 나타나는데요. 코들의 콘텐츠 라이브러리에서는 초중등 정보 수업에 필요한 오리지널 콘텐츠뿐 아니라 다른 선생님이 직접 만든 수업 자료를 가져올 수 있습니다. 가져온 수업 콘텐츠는 그 순서와 내용을 삭제하거나 바꿀 수도 있습니다. 여기에서도 교사의 주도성이 발휘될 수 있습니다.

그림 5-3-5 **콘텐츠 라이브러리**

그림 5-3-6 **수업 재구성 기능**

준비는 간단하게, 수업은 똑똑하게

수업 전 자료를 배부 및 수업 재구성까지!
상황에 맞게 자유롭게 교실을 구성할 수 있습니다.

수업 중 다양한 학습 활동부터 실시간 학습 분석까지!
막힘없이 수업이 진행될 수 있도록 도와드립니

수업 재구성
수업 활동 추가, 재배치 등
콘텐츠 재구성을 지원합니다.

AI 퀴즈 자동 생성
PDF 수업 자료를 AI가 읽고,
퀴즈를 자동으로 추가합니다.

기상캐스터
학습 진행 상황을 실시간으로
확인하여 학습을 지원합니다.

교사

인쇄 모드를 지원합니다.

수업 자료 재구성　　　　**AI 문항 생성**　　　　**수업 중**　　　　**개념 활동**

🖥 교안　📄 PDF

수업 전　　**수업 화면**　　　　**목표 설정**　　　　**수업 활동**　　　　**탐구 활동**

 동영상　🌐 URL　📋 보드

🐍 파이썬　　🔷 엔트리
🟠 메이크코드　📝 활동지

학생

선생님만 볼 수 있도록
비밀 글로도 작성할 수 있습니다.

달성 보드
학생은 스스로 대단원의 목표를 설정하고,
목표에 대한 응원을 받을 수 있습니다.

보드 활동
의견을 교환할 수 있는
게시판을 만듭니다.

학생

수업 후

수업 진행 후 부족한 부분을 돌아볼 수 있도록 배운 내용을 점검하고,
전반적인 학습 분석 결과를 확인할 수 있습니다.

실시간으로 학생들의 활동 현황을
확인할 수 있습니다.

지 분석 대시보드

파이썬 분석 대시보드

교실 요약

교실 전반의 분석 결과를
확인할 수 있습니다.

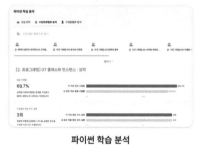

파이썬 학습 분석

파이썬 실습 분석과 데이터 확인에
특화된 대시보드입니다.

교사

🐍 파이썬　📋 퀴즈　📝 활동지

점검, 평가

학습 분석

생활기록부 작성

AI 학습 도우미

오류가 발생하면, 오류의 원인을 설명하고,
단계적으로 해결 방법을 제시합니다.

수업 후

복습하기

종합적 성취 수준 파악

선생님들도 AI 분석툴을 활용해
생활기록부를 작성할 수 있습니다.

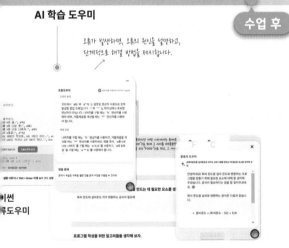

이썬
류도우미

프로그램 작성을 위한 알고리즘을 생각해 보자.

활동지 AI 튜터

글쓰기가 막힐 때, 활동 주제와
맥락에 맞게 제안합니다.

공부방 활동

스스로 학습할 수 있도록
틀린 문제를 다시 풀어볼 수 있습니다.

AI 분석톡

학생별 성취도 분석을 통해
개인별 추가 학습 방향을 제시합니다.

• **교과 내용 문의**

이메일: hanemail@kumsung.co.kr
연락처: 02-2077-8272

• **AIDT 문의**

이메일: aidt@team-mono.com
연락처: 070-7666-9959

종이 시험지의 종말: 메타버스 게임으로 학업성취도 확인 가능할까

기안초
허시영

종이 시험지 앞에서 작아지는 우리

'평가'라는 단어를 들었을 때 머릿속에 떠오르는 이미지는 무엇인가요? 대한민국에서 학창 시절을 보낸 이라면 높은 확률로 '시험'이라는 단어를 가장 먼저 떠올릴 것입니다. 하지만 교실에서 학생들의 학업 이해도와 성취도를 정확히 평가하기란 결코 쉬운 일이 아닙니다. 따라서 대부분의 경우 종이로 시험을 치르는 가장 오래되었지만, 확실한 방법을 선택하게 됩니다. 하지만 시험을 통해 성장한 우리는 이미 알고 있습니다. '시험'이라는 일회성의 관문이 교사와 학생 모두에게 얼마나 힘겨운 일인지 말입니다. 시험(이하 지필평가)은 오랜 시간 동안 신뢰받아 온 평가 방법이지만, 동시에 여러 가지 한계점이 존재합니다.

먼저, 지필평가는 학생들의 학업 성취도를 단일한 시간과 방식으로 측정합니다. 학생 개인의 학습 과정이나 이해 수준은 다양한 방식으로 표현될 수 있음에도 불구하고, 일회성 시험은 정해진 틀 안에서만 그들의 역량을 평가합니다. 이는 특히 긴장감이 높거나 시험 불안이 있는 학생들에게 불리하게 작용합니다. 평소 수업에 적극적으로 참여하고 과제를 성실히 수행해 온 학생이라도, 시험 날 컨디션이나 긴장 상태에 따라 실제 실력을 발휘하지 못할 가능성이 있습니다.

또한, 지필평가는 학생 개개인의 정성적 요소를 반영하기 어려운 구조입니다. 학생의 창의력, 문제 해결 과정, 그리고 협업 능력 등은 시험지에 적힌 객관식 또는 단답형 문항으로는 온전히 드러날 수 없습니다. 이로 인해 시험 결과는 학생의 일면만을 보여주는 단편적인 자료로 전락할 수 있으며, 이는 학습자와 교사 모두에게 아쉬움을 남길 수 있습니다.

교사 입장에서도 지필평가 준비는 상당한 부담으로 다가옵니다. 시험을 준비하는 과정에서는 평가의 공정성을 유지하기 위해 문항 변별력, 난이도, 범위 등을 면밀히 검토해야 하며, 시험 후에는 수십에서 수백 장의 시험지를 채점해야 하는 번거로운 과정이 뒤따릅니다. 이 과정에서 발생하는 시간적, 정서적 소모는 결코 적지 않습니다. 또한 교사는 평소 학생들의 학업 능력과 성향, 학습 습관 등에 대해 파악하고 있기 때문에 단순히 시험 점수만으로는 그들의 진짜 실력을 확인할 수 없음을 잘 압니다.

학생들의 입장에서도 지필평가는 도전적입니다. 시험을 앞둔 학생 대부분은 긴장감이나 자신과 타인 간의 비교에서 오는 스트레스를 호소합니다. 또는 여러 가지 상황적 요인으로 인해 기대만큼의 결과가 나오지 않았을 때는 무력감과 상실감을 느끼기도 합니다.

이렇듯 시험은 단순한 평가 이상의 무게를 지니며, 학생들과 교사 모두에게 중요한 의미를 가집니다. 이 과정은 때때로 부담스럽고 스트레스가 가중되는 경험으로 남기도 합니다.

평가 방식의 새로운 대안: 메타버스 'ZEP'

이처럼 전통적인 평가 방식이 갖는 한계를 극복하기 위한 효과적인 평가 방식이 도입된다면 많은 수요가 있을 것으로 예상됩니다. '메타버스 플랫폼; ZEP(이하 ZEP)'을 활용한 평가는 기존의 종이 시험지 중심 평가 방식에 신선한 대안이 될 수 있습니다.

ZEP은 누구나 자유롭게 메타버스 공간을 제작하고 활용할 수 있는 플랫폼입니다. 오피스 공간, 강의실, 교실 등 다양한 목적에 맞는 가상 공간을 제작할 수 있으며, 개인과 단체가 비대면으로 소통하고 협업할 수 있는 환경을 제공합니다. 사용자는 자신만의 아바타로 공간에 참여하고 채팅, NPC와의 상호작용, 이미지 및 영상 공유 등을 할 수 있습니다.

교육 현장에서는 ZEP을 활용해 학생들의 학업 성취도를 평가하는 데 사용할 수 있습니다. 특히, 차시나 단원에 대한 형성평가 또는 총괄평가를 ZEP에서 게임 형식으로 진행한다면, 학생들의 몰입을 높이는 동시에 시험에 대한 불안감을 완화하는 효과를 기대할 수 있습니다.

직접 교실에 적용해 본 결과, ZEP은 교사와 학생 모두에게 새로운 가능성을 제공하는 혁신적인 플랫폼이었습니다. 먼저 교실을 디지털 공간으로 확장하여 학생들에게 친숙하면서도 흥미로운 학습 환경을 제공합니다. 게임과 가상공간에 익숙한 학생들에게 전통적인 교실에서 벗어난 새로운 형태의 교실은 그 존재 자체만으로 수업의 참여도와 활기를 북돋기에 충분했습니다. 아무리 훌륭한 에듀테크 프로그램일지라도 교사가 학급에서 활용하기에 자유도가 떨어진다면, 현장에 적용하기 어렵습니다. 이러한 관점에서 보자면 ZEP은 교사의 평가 부담을 줄임과 동시에 현장 적합성이 뛰어난 프로그램이었습니다.

메타버스에서의 단원평가: 새로운 경험, 새로운 효과

ZEP을 활용한 평가 방식의 가장 큰 장점은 '시험'이라는 무게감을 덜어준다는 점입니다. 학생들은 메타버스 공간 안에서 개별 아바타를 활용해 자유롭게 이동하며 평가 문항을 풉니다. 기존의 종이 시험지 대신 가상공간에서 진행되는 이 방식은 학생들에게 더욱 흥미로운 경험을 제공합니다. 학생들은 시험에 대한 긴장감이 줄어드는 동시에 가상 세계에서의 몰입도를 높이며 문제 풀이에 집중하게 됩니다.

교사 입장에서도 ZEP은 여러 이점을 제공합니다. 첫째, 채점을 자동화할 수 있습니다. 교사는 가상 맵 곳곳에 평가 문항을 배치하고 학생들이 해당 위치에서 문제를 풀이하며 이동하는 형태로 단원평가를 진행할 수 있습니다. 이는 전통적인 시험지 채점 과정에서 발생하는 번거로움이나 시간이 절약되는 장점을 제공합니다. 특히 객관식과 단답형 문항에 유리한 채점 방식으로 더 빠르고 정확한 채점이 가능합니다. 즉, 학생들의 답안을 일일이 점검하지 않아도 ZEP의 자동화 기능이 채점 과정을 대체해 교사의 업무 부담을 줄여준다는 뜻입니다.

둘째, ZEP은 학생들의 활동 상황과 진행 상태를 실시간으로 확인할 수 있는 기능을 제공합니다. 교사는 학생들이 문제를 제대로 풀이하고 있는지, 어떤 문제에서 어려움을 겪고 있는지를 즉각적으로 파악할 수 있습니다. 이는 시험 후 따로 결과를 분석하는 시간을 절약하게 돕습니다.

셋째, 감독의 부담이 감소합니다. 메타버스 환경에서 학생들이 자연스럽게 문제를 풀도록 설계된 맵은 부정행위를 어렵게 만듭니다. 또한 평가 중 학생의 위치와 활동이 기록, 저장되므로 부정행위에 대한 사후 검토가 가능합니다.

넷째, 출제 과정이 경제적입니다. 종이 시험지로 평가를 준비할 때는 인쇄, 배포, 채점 등을 포함한 여러 사전, 사후작업이 필요합니다. 반면 ZEP에서는 교사가 가상공간에 문제를 배치하고 간단한 설정을 통해 시험을 시작할 수 있습니다. 불필요한 인쇄와 배포 작업이 줄어들며, 뒤늦게 문항의 오류를 수정할 때 모든 시험지를 회수해야 하는 번거로움이 없습니다. 그저 맵 설정에 접속하여 문항을 수정하면 됩니다. 즉, 평가 과정 전반에 소요되는 준비시간이나 행정적인 낭비가 줄어듭니다.

다섯째, 개별 학생에 대한 데이터 수집과 분석이 가능합니다. 교사는 문항에 대한 학생들의 정오뿐만 아니라 풀이에 소요된 시간 등을 자동으로 집계할 수 있습니다. 이를 기반으로 성취도 분석과 문항 난이도 조정, 향후 개별 피드백의 과정을 수월하게 진행할 수 있습니다.

ZEP의 가장 큰 강점은 누구나 손쉽게 메타버스 공간을 설계하고 활용할 수 있다는

그림 5-4-1 **ZEP을 활용하고 있는 모습**

것입니다. 누구나 하나의 아바타로 메타버스 공간에 참여하여 채팅할 수 있다는 점, NPC나 이미지, 영상을 공유할 수 있다는 점에서 비대면 커뮤니케이션이 자연스러워진 요즘에 제격인 플랫폼이라 생각됩니다. 저는 교과 진도를 마친 후 학생들의 이해도를 평가하기 위해 ZEP을 활용했습니다. 흔히 말하는 '단원평가'를 메타버스 게임으로 치르는 셈입니다. 결론부터 말하자면, ZEP을 이용한 평가는 학생들의 집중력을 배가시킴과 동시에 시험 불안을 완화하는 효과가 있었습니다. 동시에 기존의 지필평가보다 효율적인 방식으로 학생들의 학업 성취도를 측정할 수 있었습니다.

교사로서 ZEP을 활용한 평가를 설계하면서 유용하다고 느꼈던 핵심 기능을 소개하겠습니다.

1 게임 기반 평가 환경 구축

ZEP에서는 교사가 직접 설계한 가상공간 안에서 평가가 이루어질 수 있습니다. 필자는 학생들이 학습한 내용을 바탕으로 문제를 출제하고, 이를 ZEP의 가상 맵 곳곳에 배치했습니다. 예를 들어, 학생들이 특정 장소에 도달해야만 문제를 풀 수 있도록 설계하여, 문제 풀이 과정이 마치 모험 게임처럼 느껴지도록 했습니다.

학생들은 자신의 아바타를 조작하며 문제를 풀어야 했고, 이는 시험이라는 전통적인 상황에서 느껴지는 긴장감을 완화하는 데 도움이 되었습니다. 특히 스스로 커스터마이징 할 수 있는 캐릭터가 있다는 점, 퀘스트형의 미션이라는 점 등 학생들이 평소에 접하는 게

그림 5-4-2 ZEP을 활용해 게임에 참여한 모습

그림 5-4-3 ZEP을 활용해 문제 풀이하는 모습

임과의 유사성이 시험 불안을 해소하는 데 효과적이었습니다. 이와 같은 게임 형식을 통해 학생들이 스스로 평가 과정을 주도할 수 있었기 때문에 학생들로부터 시험에 대한 거부감이 줄어든다는 반응을 들을 수 있었습니다.

② 실시간 참여 및 모니터링

ZEP의 또 다른 중요한 기능은 실시간 참여와 모니터링입니다. ZEP은 기본적으로 11명 이상의 사용자가 동시에 접속할 경우 유료 멤버십이 필요합니다. 평가가 진행되는 동안 교사는 학생들의 아바타 움직임과 활동 기록을 실시간으로 확인할 수 있습니다. 감독자의 관점에서 학생들의 참여와 활동을 관전하고 피드백하는 방식을 취하거나, 교사 또한 아바타를 만들어 학생과 함께 게임에 참여하는 방식을 취할 수 있습니다. 이로 인해 학생 개개인의 시험 진행 상황을 한눈에 파악할 수 있었고, 추가적인 도움이나 피드백이 필요한 경우 적시에 개입할 수 있었습니다.

③ 평가 결과 자동화 및 피드백 제공

전통적인 종이 시험에서는 채점과 성적 입력 과정이 교사의 업무 부담으로 작용합니다. 그러나 ZEP을 활용하면 평가 결과를 자동으로 집계할 수 있어 시간이 크게 절약됩니다. 또한, 플랫폼 내에서 학생별 맞춤 피드백을 제공할 수 있는 가능성도 열려 있습니다.

학생들은 시험 결과와 더불어 자신이 어떤 부분에서 실수를 했는지, 어떤 영역을 더 공부해야 할지를 즉각적으로 확인할 수 있었습니다. 이는 학습 동기를 높이고 자기주도 학습을 촉진하는 데 효과적이었습니다.

기대효과 및 성과

ZEP을 활용한 단원 마무리 수업을 진행한 후, 예상했던 여러 가지 장점과 기대효과를 확인하였습니다. 먼저, 학생들은 기존의 시험과는 전혀 다른 형식에 흥미를 느꼈습니다

다. '시험'과 '평가'라는 단어가 주는 부담감을 덜어내고, 마치 게임을 하듯 평가를 경험할 수 있었습니다. 사전에 학생들에게 해당 수업 시간이 단원을 마무리하는 평가적 성격을 띠고 있음을 충분히 안내하고 진행하였음에도 불구하고, 시험이라는 부담감을 느끼기보다는 퀘스트와 플레잉이라는 게이미피케이션 요소에 더 집중하는 모습이 관찰되었습니다.

한 학생은 "평소 시험을 보면 너무 긴장돼서 제대로 풀지 못하는데, ZEP에서는 게임을 하면서 문제를 푸는 느낌이라 훨씬 재미있고 덜 부담스러웠습니다"라고 말했습니다. 또 다른 학생은 "아바타를 움직이는 과정이 재미있어서 시험을 보는 것 같지 않았어요"라며 긍정적인 반응을 보였습니다. "종이 시험지를 집에 가져가서 부모님께 검사를 받지 않아도 돼서 좋다"는 학생도 있었습니다. 학생들의 피드백을 종합하면, ZEP을 활용한 평가 방식은 시험에 대한 학생들의 심리적 부담을 줄이고 학습 몰입도를 높이는 데 효과적임을 알 수 있었습니다. 물론 기존의 평가 방식이 아니라 낯설었다는 평 역시 있었습니다. 해당 학생은 글씨를 쓰지 않으니 실제로 평가를 치른다는 느낌이 들지 않아 낯설었다고 덧붙였습니다. 새로운 평가 방식에 대한 적응 또한 필요하다고 느낀 지점이었습니다.

교사로서도 ZEP을 통해 평가의 새로운 가능성을 확인할 수 있었습니다. 무엇보다 학생들의 활동 상황과 게임 진행도를 실시간으로 관찰할 수 있었기 때문에, 평가의 객관성과 공정성을 동시에 확보할 수 있었습니다. 또한, 기존의 시험보다 채점 부담이 적었고, 학생 개개인의 학업 성취도를 더욱 직관적으로 파악할 수 있었습니다.

ZEP의 한계와 가능성

물론, ZEP을 활용한 평가에도 여전히 난이도 조절, 출제 범위 선정 등 기존 평가 방식의 고민이 그대로 적용됩니다. 학습자 분석을 통해 평가 대상을 파악하고 적절한 문항을 개발하는 것은 교사가 고유하게 해야 하는 일입니다. ZEP을 활용한 평가는 그다음 단계인 시험지 제작, 인쇄 및 배포, 정오 확인 및 수정 작업에서의 번거로움을 줄여주는 수준입니다. 하지만 평가 문항 개발은 교사가 당연히 해야 할 부분이라는 점을 염두에 둔다면, 출제

이후 평가지 배포까지의 과정에서의 수고로움을 더는 것은 상당히 의미 있는 일입니다.

또한 ZEP을 활용한 평가는 학습자의 접근성을 확장시키며 평가 내용과 형식의 유연화를 도모할 수 있다는 점에서 전통적인 시험 방식의 대안이 될 수 있습니다. 전통적인 시험은 시공간의 제약을 받습니다. 가령 시험지를 배포하고 감독해야 하며, 학습자는 반드시 시험장이라는 물리적 공간에 있어야 합니다. 하지만 ZEP과 같은 플랫폼은 가상공간이기 때문에 학습자가 상황에 따라 어디서나 시험을 치를 수 있습니다. 교실에서 평가를 실시하는 날 가장 난감한 부분 중 하나가 바로 결석생의 평가입니다. 교사는 해당일에 결석한 학생을 위하여 비슷한 난이도의 새로운 문항을 출제해야 하며, 학생들에게 문제 유출이 발생하지 않도록 주의해야 합니다. ZEP을 활용한 평가는 이와 같은 문제점을 해소할 수 있습니다. 결석한 학생 또한 불가항력적인 상황이 아니라면 개인의 스케줄에 맞춰 다른 학생들과 동일한 날짜에 평가를 치를 수 있습니다. 또한 원격 학습 상황에서도 효과적인 평가가 가능하기 때문에 학습 환경의 다양성에 대비할 수 있습니다.

또한 종이 시험지는 주로 텍스트와 정적인 문제가 출제되는 데 반해 ZEP에서는 텍스트 이외의 이미지, 영상, 오디오 등 다양한 매체를 활용한 문제 출제가 가능합니다. 게임 형식으로 문제를 배치하여 단순 암기 중심이 아닌 문제 해결력을 측정할 수 있습니다. 이러한 측면에서 보자면 평가 내용과 방식이 전통적 평가에 비해 더 유연하다고 판단됩니다.

종이 시험지의 종말과 디지털 평가로의 전환

ZEP과 같은 메타버스 플랫폼을 활용한 평가는 단순히 새로운 시도가 아닙니다. 이는 교실 안에서 더 나은 학습 경험을 창출하고 평가를 보다 공정하고 효율적으로 만들어가는 과정입니다. 메타버스 플랫폼의 유연하고 창의적인 활용은 학생들에게 더 친절한 평가 방식을 제공하며, 교사의 업무 부담을 줄이는 데도 기여합니다.

물론 ZEP이 11명 이상의 사용자가 동시 접속하려면 유료 멤버십이 필요하다는 점은 고려해야 하지만, 그만큼의 가치를 충분히 제공합니다. 특히 학생들의 정성적 요소를 반영할 수 있고, 기존 평가 방식의 고정관념에서 벗어나 새로운 가능성을 탐구할 수 있다는 점에서 주목할 만합니다. 종이 시험지를 넘어 메타버스 게임으로 진행되는 평가는 교실 내에서 학생들의 호기심과 집중력을 자극하며, 교육의 본질적인 목표인 학습 동기 부여와 성취감을 함께 제공할 수 있는 강력한 도구가 될 것입니다.

앞으로의 교실에서는 더 이상 빨간 색연필에 울고 웃는 장면이 사라질 것입니다. 대신 아바타를 통해 가상공간을 탐험하고, 문제를 해결하며 학습 성과를 평가하는 새로운 방식이 주류가 될 것입니다. ZEP은 그 첫걸음을 내딛는 데 있어 탁월한 도구로 자리 잡을 준비가 되어 있습니다. 빨간 동그라미와 작대기가 어우러진 종이 한 장에 누군가의 기쁨과 슬픔이 공존하는 애잔한 모습이 사라지길 기대합니다.

활용 상의 주의 사항 및 TIP

1 동시접속 인원 관리

ZEP은 무료 이용이 가능했던 출시 초반과 달리 현재 Free를 비롯한 4가지 플랜이 정착된 상황입니다. 무료 플랜은 최대 10명까지 동시접속이 가능합니다. 대부분의 학급은 10명을 초과하는 경우가 많기 때문에 이 부분이 ZEP을 사용하는데 가장 큰 장벽으로 작용할 수 있습니다. 이 문제점은 다음과 같은 두 가지 방식으로 해결할 수 있습니다.

첫째, 학교 예산을 사용해 유료 플랜을 구독합니다. 학교 현장에서 유용한 각종 에듀테크 툴이 보급되면서 정보 예산 중 일부를 프로그램 구독에 사용하는 학교가 늘고 있습니다. 마찬가지의 사례처럼 ZEP을 학교 예산으로 구독하여 학급 내 전 인원이 동시접속할 수 있도록 만들 수 있습니다.

둘째, 모둠별로 다른 맵에 접속하도록 합니다. 이는 평가에 앞서 같은 난이도의 문항이 출제된 여러 평가지를 준비하는 것과 같은 맥락입니다. 유사한 난이도의 문항이 배치된 맵을 설계하여 모둠별로 각기 다른 맵에 접속하게 한다면, 동시접속 가능 인원 문제를 해결함과 동시에 부정행위를 방지하고 평가의 공정성을 도모할 수 있습니다.

❷ 평가 콘텐츠의 효율적 배치

ZEP의 맵 에디터를 활용하여 평가 문항을 맵 내의 다양한 위치에 배치해야 합니다. 이는 학생의 흥미 유발과 동기 부여에 도움이 됩니다. 과도한 오브젝트나 복잡한 디자인은 가독성이 떨어지며 시스템 부하를 증가시킬 수 있으므로 적절한 수준에서 평가 콘텐츠를 배치하는 것이 좋습니다.

❸ 평가 환경의 기술적 안정성 확보

메타버스 환경은 안정적인 인터넷 연결과 디바이스 성능에 의존합니다. 즉, 인터넷 속도가 느리거나 디바이스가 오래된 경우 접속 오류나 지연이 발생할 수 있습니다. 따라서 본격적으로 평가를 시작하기 전 학생들에게 충분한 준비시간을 주어야 합니다. 이 시간 동안 교사는 모든 학생이 안정적으로 접속했는지를 확인하고 학생들에게 접속 오류나 지연이 발생할 경우의 대처 방법에 대해 설명합니다. 이는 학생들의 평가 환경을 동일하게 세팅하여 평가의 공정성을 기하고 돌발상황에 대해 침착한 대응을 하기 위함입니다.

이러한 주의 사항과 팁을 고려하여 ZEP을 활용하면, 학생들에게 더욱 흥미롭고 효과적인 평가 환경을 제공할 수 있습니다.

Youtube 360°를 활용한 세계여행 프로젝트 수업하기

청암초
한의표

최근 기술 발전의 가속화와 더불어 교육 현장에서의 VR(가상현실), AR(증강현실) 기기 활용 가능성에 대한 기대가 높아지고 있습니다. VR과 AR 기기는 학생들에게 현실과 유사한 체험형 학습을 제공하며, 기존의 수업 방식으로는 경험하기 어려운 세상을 탐험할 수 있는 창을 열어줍니다. 특히 교육 현장에서 가상 체험의 가능성은 학생들의 몰입도를 높이고, 창의적 사고를 촉진할 수 있다는 점에서 주목받고 있습니다. 하지만 이러한 기기들의 실제 교실 도입은 여전히 해결해야 할 여러 도전 과제를 안고 있습니다.

VR 기기와 같은 최첨단 기술 도입의 가장 큰 장애물 중 하나는 바로 높은 비용과 기술적 진입장벽입니다. 대부분의 학교가 제한된 예산으로 운영되는 상황에서 고가의 VR 기기를 도입하기란 현실적으로 어려운 일입니다. 또한, 기술의 복잡성으로 인해 교사와 학생 모두 이러한 도구를 사용하는 데 많은 시간이 소요될 수 있으며, 일부 교사들에게는 기술 활용에 대한 부담감을 증가시킬 우려도 있습니다. 따라서 기술 자체는 매력적이지만, 교육 현장에서 이를 실질적으로 활용하기 위해서는 경제적이고 접근 가능한 대안이 필요합니다.

이러한 고민 속에서 기존의 복잡하고 고가의 VR 기기를 대체할 수 있는 실질적이고 효과적인 방법을 모색했습니다. 그 결과, Youtube 360° 영상과 구글 카드보드라는 간단하지만, 강력한 조합을 활용한 수업 방안을 개발하게 되었습니다. Youtube 360° 영상은 쉽게 접근할 수 있는 플랫폼으로, 인터넷만 연결되어 있으면 누구나 무료로 사용할 수 있습니다. 또한, 구글 카드보드는 저렴하면서도 간단한 구조 덕분에 누구나 쉽게 사용할 수 있는 VR 체험 도구입니다. 이 두 가지를 결합함으로써 학생들에게 마치 세계 각지의 현장을 직접 여행하는 듯한 생생한 경험을 제공할 수 있었습니다.

특히, 지금 소개하려는 프로젝트 수업은 단순히 기술을 사용하는 데 그치지 않고, 학생들이 가상 체험을 통해 얻은 지식을 다른 학문 분야와 연결하도록 유도합니다. 예를 들어, 학생들은 360° 영상을 통해 세계 주요 대륙과 대양의 특징을 탐구하고, 이 경험을 바탕으로 감상문을 작성하거나 풍경화를 그리는 활동에 참여합니다. 이러한 접근은 학생들의 시각적, 창의적 사고를 동시에 자극하며, 학문 간 융합 학습의 효과를 극대화할 수 있습니다.

또한 저는 이러한 프로젝트 수업을 모델화하여 다른 교사들이 쉽게 따라 할 수 있도록 연구하고 있습니다. Youtube 360° 영상의 활용 가이드라인에 적합한 채널 추천, 구글 카드보드의 사용법, 그리고 학습 목표에 맞춘 교수법 등을 체계적으로 정리하고 공유함으로써, 더 많은 교사가 이러한 방식을 활용할 수 있도록 돕고자 합니다. 이를 통해, 기술적 한계를 극복하고도 효과적인 학습 경험을 제공할 수 있는 방법이 교실 현장에서 더욱 널리 확산되기를 기대합니다.

결론적으로, Youtube 360° 영상과 구글 카드보드를 활용한 수업은 비용 효율성과 접근성을 동시에 충족시키며, 학생들에게 새로운 배움의 장을 열어줍니다. 이러한 노력이 교육 현장에 기술의 진입장벽을 낮추고, 누구나 쉽게 활용할 수 있는 에듀테크 모델을 제시하는 데 기여할 수 있기를 바랍니다. 그럼, 지금부터 본격적으로 사용한 핵심 기능 및 활용 방법에 대해 살펴보겠습니다.

본 수업은 다음과 같은 성취 기준과 함께 크게 4단계로 이루어집니다.

교육과정 성취 기준		수업 단계
[6사 07-02] 여러 시각 및 공간 자료를 활용해 세계 주요 대륙과 대양의 위치 및 범위, 대륙별 주요 나라의 특징을 탐색한다.	1단계	5대양 6대륙의 다양한 삶의 모습에 대해 탐구하기
[6사 07-02] 여러 시각 및 공간 자료를 활용해 세계 주요 대륙과 대양의 위치 및 범위, 대륙별 주요 나라의 특징을 탐색한다.	2단계	여행하고자 하는 나라를 선택하고 사전 조사하기
[6사 07-03] 세계 주요 기후의 분포와 특성을 파악하고, 이를 바탕으로 기후 환경과 인간 생활 간의 관계를 탐색한다.	3단계	Youtube 360°를 통해 VR Tour를 진행하고 감상문 쓰기
[6사 07-03] 세계 주요 기후의 분포와 특성을 파악하고, 이를 바탕으로 기후 환경과 인간 생활 간의 관계를 탐색한다.	4단계	여행 중 인상 깊었던 장면을 풍경화로 그리기

이번 글에서는 이 중 3단계인 'Youtube 360°'를 통해 VR Tour를 진행하고 감상문 쓰기'에 초점을 맞추어 소개하고자 합니다.

Youtube 360° 영상으로 세계를 탐험해요

Youtube 360° 영상은 학생들에게 실감 나는 학습 환경을 제공합니다. 학생들은 세계 각국의 풍경과 문화를 마치 현장에 있는 것처럼 경험할 수 있습니다. 특히 PAVV 360 채널의 여행 영상은 뛰어난 화질과 세밀한 가이드를 제공하여 학습 효과를 극대화합니다. 또한 National Geographic 다큐멘터리 채널에서 제공하는 다양한 360° 영상들은 바닷속, 화산 근처 등 미지의 장소까지 실감 나게 여행할 수 있도록 도와줍니다. 학생들은 영상 속 여행지를 탐험하며 해당 지역의 특성과 문화를 이해하게 됩니다.

그림 5-5-1 **PAVV 360 채널**

그림 5-5-2 **National Geographic 360° 영상**

그림 5-5-3 **유럽 판테온 VR 여행 영상**

그림 5-5-4 **남극 황제펭귄 VR 탐구 영상**

240

구글 카드보드로 몰입감을 높여요

구글 카드보드는 간단하고 저렴하게 VR 경험을 제공하는 도구입니다. 스마트폰을 카드보드에 장착하면 학생들은 360° 영상을 더욱 몰입감 있게 체험할 수 있습니다. 이 과정에서 학생들은 현실감을 느끼며 학습의 재미와 흥미를 배가시킬 수 있습니다. 메타퀘스트 또는 삼성기어 등은 매우 고가품이어서 학교에서 사용하기 매우 어렵습니다. 또한 사용에 앞서 조작을 배우는데도 진입장벽이 있습니다. 하지만 구글 카드보드의 경우 가격뿐 아니라 기술적으로도 핸드폰만 있다면 누구나 쉽게 끼워서 활용할 수 있어서 VR 수업을 도입하려는 선생님들께 강력 추천합니다. 현장의 학생들도 매우 쉽게 사용할 수 있으므로 교육적으로 매우 훌륭한 도구입니다.

그림 5-5-5 **VR 기기 착용을 준비하는 학생들**

그림 5-5-6 **구글 카드보드로 체험하며 기록하는 학생들**

구글 문서를 활용한 감상문 작성하기

여행 후 학생들은 구글 문서를 통해 감상문을 작성합니다. 본 수업의 경우 학생들이 이미 클래스룸에 초대되어 있었고 평소에도 클래스룸으로 과제를 부여받아 제출하는 것에 매우 익숙했기 때문에 쉽게 수행할 수 있었습니다. 구글 문서는 학생들이 개별적으로 작업하면서도 교사가 실시간으로 피드백을 제공할 수 있는 플랫폼입니다. 상호 피드백이 진행되는 과정에서 학생들이 작성하는 감상문의 완성도와 교육적 효과가 높아지게 됩니다. 학생들이 작성한 과제의 결과물은 다음과 같습니다.

그림 5-5-7 세계 여행 감상문(1) 그림 5-5-8 세계 여행 감상문(2) 그림 5-5-9 학생들이 제출한 과제들

✏️ 스크린샷으로 남긴 순간을 그림으로 표현해요

학생들은 여행 중 가장 인상 깊었던 장면을 스크린샷으로 저장하고, 이를 바탕으로 풍경화를 그립니다. 이 활동은 학생들의 관찰력과 창의력을 키우는 데 도움을 줍니다. 또한, 감상문과 풍경화를 연계하여 다양한 시각적 사고를 발휘할 기회를 제공합니다. 단순히 하나의 교과뿐만 아니라 주요 교과의 학습 내용을 예체능 교과와 융합하는 과정은 학생들에게 융합적 사고력을 키울 수 있는 기회를 제공할 수 있습니다.

도구적 측면에서 Youtube 360°와 구글 카드보드를 활용한 학습은 비용 효율성과 접근성이라는 두 가지 큰 장점을 제공합니다. 고가의 VR 기기를 사용할 필요 없이, 학생들에게 실감 나는 학습 경험을 제공할 수 있는 점은 특히 예산이 한정된 공교육 현장에서 큰 강점으로 작용합니다. 또한, 이러한 기술은 복잡한 사용법 없이도 누구나 쉽게 익히고 활용할 수 있어 교사와 학생 모두에게 부담을 덜어줍니다.

교육적 효과 측면에서 사회 교과에서는 단순히 교과서 또는 서책을 활용하는 것이 아

그림 5-5-10 **여행지를 그리고 있는 학생의 모습**

그림 5-5-11 **에펠탑을 그린 학생**

니라 실감형 자료로 학습함으로써 세계의 주요 대륙과 대양, 국가들의 특징을 탐구하면서 지리적 이해를 심화하는 데 큰 도움을 받을 수 있습니다. 또한 체험한 내용을 바탕으로 다른 교과와 융합하여 진행하는 수업은 교과 간 경계를 넘나드는 학습 경험을 제공합니다.

이렇듯 Youtube 360°와 구글 카드보드를 활용한 학습은 새로운 앱의 설치나 고가의 도구 없이도 VR 수업을 매우 쉽게 진행할 수 있습니다. 전혀 어렵지 않게 누구나 할 수 있도록 위의 수업 과정을 지도안과 학습지의 형태로 기록해 두었기 때문에 차후 공유할 방법과 기회가 되면 수업 나눔을 하고자 합니다.

Q. 학생들이 구글 카드보드를 사용할 때의 주의점이 있을까요?

A. 구글 카드보드는 간단한 구조로 누구나 쉽게 사용할 수 있지만, 안구 간 거리를 조정할 수 없는 한계가 있습니다. 따라서 초등학생이 이 기기를 장시간 사용하면 눈의 피로가 가중되거나 시력에 부담을 줄 수 있습니다. 수업 중에는 적절한 사용 시간을 권장하며, 장시간 착용을 피하도록 지도하는 것이 중요합니다. 사용 후 학생들이 눈을 쉬게 하고, 필요한 경우 스트레칭을 병행할 수 있도록 안내해 주세요.

참고: 교육 분야 가상현실(VR) 콘텐츠 개발·안전 가이드라인(2019, KERIS)

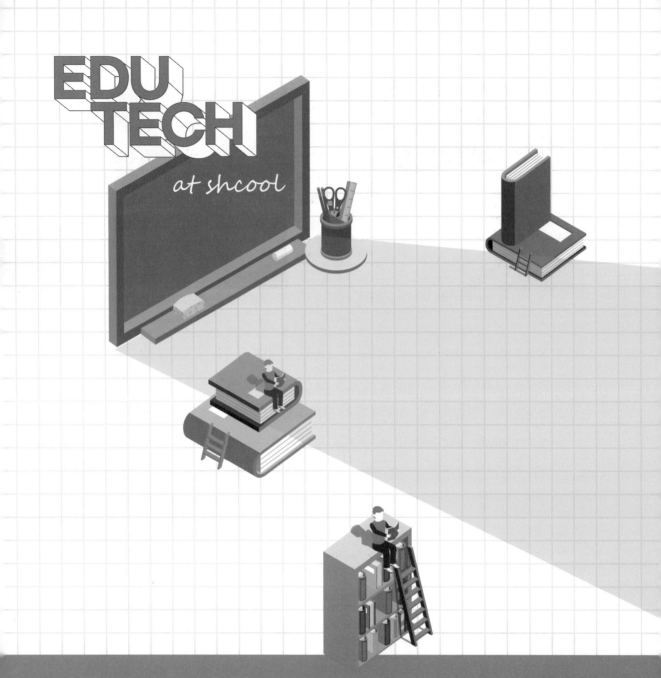

EDU
TECH

at shcool

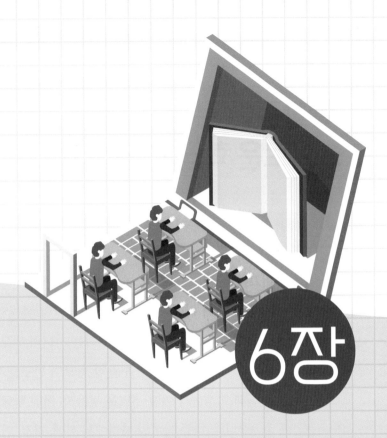

6장

에듀테크와 AI 활용
학급경영 및 업무혁신

'학교종이'로
슬기로운 학급 경영하기

나래초
정관영

겨울이 미끄러지듯이 지나가면, 어김없이 따뜻한 봄은 우리 곁으로 찾아옵니다. 3월 개학 첫날. 학생들은 올해 어떤 친구들을 만날까, 담임 선생님은 어떤 분이실까를 생각하며 오랜만에 등교합니다. 학부모님들은 등교하는 자녀의 뒷모습을 보며 올해 아이가 건강하고 무탈하게 학교 다니고 선생님 말씀을 잘 들으며 친구들과 사이좋게 지내기를 바랍니다. 선생님들은 올해 학생들과 어떤 추억을 쌓을까, 어떤 학교 업무를 맡게 될까를 생각하며 오랜만에 출근합니다. 다들 각자의 자리에서 설렘, 걱정, 긴장, 기대 등의 다양한 감정을 가지고 개학을 맞이합니다.

교실에 들어가기 전, 선생님은 늘 그랬듯 또 한 번 다짐합니다. "올해는 아이들에게 더 다정하게 대해 줘야지." "아이들의 이름을 하루에 한 번씩은 다 불러줘야지." "아이마다 인사법을 달리해서 매일 아침을 맞이하는 것도 재밌겠다." "함께 의미 있는 한 해를 만들어야지." 하지만, 교실을 들어서는 순간 개학 첫날부터 상황은 녹록지 않습니다. 손에는 28장씩 25묶음의 가정통신문이 들려 있습니다. 당시 맡았던 1학년 아이들은 25명. 학생 1명이 받아야 할 가정통신문과 설문지는 28장. 한 반당 약 700장의 가정통신문과 설문지가 배부되어야 했습니다. 선생님은 학생들에게 각각의 가정통신문에 대해 설명하고 언제까지 제출해야 함을 안내합니다. "이거는 꼭 집에 가서 부모님께 보여드리세요! 이 중의 4장은 어른들 확인을 받아서 밑에 꼭 서명을 받아와야 해요. 꼭 다시 학교로 가져오세요. 꼭!" 아이들이 하교한 뒤에 교실을 주욱 둘러보았습니다. 몇몇 아이들은 L자 파일에 넣어준 가정통신문들을 책상 서랍 안에 그대로 두고 갔습니다. 학기 초 특히 저학년 학생들의 경우 신발주머니 챙겨 가기도 바쁜 아기들이기 때문입니다. 회신이 필요한 설문지를 그다음 날 하루만에 당연히 걷을 수 없습니다. 일주일 이상은 넘게 걸려야 아이들의 설문지들을 수합할 수 있습니다.

　선생님은 고민했습니다. 고민하는 선생님은 한 분만이 아니었습니다. 신학기를 바쁘게 맞이한 1학년 동학년 선생님들과 회의 시간에 이야기를 나누었습니다. "학기 초인데 일이 너무 많아서 아이들 이름도 불러줄 시간이 없어요!" "해야 할 일도 많고, 수업 준비도 해야 하는데 가정통신문들도 많고 절대로 한 번에 안 걷히니까 많이 힘드네요." "곧 있으면 학부모 상담 신청 받아야 하는데, 인기 있는 시간대에 여러 명이 겹쳐서 어느 집에 양해를 구해야 할지 걱정이네요." 이렇게 다양한 가정통신문과 설문들을 앱으로 쉽게 응답하고 관리할 수 있는 그런 서비스는 없을까? 그렇게 세종시의 한 학교에서 '학교종이'가 시작되었습니다.

　오늘날 교육 현장 곳곳에서 교사들의 교육 외 업무 부담이 가중되고 있습니다. 한국교육개발원에 따르면 중학교 교사가 일주일간 행정업무에 쓰는 시간이 2013년 5.73시간에서 2022년 7.23시간으로 10년 새 26%나 늘었습니다. 디지털 교육 기업 아이스크림미디어가 현직 초등 교사 7천440명을 대상으로 한 설문조사에서는 10명 중 6명꼴로 학교 행정업무 때문에 수업 준비 시간이 부족하다고 답했습니다. '가르치는 일'보다 '해야 할 일'이 많은 탓에 선생님들은 수업 준비, 학생 생활 지도 등이 최우선 과제임에도 불구하고 교육 외 업무가 과중한 탓에 본연의 업무에 전념하기 어려운 것이 현실입니다. 학교종이는 현직 초등 교사가 직접 기획하였으며 이런 선생님들의 고충을 이해하고 해결하기 위해 개발된 교육용 서비스입니다. 학교종이를 통해 선생님들은 여러 행정업무 부담을 줄이고 선생님들의 고유 업무인 교육에 전념할 수 있습니다.

　"아, 깜박하고 알림장 안 가지고 왔다. 내일 미술 수업 준비물 뭐였지?" 저는 어렸을 적 알림장에 준비물을 써 놓고도 실수로 학교에 놓고 와서 당황했던 경험이 종종 있었습니다. 다행히 오늘날 학교 현장에서는 학교종이라는 알림장 앱을 쓰기 때문에 이럴 일이 거의 없습니다. 알림장 기능을 통해 선생님은 학급 주요 안내 사항들을 학생, 학부모에게 손쉽게 전달할 수 있습니다.

　학교종이 사진첩은 교사가 학생들의 활동 모습과 학생들의 작품 등 교실 현장에서 일어나는 일들을 사진으로 찍어 학부모와 학생들에게 공유하는 공간입니다. 한 학부모는 "평소에 아이들이 교실에서 어떤 활동을 했는지 많이 궁금했는데, 사진으로 보니 너무 좋은 것 같습니다."라는 반응을 보였습니다. 반 학생 중 한 명은 부모님과 함께 학교종이 사진첩을 보며 일과를 마무리한다고 합니다. "오늘 친구들과 함께 마을 동네 지도를 완성했어요.", "오늘 아이들이랑 얼음땡 놀이를 했어요. 재미있었어요!"라며 사진을 보며 도란도란 이야기를 나눈다고 합니다. 이처럼 사진첩을 잘 이용하면 학생은 수업 내용을 다시 한번 복기하고, 학부모님은 아이의 수업 현장을 볼 기회가 생겨 좋습니다. 또한, 교사에게는 수업 내용을 기록할 수 있는 공간이 생기는 동시에 학생, 학부모와 의견을 공유할 수 있는 장이 생겨 좋습니다.

학교종이는 알림장, 사진첩 등의 소통 도구로 사용될 뿐만 아니라 이외에도 결석신고서, 가정통신문, 상담 신청 등의 다양한 기능을 제공하는 학급 경영 도구입니다. 학교종이에는 유용한 기능이 많지만, 선생님들의 슬기로운 학급 경영에 도움이 되는 핵심적인 기능을 소개합니다.

설문을 쉽게 할 수 있어요

EBS 스쿨리포터가 고등학생 50명을 대상으로 한 설문조사에서는 56%의 학생들이 가정통신문을 읽지 않고 버린다고 답했으며 나머지 32%의 학생들은 중요한 것만 가져간다고 답했습니다. 고등학생들의 경우에도 가정에 제대로 전달되지 못하는 가정통신문이 많은데 중학생, 초등학생들의 경우는 어떨까요? 신학기가 시작되면 개인정보 수집 이용 동의서, 학생 기초자료 조사서, CMS 출금이체 신청서, 알레르기 식품 조사, 기초건강 조사 등 학교에는 아이들 혹은 학부모를 대상으로 하는 많은 설문 조사가 있습니다. 그동안은 조사를 하려면 설문 조사지를 인쇄해서 가정으로 배부한 후, 다시 수합하고 결과를 정리하는 등 많은 시간이 소요됐습니다.

하지만, 학교종이 설문을 이용하면 우선 설문이 학부모에게 잘 전달되었는지 확인할 수 있습니다. 교사는 설문 혹은 가정통신문을 발행한 후, 조회 버튼을 누르면 학부모가 게시글을 열람했는지 확인할 수 있습니다. 미열람자가 있을 경우, 게시글 푸시 알림 버튼을 누르면 학부모님 핸드폰 앱에 알림이 가는 푸시 기능이 있습니다. 알림을 받은 학부모는 핸드폰으로 설문을 확인하고 바로 응답할 수 있습니다.

또한 기존에는 설문 결과를 교사가 직접 수기 혹은 엑셀로 정리했다면, 학교종이는 설문 결과를 통계 그래프로 자동 변환하는 기능이 있어 교사는 결괏값들을 한눈에 파악할 수 있습니다. 영양 선생님이 우유 급식 설문을 전교생 대상으로 했다면, 설문 결과를 따로 정리하지 않아도 학교 페이지에서 전교 결과를 한눈에 바로 확인할 수 있습니다. 담임 선생님의 경우에도 우리 반 학생 중 누가 우유를 신청했는지가 궁금하면 통계 테이블로 이동하여 각 학생에 대한 응답을 확인하고, 필터링 기능을 이용하여 "예"라고 응답한 사람들만 모아 볼 수 있습니다. 이 상태로 엑셀을 내려받아 우리 반 칠판 옆에 붙여두면, 아이들에게 우유를 편리하게 나눠줄 수 있습니다.

담임교사 상담 주간에도 학교종이 설문을 이용할 수 있습니다. 예전에는 학부모 상담 희망 시간을 조사하고 난 후, 인기 있는 시간대에 여러 명이 겹칠 경우 시간을 조율하는 과정이 필요했습니다. 하지만, 학교종이 상담 테이블을 이용하면 이러한 노력과 수고를 덜 수 있습니다. 상담 테이블은 교사가 상담이 가능한 시간대나 요일 수정이 가능하도록 테이블의 행과 열을 자유롭게 추가, 삭제할 수 있습니다. 상담 테이블에서 공란은 상담이 가능한 시간이며 한번 클릭하면 엑스 표가 생기기 때문에 중복 신청을 방지할 수 있습니다. 교사는 타임 테이블을 캡처하고 책상에 붙여 놓으면 몇 시에 누가 오는지 바로 확인할 수 있습니다.

이외에도 학교종이는 교육과정 만족도 조사, 급식 만족도 조사 등의 다양한 설문 양식을 제공하므로 선생님들은 그대로 사용하거나 양식을 변형하여 사용하면 됩니다. 방과후 수강생 모집을 선착순, 추첨형, 기존 수강생을 우선선발하고 나머지 자리를 추첨하는 우선선발 추첨까지 할 수 있으며, 투표 양식을 활용하여 학운위 투표 등도 할 수 있습니다. 투표는 누가 어떤 응답을 했는지 몰라야 하므로 '익명 설문' 체크가 기본으로 되어 있으며, 응답 시 통계 차트만 볼 수 있고, 개별 응답 테이블은 제공되지 않기 때문에 누가 설문에 참여하지 않았는지 정도만 조회 버튼을 통해 알 수 있습니다.

학교종이 설문은 학교종이의 가장 큰 매력이자 특장점이라고 생각합니다. 학교종이 설문을 이용하면 온라인에서 의견들을 수합할 수 있고, 개별 응답 엑셀과 설문 통계 그래프까지 바로 얻을 수 있어 좋습니다. 실제로 학교 내 많은 선생님이 이 기능을 사용하며 편리함을 느꼈다고 했고, 한 선생님은 "예전에는 선호도 조사, 방과 후 설문조사 등 응답을 정리하고 따로 표로 변환하는 작업이 필요했는데요. 학교종이에서는 응답을 직관적으로 표나 그래프로 보기 쉽게 표현까지 해 줘서 더 좋아요."라고 하셨습니다.

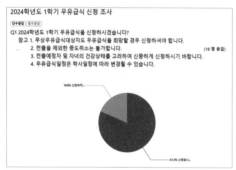

그림 6-1-1 **설문 게시판 화면**

그림 6-1-2 **설문 게시판 화면**

 학교종이에서 문자와 전화가 가능한가요?

 네, 학교종이에서 문자와 전화가 가능합니다. 학교종이 앱 내에 종이톡을 사용하면 종이챗(문자)과 종이콜(전화)이 가능합니다. 종이톡의 장점으로는 학급 소속 구성원과 소통할 수 있으며 선생님의 전화번호가 노출되지 않고 상대방에게 '관리자 OOO'으로 보입니다. 또한 똑같은 메시지를 반 전체에 한 번에, 일괄 메시지를 보낼 수 있으며 상담 가능 시간이 아닐 때 채팅창에서 '선생님께 알림이 가지 않는 시간이에요.'라는 안내가 보입니다.

서류를 한 공간에 모아요

"선생님, 깜박하고 교외 체험학습 신청서를 못 가져왔어요." "엄마가 깜박하고 결석신고서를 안 챙겨줬어요." 학생들의 출결과 관련하여 수합해야 할 문서들이 많습니다. 교외 체험학습 서류, 결석신고서 서류, 가정학습 서류 등이죠. 특히, 코로나19 팬데믹 시기에는 코로나19 출결 서류(코로나19로 인한 병결, 코로나19로 인한 가정체험학습)까지 있어 선생님들이 챙겨야 할 문서들이 더 많았습니다.

하지만, 학교종이의 제출 게시판을 이용하면 선생님들은 다양한 출결 관련 문서들을 온라인상에서 쉽게 수합할 수 있습니다. 기존에는 출결 신청서를 담임교사에게 받거나 학교 홈페이지에서 서류를 복사한 후 내용을 작성하고 교사에게 제출했습니다. 학교종이는 제출 게시판에서 작성할 출결 양식을 선택한 후 온라인상에서 작성하고 제출하면 됩니다. 교사는 내용 확인하고 결재 버튼을 누르기만 하면 됩니다.

또한, 이미 제출한 문서의 수정도 편리하게 할 수 있습니다. 예전에는 문서를 학생에게 돌려주고 학부모님이 다시 수정해서 제출했다면, 학교종이에서는 관리자 창에서 메시지 아이콘을 눌러 피드백을 보낼 수 있습니다. "학부모님, 날짜가 잘못되어 3일로 수정하였

※ 체험학습 3일 전까지 신청하고, 담임교사로부터 승인 통보(문자) 받은 후 실시해야 함.

2024학년도
교외체험학습 신청서

결재	담임	교무부장
		전결

성명	김학생	학년반	1학년 1반 1번	전화번호	010-1111-1111
기간	1일 단위	날짜 - 날짜 (숫자) 일간			
	반일(4시간) 단위1)	날짜 - 날짜 숫자 시 숫자 분 ~ 숫자 시 숫자 분 / (숫자) 시간 / (숫자)일간			
학습형태	현장체험학습( ) 친·인척 방문( ) 가족동반여행( )				
목적지 및 보호자	목적지2)	문자열			
	보호자	문자열	관계	문자열	전화번호 010-1111-1111
	대리인	문자열	관계	문자열	전화번호 문자열
교외체험 학습계획 및 내용	일정	장소	체험학습 내용	비고	
	문자열	문자열	문자열	문자열	
	문자열	문자열	문자열	문자열	
	문자열	문자열	문자열	문자열	
	문자열	문자열	문자열	문자열	

체험학습 신청 목적과 다르게 활동할 경우 학교 규칙에 따라 체험학습이 인정되지 않을 수 있습니다. 체험학습 기간 동안 대체학습은 제공되지 않으며, 학생의 본분에 어긋난 행동을 하였을 때에는 학교규칙에 따라 학생에게 불이익이 있을 수 있습니다. 체험학습이 조기 종료될 경우 즉시 학교로 복귀해야 하며, 체험학습 기간 동안 보호자가 학생이 안전하게 활동할 수 있도록 해야합니다. (연속) 5일 이상 체험학습시 주1회 이상 학생이 담임교사와 연락하여 안전하게 목적대로 활동하고 있음을 확인시키겠습니다. 연락이 되지 않을 경우 관련기관에 통보할 수 있습니다.

동의합니다

위와 같이 「교외체험학습」을 신청합니다.

그림 6-1-3 **교외체험학습 제출 게시판 화면**

2024 나래초등학교

결석신고서

결재	담임	교무부장
		전결

소속(학년반)	1학년 1반 1번	성명	김학생
결석기간	날짜 - 날짜 (숫자 일간)		

결석 사유	증빙서류
1~2일의 질병 결석	결석신고서
3일 이상 질병 결석	결석신고서 + 진료확인서, 소견서, 진단서 중 1부
미세먼지 민감군, 만성질환으로 인한 질병 결석	결석신고서 + 진료확인서, 소견서, 진단서 중 1부 (만성질환, 미세먼지 관련 질환 의사 진단 또는 소견 포함)
기타 결석	결석신고서, 학교장 별도 사전 허가 필요. 담임교사 상담 인정사유: 부모(가족) 봉양, 가사 조력, 간병, 기타 합당한 사유
학교보건법 제 8조에 의한 등교중지(출석인정) (감염병 등교중지)	결석신고서 + 등교가능일이 명시된 진료 확인서, 소견서, 진단서 중 1부 • 코로나19 확진시 확진일 포함 5일간 출석인정(확진 증빙 서류) - 격리 권고이므로 발열 등 증상이 없다면 출석 가능함. • 코로나19 백신접종 시 접종 후 2일까지 출석인정(접종 확인 서류)
경조사(출석인정)	결석신고서
생리통으로 인한 결석(월 1회) (출석인정)	결석신고서
기타 사유	결석계 + 담임교사 상담 후 안내받은 증빙서류 제출
결석 사유 (학부모 의견)	문자열

※ 모든 결석: 결석한 날부터 5일 이내 결석계 제출
※ 증빙서류가 필요하나 첨부되지 않은 경우는 미인정결석임
※ 미인정결석: 합당하지 않은 사유나 고의로 결석한 경우, 허가된 교외체험학습 일을 초과한 경우 등
※ 출석인정결석 외에는 결석계를 제출하여도 출석으로 인정되지 않음
※ 미세먼지 민감군, 만성질환자는 증빙서류를 최초 1회 제출 가능
※ 경조사 인정 범위 및 인정일수

결혼	형제, 자매	1일	사망	부모, 조부모, 외조부모	5일
				증조부모, 외증조부모 학생의 형제, 자매 및 그의 배우자	3일
				부모의 형제, 자매 및 그의 배우자	1일

그림 6-1-4 **결석신고서 게시판 화면**

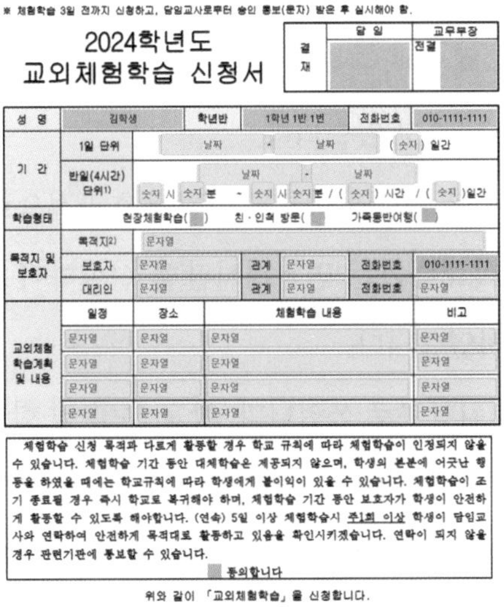

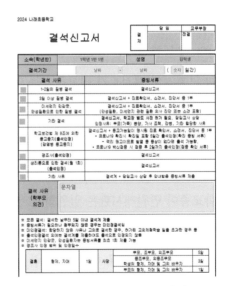

습니다." 미승인 상태에서는 선생님이 직접 제출 내용을 수정할 수 있고, 피드백을 보내 재제출을 요청할 수도 있습니다. 이렇게 결재된 파일 목록을 학기 말에 일괄 선택하여 PDF로 받고 선생님은 파일을 기안하여 올리면 출결 서류에 대한 마감을 깔끔하게 완료할 수 있습니다.

종종 학생이 결석을 며칠을 하였는지, 교외체험학습을 며칠 썼는지 궁금하여 학부모가 교사에게 문의하는 경우가 있습니다. 그때마다 선생님은 달력을 확인하거나 관련 서류를 찾아 일수를 세곤 합니다. 이럴 때는 제출 게시판의 '누적' 기능을 이용하시면 됩니다. 누적 기능을 활용하면 보호자가 서류를 낼 때마다 누적된 시간이 더해 보이게 됩니다. 학교마다 교외체험학습 허용 일수가 있는데 이를 넘었는지 넘지 않았는지를 볼 수 있어 교사가 승인할 때 도움이 되고 또한 학부모도 허용 일수를 편리하게 확인할 수 있습니다.

민원에 같이 대응해요

국회 교육위원회 소속 정성국 국민의힘 의원실 자료에 따르면 지난해 전국 국공립 초·중·고등학교에서 모두 203명의 담임교사가 교체됐습니다. 특히, 아동학대 무고와 학부모의 과도한 요구와 민원이 교권을 붕괴시키며, 많은 교사가 스스로 교단을 떠나게 만들고 있습니다. 초등학교에만 국한된 문제만은 아니기 때문에, 교육계 전반에 걸쳐 교사의 역할에 대한 근본적인 재검토가 필요하다는 이야기가 나오고 있습니다.

이에 따라 교육부와 교육청은 교사의 업무 부담 완화와 학부모 민원에 효과적으로 대응하기 위한 방안들을 마련하고 있습니다. 이에 학교종이는 '민원게시판'을 신설하여 교사의 민원 부담을 완화하고 관련 행정 업무를 경감하였습니다.

학교종이 민원게시판은 일원화된 온라인 민원창구로 쓰입니다. 학교 운영 및 학생과 관련한 사안들이 학교종이 민원게시판에 접수되면 민원전담팀이 1차로 민원에 답변하고, 직접 응답이 어려울 경우 해당 건 관련 담당 교직원을 담당자로 배정하여 공동 작성할 수 있습니다. 기존에는 교사 개인이 민원에 혼자 대응했다면 학교종이 민원게시판을 통하여 교직원들은 공적인 창구로 함께 협력하여 민원에 효율적으로 대응할 수 있게 되었습니다. 또한 민원인도 담임교사나 행정실, 교무실, 관련 부서 등에 전화함으로써 민원이 다수의 경로로 분산 접수됐지만, 학교종이 민원게시판을 통해 하나의 공간에 민원을 접수하고, 진행 상황과 답변도 즉시 앱 푸시로 받아볼 수 있다는 장점이 있습니다.

학교종이 송해전 기획자 선생님은 민원게시판을 신설하게 된 배경을 설명하며 "교직 내에서 지금껏 감내해 왔던 힘든 부분들이 최근 들어서야 수많은 가슴 아픈 일들로 드러나게 되었다. 한국의 교직 환경이 교권이 보호되고, 아이들과 교육에 집중할 수 있게 개선되도록, 교육공동체와 관련 기관 모두가 함께 노력해 주길 소망한다."라고 했습니다.

저는 학교종이로 학급 운영을 하면서 여러 행정업무에 대한 부담을 줄이고 수업과 학생 지도에 더 집중할 수 있었습니다. 학교종이를 사용하며 실제로 종이를 많이 절약하기도 했고, 학부모와 학생들에게 학교의 알림을 적극적으로 알릴 기회도 많아졌습니다. 특히, 제출게시판과 설문조사 기능을 통해 많은 행정적 업무 시간을 줄이니 학생들 교육에 더 전념할 수 있어 좋습니다.

최근 AI 디지털 교과서가 도입되면서 다양한 스마트 기기와 에듀테크의 역할이 더욱 강조되고 있습니다. 학교종이는 이러한 변화 속에서 교사들이 학급 운영을 더 효율적으로 관리할 수 있도록 돕는 도구가 될 것입니다. 지금도 학교종이는 실사용자인 선생님들의 피드백을 통해 계속해서 발전하고 있습니다. 교사는 학교종이로 아낀 시간을 교실 속에서 아이들과 더 의미 있게 쓸 수 있습니다. 학부모는 학교종이로 학교와 적극적으로 소통할 수 있습니다. 학생은 학교종이로 학교의 추억을 기록할 수 있습니다. 저를 포함한 많은 선생님이 잘 사용하고 있는 서비스인만큼, 더 많은 선생님이 서비스를 접해보면 좋겠습니다.

몰입을 이끄는
에듀테크 금융 교실

서울서이초
제수연

초등 고학년 학급 경영은 매우 까다롭습니다. 학습지도나 생활지도에서 학생들의 요구를 바탕으로 정교하게 설계된 동기유발이 필수적입니다. 고학년 아이들은 사춘기에 접어들며 주관이 뚜렷해지고 비판적 사고 능력이 발달합니다. 더 이상 부모나 교사의 지시에 무조건 따르지 않는다는 것입니다. 이러한 고학년 아이들이 모인 하나의 학급을 1년 동안 평화적으로 운영하기 위해서는 많은 고민과 노력이 필요합니다. 그런데 최근 들어 학급 경영을 효과적으로 보조하고 복잡성을 줄이는 에듀테크 플랫폼들이 나타나고 있습니다.

아이들이 학교생활을 통해 자기 자신을 이해하고 성장하기 위해서는 학급 공동체 내에서 자신의 모습과 역할에 대해 성찰하는 과정이 필수적입니다. 다양한 성향을 지닌 아이들이 모인 학급에서 모든 학생이 비슷한 크기의 존재감을 지니기란 쉽지 않습니다. 제가 근무하는 현장의 학생들도 그랬습니다. 강남 학군지의 6학년 학생들은 방과 후 시간 대부분을 학원, 과외 등에 할애하고 있습니다. 숙제를 마치느라 새벽 두 시에 자는 일이 놀랍지 않을 만큼 많은 학업 부담을 지고 있지요. 그래서일까 또래에 비해 일상에서 다소 무기력한 생활 태도를 보였습니다. 학급 생활에 느끼는 흥미와 소속감이 적은 편이었죠. 시간적, 심적 여유가 모자라 자아 정체성이나 진로에 대해 진지하게 탐색할 기회 또한 부족했습니다. 이 학생들이 학급에 더욱 몰입하여 즐겁게 생활할 수 있도록 하는 새로운 요소가 필요했습니다.

이 학생들이 학교를 '단순히 수업 듣고 시험을 치르는 학습의 공간'이 아니라, '매일 친구들과 살을 맞대며 웃고 우는 삶의 현장'으로 여기기를 바랐습니다. 이러한 인식의 확장을 위해 학급 생활에 대한 몰입을 높여줄 방안이 필요했습니다. 초등 현장의 많은 학급에서 흔히 '1인 1역'이라 칭하는 학급 내 역할 수행 활동을 운영합니다. 그러나 학생 개인의 성향에 따라 역할 수행의 성실도에 대한 편차가 큰 점에서 많은 교사가 지도에 어려움을 겪습니다.

역할 수행에 대한 동기를 유발하기 위하여 학급 화폐 등의 개인 보상을 부여할 수 있습니다. 학생들의 뜨거운 호응을 끌어낼 수 있지요. 더 나아가 학급을 하나의 국가로 가정하고 직업에 따라 임금을 받는 등 우리 학급만의 유니버스를 만드는 사례도 늘고 있습니다. 저는 이것이 바로 우리 반 학생들이 학급 공동체에 참여하고 기여하게 만들 묘안이라고 판단했습니다. 그러나 화폐 지급 및 사용에 대한 관리가 번거롭고 어렵다는 이유로 선뜻 도입하기는 어려웠던 것이 사실입니다. 이러한 고민 끝에 발견한 해결책이 경제 교실 운영지원 플랫폼, 'Puple'입니다. 이 글에서 Puple 적용의 시행착오와 결실의 이야기를 나누고자 합니다.

학급을 국가로 가상하기: 국가명 정하기, 국기 만들기, 헌법 만들기, 화폐 단위 정하기

학생에게 학교는 작은 사회로 기능해야 합니다. 따라서 실제 사회처럼 법을 제정하고, 화폐에 관한 약속을 하고, 돈을 벌거나 쓰고, 저금하거나 투자하는 경험을 제공하는 것입니다. 학생 스스로 세운 가상 국가의 일원이 되어 나라를 일구고 자산을 운용함으로써 학급 생활에 대한 흥미와 몰입을 고취할 수 있습니다. 더 나아가 실제 삶과 연결된 배움과 진로 탐색의 기회를 얻을 수 있지요.

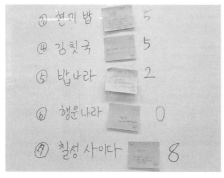

그림 6-2-1 **국가명 정하기**

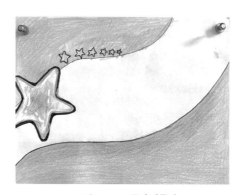

그림 6-2-2 **국기 만들기**

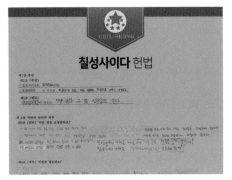

그림 6-2-3 헌법 만들기(1)

그림 6-2-4 헌법 만들기(2)

구직 및 직업 활동: 학급에 필요한 역할 함께 정하기, 구직 지원서 작성하기, 직업 활동

우리 반에 필요한 여러 역할을 떠올려 회의를 통해 결정합니다. 개별 학생의 강점을 바탕으로 투표로 선발한 역할을 '직업'이라는 개념으로 약속합니다. 각 직업 활동의 강도와 빈도에 따라 급여를 책정하여 지급합니다. Puple은 학급 화폐를 개별로 지급하고, 화폐와 보상을 교환하는 등의 절차를 아주 간편하게 만들어주는 에듀테크 플랫폼입니다. 공동체에 대한 기여도를 차등적으로 인정하여 체제에 대한 몰입을 더욱 높일 수 있습니다. 또한 소득에 따라 차등 지정한 세율대로 세금을 걷습니다. 복지나 세금 교육의 일환으로도 유익한 활동입니다.

탄산보수	4분기 직업		
	직업	인원수	담당자
160	줄세우기	2	
150	준비물/태블릿	4	
140	청소맨	1	
140	빗자루맨	1	
130	체육반장	4	
120	우유반납	2	
120	우유나눠주기	1	
120	아이템상점	1	
110	칭찬요정	1	

그림 6-2-5 학급에 필요한 직업 정하기

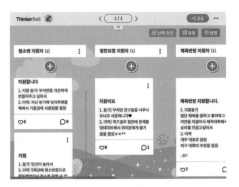

그림 6-2-6 구직 지원서 작성하기

그림 6-2-7 **직업 활동**

그림 6-2-8 **소득세 관리**

소비 활동

학생들은 개별적으로 자신의 소득을 어떻게 사용할지 결정합니다. 은행에 예금을 하거나, 증권 거래소에 투자하거나, 원하는 보상을 구입할 수도 있습니다. 마치 인터넷 뱅킹에서 모든 금융 활동이 실행되고 기록되는 것처럼 Puple을 통해 간편하게 금융 교실을 운영할 수 있어요. 수기로 급여 내역과 소비 활동을 기록하려면 무척 번거롭지요. 기록을 깜빡 누락하거나 문서 자체를 통째로 잃어버릴 위험도 있습니다.

Puple을 활용하면 노란 바구니에 쌓인 사탕 하나를 가져갈 때마다 거래 대장을 작성할 필요가 없습니다. 학생이 문서를 슬쩍 조작하거나 헷갈릴 일도 없지요. 모두 정확한 기

그림 6-2-9 **아이템 상점**

그림 6-2-10 **거래 내역 데이터**

록으로 남기 때문입니다. 마우스 클릭 한 번이면 모든 시스템이 완벽히 굴러갑니다. 아이들은 쉬는 시간마다 자신의 자산을 확인하며 더 나은 학급 생활을 다짐합니다. 학급이 작은 사회가 되고, 아이들은 학교에서 주체적인 삶을 경험하는 것입니다.

예금의 이해와 신용 등급 관리

은행 기능은 학급 규칙 준수에 대한 동기유발을 돕습니다. 수업 종이 울리기 전 자리에 앉아 학습을 준비하는 자세는 모든 선생님이 바라는 교실의 모습입니다. 그러나 이러한 바람은 교사의 공허한 외침만으로는 달성하기 어려운 목표이기도 합니다. Puple 은행 메뉴의 설정 중 '신용 등급' 기능은 고학년 아이들이 즐겁게 학급 규칙을 따르도록 도와줍니다. '쉬는 시간 타이머가 끝날 때 자리에 앉아 있기'라는 미션을 달성하지 못한 학생은 신용 등급이 하락합니다. 이에 따라 자산 예금 시 적용 금리가 달라집니다. 아이들은 규칙을 어겼을 때 주어지는 명확하고 일관적인 페널티를 매우 중시합니다.

이 사소한 장치의 도입만으로, 아이들이 마치 게임처럼 학급 규칙을 준수하려고 노력하는 놀라운 생활 태도를 갖게 됩니다. 학급 규칙 준수를 단순한 의무가 아닌 흥미로운 도전 과제로 전환시키는 것이죠. 규칙 준수가 가져오는 혜택과 페널티의 차이를 직접 체감하며 책임감을 배울 수 있습니다. 신용 등급 변동은 학생들에게 행동에 대한 즉각적인 피

그림 6-2-11 **신용등급 관리**

그림 6-2-12 **예금 관리**

드백을 제공하여 자기 성찰의 기회를 제공합니다. 이를 통해 학생들은 학급 규칙이 개인과 공동체에 미치는 영향을 깊이 이해하게 됩니다. 더 나아가 현실 사회의 규칙과 시스템을 간접적으로 학습할 수 있는 기회를 제공하며, 책임감 있는 사회 구성원으로 성장하는 데 기여합니다.

사업 활동과 투자 활동

그림 6-2-13 **'당 충전소' 사업 활동**

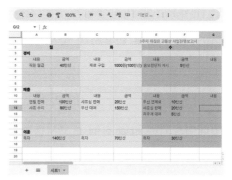

그림 6-2-14 **사업 진행 보고서**

최근 기업가정신 교육의 열풍이 불고 있습니다. 문제 해결 능력, 창의적 사고, 그리고 도전 정신을 두루 키우기 위한 교육이죠. 기업가정신은 경제적 활동을 넘어 사회적 문제를 해결하고 지속 가능성을 추구하는 데 중요한 역할을 합니다. 변화하는 사회에서 주도적으로 행동할 수 있는 역량을 길러주기 위해 Puple과 함께 창업 활동을 해보았습니다.

모둠별로 사업을 구상하도록 했더니 다양한 아이템을 내놓았습니다. 학생들은 모둠 회의를 통해 우리 반이라는 시장의 특성을 분석하여 친구들의 수요를 예측했습니다. 가장 반응이 좋았던 '당 충전소' 기업은 학급 상점에는 없는 인기 간식을 합리적인 가격에 판매했습니다. 교실 뒤편에 간식을 보기 좋게 전시하여 엄청난 광고 효과를 얻었습니다. 한편, 보드게임을 직접 개발한 '미스터리#'의 사업도 흥행했습니다. 게임 참가비를 받고 참가자가 이기면 선물을 주는 이 사업에 대한 열기가 뜨거웠지요. 또한 교실 은행보다 좋은 금리

그림 6-2-15 **교실 증권 관리**

그림 6-2-16 **투자 활동**

로 예금, 대출 상품을 파는 은행도 등장했어요. 쉬는 시간마다 열심히 연습장에 숫자 계산을 하던 '(주)세요은행'의 학생들은 결국 가장 높은 이윤을 남겼습니다.

　　Puple의 기능을 활용하면 학생들의 금융 활동이 소비와 예금뿐만 아니라 투자까지 나아갈 수 있습니다. 자산을 어떻게 배분하고 운용할지 결정하는 복잡한 경험을 얻을 수 있지요. 학생들은 우리 학급 기업의 비전과 운영을 살피며 유망한 종목에 투자했습니다. 매주 업데이트되는 사업 진행 보고서를 살펴보며 기업의 이윤과 성장 가치를 따져볼 수 있도록 했어요. 복잡한 연산은 Puple이 알아서 해주니, 교사도 편하고 학생도 즐거운 활동이 되었습니다.

Q. 증권 투자 교육 시 주의할 점이 있나요?

A. 투자에 대한 잘못된 개념이 형성되지 않게 주의해 주세요. 학생들이 전혀 예측할 수 없는 요소를 증권 종목으로 설정해서는 안 됩니다. 운에 따른 요소가 지나치게 개입하는 경우 투자에 대한 잘못된 개념을 가질 수 있어요. 학생들이 참고할 수 있는 객관적인 데이터를 지닌 주제를 바탕으로 신중하게 접근해 주세요.

투자의 본질은 정보 접근에 대한 노력과 현명한 판단에 있습니다. 학생들이 통제할 수 없는 변수를 투자 종목으로 삼는다면 이는 도박으로 변질될 위험이 있습니다.

　　증권 거래소 기능을 학급 공동의 목표 달성과 연결 지을 수도 있습니다. 학급 경영을 통해 자기 자신을 이해하고 성찰했다면, 타인을 배려하고 공동체를 위해 협력하는 단계로 나아가야겠지요. 수치화할 수 있는 우리 반의 한 주 목표를 교실 증권으로 상장합니다. 아이들은 '이번 주 숙제 제출률', '반 대항 운동 경기 승률' 등의 종목에 기쁜 마음으로 투자합니다. 실제 증권시장의 메커니즘과는 다른 방식의 운영이므로 이 부분에 대한 설명은 필수입니다.

이 작은 장치는 아이들이 교실 공동의 목표에 지속적인 관심을 기울일 수 있도록 돕습니다. 주가의 상승을 위해서라도 숙제를 깜빡한 친구를 도와주고 운동에 어려움을 겪는 친구와 함께 연습하게 되지요. 사실 아이들은 이 과정에서 주가 상승의 희열보다 협동의 가치를 더욱 내재화하게 됩니다. 함께 성장하는 공동체를 위한 협력의 태도를 배울 수 있는 것입니다.

이제 알파 세대가 옵니다. 디지털 네이티브로 불리는 이 세대는 태어날 때부터 디지털 기기를 접하며 자랐고, 학교 현장 역시 점점 디지털화하고 있습니다. 시대 변화에 대응하는 교사로서 적절한 에듀테크를 활용하면 학습 지원뿐 아니라 학급 운영에도 큰 도움을 받을 수 있습니다. 특히, Puple 같은 플랫폼은 교사와 학생 모두에게 실질적이고 혁신적인 교육 환경을 제공해 줍니다.

이 글에서는 Puple을 활용한 금융 교실 프로젝트를 소개했습니다. 학생들이 학급 생활에 몰입하고 소속감을 느낄 수 있도록 학급을 하나의 가상 국가로 설정했지요. 각자 직업을 맡아 급여를 받고, 소득에 따라 세금을 납부하며, 저축과 투자를 경험했습니다. Puple의 신용 등급 시스템은 규칙 준수에 대한 동기를 자연스럽게 만들어줬습니다. 학급 공동의 목표를 주식처럼 상장해 협동을 이끌었습니다.

이 과정에서 학급은 단순한 학습 공간을 넘어, 아이들이 협력하며 스스로 운영하는 작은 사회로 변화했습니다. 또한, 역할 수행을 통해 스스로 학급 생활을 주도하며 자존감과 자신감을 얻었습니다. 경제 활동을 경험하면서 자신의 강점과 적성을 발견하고, 이를 진로 탐색의 기회로 연결할 수 있었습니다. Puple을 활용한 활동들은 금융 관리와 협업 기술 등 디지털 역량을 키우는 데도 큰 도움이 되었습니다.

저는 이 프로젝트를 통해 학급 운영에서 에듀테크가 지닌 가능성과 효과를 실감할 수 있었습니다. 매년 교사는 자신의 학급과 학생들을 분석하고, 이를 기반으로 강점은 살리고 약점은 보완하기 위해 노력해야 합니다. Puple 같은 에듀테크 플랫폼은 이런 노력을 더욱 효과적으로 만들며, 교실 안에서 새로운 변화를 끌어내는 강력한 도구가 될 것입니다. 앞으로도 많은 선생님이 에듀테크를 활용해 학생들과 함께 즐겁고 의미 있는 학급 생활을 만들어 가길 기대합니다.

03

에듀테크가 일상이 되는 교실 현장

석수중
홍성욱

잠시 과거의 학교 교육을 떠올려봅니다. 제가 초등학생 때는 괘도가 있었습니다. 괘도는 윗부분에 나무막대로 철을 해두는 큰 전지 묶음입니다. 각 장에는 교과서의 중요한 내용과 그림들이 정리되어 있습니다. 그걸 지시봉으로 한 장씩 넘기면서 수업을 했죠. 지금의 파워포인트 역할입니다. 그러던 괘도는 기술이 발전함에 따라 금방 OHP로 발전하고 또 실물화상기가 그 자리를 차지했습니다. 이후에 컴퓨터와 노트북이 자리 잡은 뒤로 교육 현장에서 기술 변화는 잠잠했습니다. 그러나 코로나19의 확산 이후 기술은 교육의 판도를 완전히 뒤집습니다. 그리고 우린 그 기술들을 '에듀테크'라 부릅니다. 사실 에듀테크는 기존 교육 현장에서 이미 사용되던 기술들을 총칭하는 이름입니다. 다만, 이제는 모바일 기기인 태블릿 PC와 스마트폰을 중심으로 한 기술들이 많이 활용되며, 교사 주도의 활용에서 학생 참여 중심으로 변화가 이루어지고 있습니다.

특히 인공지능의 등장 이후, 에듀테크는 급속히 확산하고 있습니다. 하루가 멀다고 새로운 서비스가 등장할 정도로 빠르게 발전하고 있습니다. 그러나 많은 교사가 자신에게 맞는 서비스를 찾기까지는 시행착오의 과정이 필요했습니다. 시간이 지나면서 이러한 기술들이 성숙기에 접어들었고, 이제는 교실에 없어서는 안 될 일상적인 도구로 자리 잡았습니다. 학생들 역시 많은 수업에서 에듀테크를 다루고 있으며, 에듀테크는 더 이상 특별한 것이 아닌 교육의 일부로 정착하였습니다. 이처럼 저의 수업의 일부로 자리 잡은 에듀테크로 '클래스123'과 '다했니', '리틀리'가 있습니다.

교실 관리의 만능 재주꾼, '클래스123'

교실을 관리하는 서비스는 정말 다양합니다. 그중에서 '클래스123'에 정착하게 된 이유는 크게 세 가지 기능 때문입니다. 첫 번째는 보상 기능입니다. 저는 수업의 내용이 즉각적인 보상으로 연결되는 게이미피케이션에 관심이 많습니다. 그럴 때 클래스123이 체계적으로 보상을 관리하기에 제격입니다. 클래스123에는 '으쓱' 카드와 '머쓱' 카드가 있습니다. 딱 봐도 어떤 것이 점수를 부여하고 차감하는 기능인지 알겠죠? 해당하는 학생을 클릭하고 으쓱 또는 머쓱 카드 버튼을 누르면 사유를 선택하고 부여할 수 있습니다.

두 번째는 자리 변경 기능입니다. 사실 자리 변경보다도 배치하는 기능이 정말 우수합니다. 짝 없이 1열로 된 모둠으로 구성하거나, 2열로 된 모둠을 구성하는 등 자유도가 아주 높아 다양한 활동에 유용하게 사용하고 있습니다. 무엇보다 자리를 추첨할 때, 두 사람이 서로 교환되는 형식의 절차가 정말 피를 말립니다. 아이들이 두 손을 모아 화면 앞에 있는 모습을 볼 때마다 사랑스럽기도 하고 안쓰럽기도 합니다.

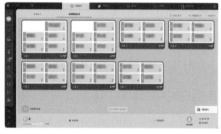

그림 6-3-1 '클래스123' 모둠 배치

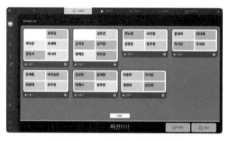

그림 6-3-2 '클래스123' 자리 변경

마지막으로 추첨 기능입니다. 추첨할 때 전체 인원과 남은 인원이 표기된 것이 보이나요? 바로 전체 학생이 다 뽑히기 전까지 중복되어서 추첨되는 것을 방지해 줍니다. 이번 시간에 10번 학생이 뽑혀서 문제를 맞히는데, 다음 시간에 또 10번 학생이 뽑히면 공평하지 않겠죠? 클래스123에서는 이 문제를 아주 평화롭게 해결해 줍니다. 그리고 뽑힌 학생들에게 바로 앞서 소개해 드린 '으쓱'과 '머쓱' 카드를 부여할 수 있습니다.

그림 6-3-3 **'클래스123' 추첨 기능**

 **클래스123 사용 팁!**

자리 변경을 할 때는 미리 꼭 몇 번 자동 변경할 것인지 약속을 해보세요. 항상 모든 학생이 만족하진 않을 것인데, "선생님~ 한 번만 더 바꿔요~"라는 요청에 "우리 미리 약속했었죠?"라며 평화롭게 넘어갈 수 있습니다.

스마트한 과제물 관리는 '다했니'/'다했어요'

'다했니'와 '다했어요'는 이름부터 너무 귀여운 서비스입니다. '다했니'는 교사가 과제를 배부하는 서비스이고 학생들은 '다했어요'에 접속해서 과제를 제출합니다. 저는 학생들의 프린트물을 최대한 줄이기 위해 노력하고 있습니다. 특히나 수업이 끝나고 학생들의 유인물들을 다 걷더라도 넘쳐나는 자료에 체계적 관리가 어려워서 '다했니'를 적극적으로 사용합니다.

'다했니'에 들어가서 '과제별 보기'를 보면 과제마다 학생들의 제출 여부를 한눈에 확인할 수 있어 아주 편리합니다. 특히 안 하려는 학생들은 자신이 하지 않았다는 사실을 숨기고 싶어 하는데, '다했니'에서는 한눈에 확인할 수 있어서 과제를 제출하게 되더라고요.

제출한 학생은 빨간색, 제출하고 교사의 검토가 끝난 학생은 회색, 제출하지 않은 학생은 노란색입니다.

그리고 '개인별 보기'를 선택하면 학생의 과제물을 한곳에 모아서 볼 수 있습니다. 저는 학기 말에 학교생활기록부를 작성할 때, 학생의 과제물을 모아볼 수 있는 것이 가장 큰 도움이 되었습니다.

그림 6-3-4 '다했니' 과제별 보기

 다했니 사용 팁!

1. 다했니에는 쿠키라는 보상 체계가 있어서 과제마다 쿠키를 1~3개까지 지급할 수 있습니다. 일종의 상/중/하의 개념이죠. 저는 개인적으로 클래스123으로 보상 체계를 관리하고 있어서 다했니의 쿠키는 일종이 확인 도장으로 사용하고 있습니다. 하지만 학생들이 쿠키가 최대 3개까지 지급되는 것을 보고는 3개를 요청하더라고요. 이때 저는 정말 멋진 과제를 제출하면 쿠키를 2개 주겠다고 했습니다. 학생들은 가끔 실질적인 보상보다 눈에 보이는 개수에 더 의미를 가지는 예쁜 눈이 있는 것 같습니다.

2. 학생들이 클래스에 참여하기 위해서는 코드를 입력해야 합니다. 이때 대문자 I, 소문자 l, 숫자 1이 헷갈립니다. 그리고 대문자 O와 숫자 0이 헷갈리곤 합니다. 이를 해결하는 방법은 크게 두 가지입니다. 하나는 인쇄할 경우, 폰트를 'Consolas'로 설정하세요. 윈도우 메모장의 기본 글꼴인데, 모든 글꼴이 다르게 생겨서 화면에서 안내해주면 헷갈리지 않습니다.
두 번째 방법은 복사하여 입력하는 방식입니다. 제가 수업 때 이용하던 갤럭시탭 S6 Lite를 기준으로 설명하겠습니다. 아래에서 소개하는 '리틀리'를 선행하면 좋습니다. 리틀리로 구글 드라이브에 업로

에듀테크 활용 꿀팁들

드된 학생 코드 엑셀 파일(구글 스프레드시트)의 링크를 공유합니다. 학생들이 접속하면 자신의 이름 옆에 있는 코드를 복사합니다. 이때, 셀을 복사하는 것이 아닌, 상단의 함수 입력창에 있는 코드를 길게 눌러 메뉴가 나오면 복사합니다. 이후 다했어요에 접속해서 코드를 입력할 때, 코드 입력란의 첫 번째 칸에서 다시 길게 눌러 메뉴가 나오면 붙여넣기를 선택합니다. 그러면 전체 코드가 한 번에 입력됩니다.

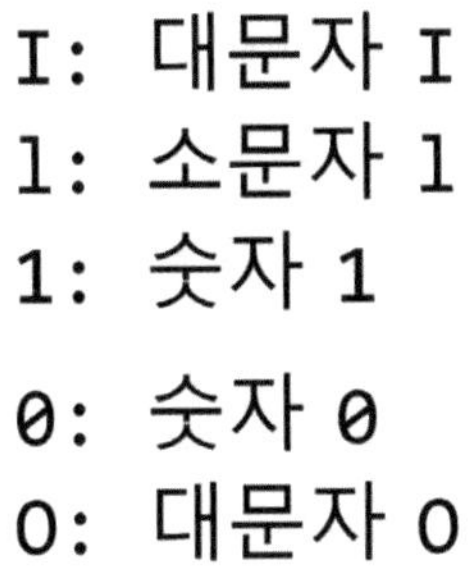

I: 대문자 I
l: 소문자 l
1: 숫자 1

0: 숫자 0
O: 대문자 O

그림 6-3-5 **Consolas 폰트**

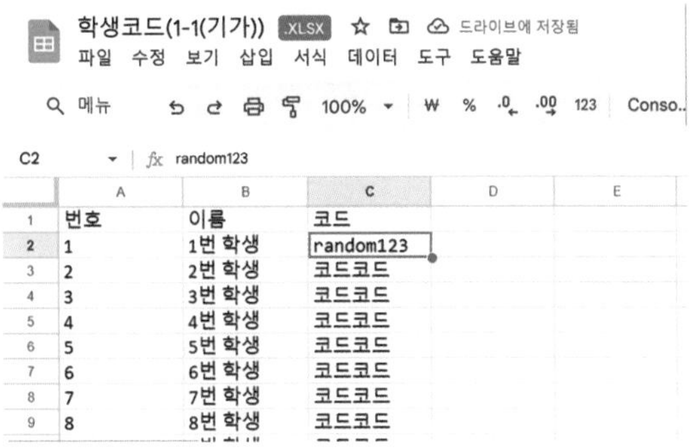

그림 6-3-6 **'다했어요' 코드 복사**

사이트 공유할 때 QR코드는 이제 그만! '리틀리'

휴대폰과 태블릿 PC를 활용한 수업이 많아지면서 자연스럽게 접속할 사이트나 자료가 다양해졌습니다. 대부분 링크를 공유할 일이 있을 때, 단축 주소나 QR코드를 제공합니다. 하지만 고등학생 정도가 아니라면 영문 입력은 낯섭니다. QR코드는 스캔이 잘 안될 때도 빈번합니다. 정말 한 반에 몇 명이 계속 접속이 되지 않아 화면을 가리는 일도 흔합니다. 저의 해결책은 '리틀리'입니다. 리틀리는 버튼으로 구성된 웹사이트를 제작할 수 있는 플랫폼입니다. 리틀리에 접속하면 그날 접속할 링크가 버튼으로 제공됩니다. 물론 링크 외에도 이미지, 영상 등 다양한 블록을 제공하고 상황에 따라 추가와 제거가 쉬워 누구든 금방 익혀 쓸 수 있습니다.

그림 6-3-7 '리틀리' 예시

그림 6-3-8 '리틀리' 관리 페이지

리틀리 사용 팁!

1. 리틀리에 접속하는 방법이 어렵다면 무용지물이겠죠. 이럴 때 손쉬운 방법이 바로가기 추가입니다. 첫 시간에만 QR코드 등으로 리틀리 접속 링크를 제공한 뒤, 바로가기를 추가하세요. 크롬에서는 [메뉴]-[홈 화면에 추가]-[이름 수정] 후 [추가] 과정을 거치면 홈 화면에 바로가기가 생깁니다. 처음에 미리 이 작업을 해두면 이후로는 접속이 아주 쉽습니다. 사이트 접속을 위한 한 해의 고민을 싹 덜어낼 수 있습니다.

그림 6-3-9 홈 화면에 추가된 '리틀리' 바로가기

그림 6-3-10 홈 화면에 추가

2. 사용 팁 1로 바로가기를 추가했는데 아이콘이 마음에 들지 않으면 바로가기의 아이콘을 원하는 대로 설정할 수 있습니다. 리틀리 관리 페이지에서 [페이지]-[프로필] 블록-[이미지]에서 원하는 이미지를 추가하세요. 그러면 바로가기를 등록할 때, 바로가기 아이콘으로 적용됩니다. 중·고등학교의 경우는 여러 과목이 있으니 과목 이름이 적혀있는 이미지를 이용하면 좋겠죠? 저는 학교 교표를 이용했습니다.

그림 6-3-11 리틀리 아이콘 설정하기

에듀테크 활용 꿀팁

앞에서 다룬 것들은 최근 주목받는 인공지능을 활용한 도구들은 아니지만 제 수업에서 정말 없으면 안 되는 필수 도구입니다. 요즘은 이 도구들이 없을 때는 어떻게 수업했었는지 상상하기 쉽지 않습니다. 코로나19가 기승이었던 지난 2020년 이후로 5년 만에 이렇게 빠르게 바뀐 교육 현장이 놀랍기도 합니다. 자연스럽게 일상으로 파고들어 온 기술이 앞으론 우리 교육을 어떻게 또 성장시킬지 기대됩니다.

'다했니? 다했어요!'로 알아보는
에듀테크와 함께 성장할
우리 교실의 바람직한 모습

강릉 동명중
김채원

교사가 되기 전 늘 하던 두 가지 다짐이 있습니다. 첫째는 "교사가 되면 절대 누군가가 소외되는 수업은 하지 않겠다."이고, 둘째는 "삶과 연계된 수업으로 아이들이 국어의 필요성을 느끼게끔 해야지."입니다. 자신이 있었습니다. 대학 시절 내내 생각해 온 것이었고, 연습해 온 것이었기 때문입니다.

하지만 제가 마주한 현실은 너무나 냉정했습니다. 한 교실에 20명이 넘는 학생들이 앉아 있고, 교사는 45분이라는 시간 내에 그날의 학습을 끝마쳐야 합니다. 상, 중, 하 어떤 수준에 맞추어 수업해도 교실에는 늘 소외되는 학생이 생겼고, 이 단원을 왜 배워야 하는가에 대한 설명과 설득이 모든 학생에게 통하지는 않았습니다. '시험'은 봐야 했고, 시험을 보기 위해 배워야 하는 제재와 진도가 제 발목을 붙잡았습니다. 누군가는 중요한 것들만 가르치라고 했지만, 경력이 짧은 저에게는 교과서에 담긴 모든 성취 기준이 중요해 보였습니다. 저의 판단으로 어떤 것은 제외하고, 어떤 작품은 빼고, 어떤 것은 연습을 조금 덜 하고. 이런 것들을 결정하기가 힘이 들어 늘 고민하고 죄책감을 느껴야 했습니다.

1년간의 좌절과 고민 끝에 발견한 방법이 에듀테크의 활용이었습니다. 사실 그 전부터 에듀테크가 유행처럼 번지면서 유행에 뒤처지지 않기 위해, 아이들의 재미를 위해 무의미한 에듀테크 장치들을 수업 속에 집어넣곤 했었습니다. 손으로 글을 쓰는 행위들을 아이들이 좋아하지 않으니 종이로 해도 될 일을 굳이 패들렛에 기록하게 하거나 종이로 보는 형성평가는 시험이라고 생각하는 아이들이니 카홋으로 자신의 이해 정도를 점검하게 하는, 경쟁심으로 흥미를 높게 하는 수업들이 대부분이었습니다. 물론 미리캔버스나 캔바를 활용해 주의를 끌 수 있는 ppt를 만들고 수업 자료를 만드는 데 에듀테크가 도움이 되기도 했습니다. 하지만 "왜 에듀테크를 사용해야 하는가."에 대한 진지한 고민 없이 무작정 시도한 에듀테크 활용 활동을 하면서도 "아, 시간도 너무 오래 걸리고, 아이들이 진짜 학습이 되고 있는지도 잘 모르겠네."라는 생각을 했습니다.

그렇게 고민에 고민을 거듭하여 결국 저의 생각을 바꾸어 준 첫 에듀테크를 만나게 되었습니다. 바로 '다했니? 다했어요!'입니다. '다했니? 다했어요!'는 교사가 과제나 알림장 기능을 사용하는 '다했니?'와 교사가 제공한 과제를 해결하는 아이들이 사용하는 '다했어요!'로 나뉘어 있습니다. 별다른 로그인이 필요 없고, 학생들에게 코드 번호만 제시하면 학생들은 편하게 사이트에 접속해 과제를 수행할 수 있게 됩니다. 컴퓨터를 켜기 귀찮은 아이들을 위해 핸드폰 앱으로도 쉽게 접근할 수 있으며 군더더기 없는 직관적인 앱 구성으로 모든 선생님과 아이들이 쉽게 활용할 수 있는 이 플랫폼을 통해 제가 교사가 되기 전 했던 두 가지 다짐을 비로소 지킬 수 있게 되었습니다. 수업을 넘어 학급 경영에도 유용하게 활용할 수 있는, 저의 교직 생활에 있어 제대로 된 첫 단추를 끼워 준 '다했니? 다했어요!'를 두 가지 기능에 초점을 맞춰 소개하려 합니다.

학생 맞춤형 개별화 과제를 제공하고 피드백해요

수업 시간에는 모든 학생의 수준에 맞는 개별 과제를 제공하기가 쉽지 않습니다. 여러 장의 활동지를 만들어 아이들에게 자신이 하고 싶은 단계의, 혹은 자신이 하고 싶은 제재의 활동지를 골라가라고 할 수도 있지만 이런 방식을 택할 경우, 개인이 풀고 있는 활동지에서 다루는 제재가 모두 달라 피드백하는 데 너무 많은 시간이 소요됩니다. 또한 개별로 학습하는 제재가 달라 시험 출제에도 문제가 생길 수 있습니다.

'다했니? 다했어요!'의 과제 생성 기능은 이러한 문제를 해결하는 데 도움을 줍니다. 교사가 수업 시간에 다루고 싶었으나 시간 관계상 살펴보지 못한 작품을 활용한 활동, 학생들이 너무 어려워하거나 너무 쉬워해서 적절한 난이도의 추가 과제를 제시해 줄 필요가 있는 활동을 '과제 생성' 게시판에 올리면 됩니다. 과제를 올릴 때 이 과제를 해결해야 할 대상 학생을 설정할 수 있어 완전한 개별화 학습이 가능합니다. 아이들은 선생님이 올린 과제를 출력하거나 저장하여 해결하고, 이를 올립니다. 그리고 교사는 과제를 수행한 학생들에게 1:1 피드백을 제공할 수 있습니다. 점수를 입력할 수도 있고, 과제를 제대로 수행하지 않은 학생의 경우 과제를 돌려주고 다시 제출하라고 요구할 수도 있습니다. 학생의 과제에서 어떠한 부분이 부족한지, 잘한 점은 무엇인지 상세하게 댓글을 남길 수 있고 이는 개인만 볼 수 있기에 교사와 학생 간의 진솔한 대화와 소통이 이루어집니다.

이 기능을 잘 활용하는 학생들은 실제로 "선생님, 시가 너무 슬퍼서 문제 풀다가 울었어요."와 같은 학교라면 친구들의 시선 때문에 하지 못하는 이야기를 쏟아내곤 합니다. 질문하는 친구에게 좋지 않은 시선을 보내는 우리 학교 문화 속에서, 그리고 다른 친구들의 기에 눌려 본인이 하고 싶은 말을 제대로 하지 못하는 몇몇 아이들이 존재하는 교실 속에서 비로소 진정한 의미의 교육이 이루어지고 있다는 사실을 느낄 수 있습니다.

수업 시간 밖에서도 수업이 이루어진다는 것은 엄청난 일입니다. 그리고 이 속에서 교사는 학생들의 삶에 도움이 되는, 실제적 맥락이 담긴 작품(제재)을 제공할 수 있습니다. 수업 시간에는 시간도 없고 성취 기준 달성에 최적화되지 않은 제재들도 '다했니? 다했어요!'에서는 다룰 수 있습니다. 특히, 제주 4.3 사건이나 민주화 운동, 3.1절 등과 같은 역사적 사건이 이루어진 날에는 이와 관련이 있는 작품들을 이벤트성으로 제시해 학생들이 새롭고 의미 있는 작품을 접할 기회를 마련할 수 있습니다. 실제로 이 과정에서 역사에 관심이 많던 한 학생은 "선생님, 선생님이 올려주신 시를 보고 공부해 보니, 저는 이제 시가 좋아졌어요."라고 반응하기도 했습니다.

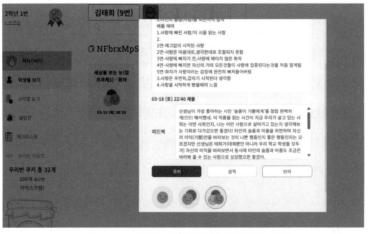

그림 6-4-1 학생의 과제 수행 결과와 교사의 피드백

물론 이를 위해서는 교사가 조금 귀찮아질 수 있습니다. 하지만 단 한 명도 소외되지 않는 교실을 꿈꾸는 선생님들, 학생들의 삶과 맞닿은 수업을 하고 싶은 선생님들에게 이 정도의 귀찮음은 이 간단한 플랫폼 속에서 느낄 수 있는 보람의 크기에 비하면 아무것도 아닐 것이라 확신합니다.

> **Q.** 학생들이 새로운 과제가 올라왔다는 사실을 파악하기 위해서는 계속해서 앱에 접속해 보아야 하나요? 교사는 학생들이 과제를 수행했다는 사실을 알기 위해서 늘 '다했니'에 접속해 답이 올라왔는지 한 명 한 명 확인해야 하나요?

> **A.** '다했니? 다했어요'는 교사가 학생에게 새로운 글이 올라갔다는 공지를 보낼 수 있습니다. 학생이 계속해서 과제를 수행하지 않을 경우, 재알림을 보낼 수도 있어요! 또한 학생들이 과제를 수행하여 업로드하면 학생 이름이 쓰인 칸의 색이 변합니다. 이를 통해 교사는 과제를 수행한 학생과 수행하지 않은 학생을 한눈에 직관적으로 파악할 수 있습니다.

알림장 기능을 활용해 학생들에게 공지 사항을 전달해요

선생님이라면 누구나 한 번쯤 학급 경영이나 수업에서 학생들이 챙겨야 할 준비물, 급하게 확인해야 할 공지를 전달해야 할 경우가 생깁니다. 또한 학교에서는 미처 하지 못한 잔소리, 진솔한 마음을 전달하고 싶은 경우도 생기기 마련입니다. 이러한 곤란함, 아쉬움을 '다했니? 다했어요!'의 알림장 기능으로 해결할 수 있습니다.

알림장에는 교사가 학생들에게 전달해야 할 사항들, 학생들에게 하고 싶은 이야기들을 모두 쓸 수 있습니다. 밤만 되면 감성에 젖어 학교에서 하지 못했던, 아이들이 삶을 살아가는 데에 가졌으면 하는 작은 마음들이 떠오르곤 합니다. 그러한 마음들을 시 한 편을 첨부해 아이들에게 전달하면 알게 모르게 조금씩 아이들과 가까워지는 듯한 기분을 느끼기도 합니다. 선생님이 추가 과제를 왜 제시했는지, 수많은 작품 중 왜 하필 이 작품을 배우는지, 이 작품 안에서 어떤 것들을 배웠으면 좋겠는지, 어떤 마음으로 수업에 임하길 원하는지 한 줄 한 줄 써내려 가고 이를 반 모든 학생이 볼 수 있도록 차곡차곡 기록하는 일은 누군가에게는 정말 뜻깊은 배움으로, 누군가에게는 하나의 추억으로, 또 누군가에게는 선생님과의 내적 친밀감 향상으로 자리 잡게 될 것입니다.

또한 종이나 카톡으로는 확인하기 힘들던 공지 사항을 확인하지 않은 아이를 한눈에 파악할 수 있습니다. 그리고 공지를 확인하지 않은 아이들만 선택해 다시 알림을 보낼 수도 있습니다. 이러한 기능은 선생님이 아이들에게 늘 관심이 있으며, 아이들의 무관심에도 포기하지 않을 것이라는 믿음의 메시지 역할도 합니다.

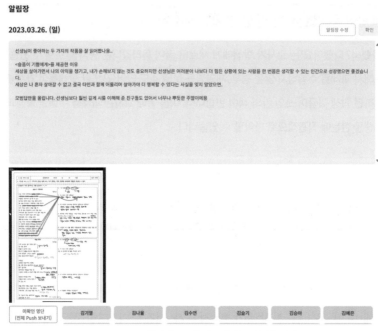

그림 6-4-2 알림장으로 학생들에게 공지사항 전달

Q. 알림은 꺼두면 그만이에요. 아이들이 자발적으로 앱에 관심을 가지고 접속하게 할 수 있는 방법은 없을까요?

A. '다했니? 다했어요'의 쿠키 지급 기능과 배지 부여 기능을 활용해 보세요! 학생들의 과제 수행 정도에 따라 쿠키의 개수를 다르게 지급할 수 있습니다. 또한 학급 경영 활동으로 쿠키 미션을 걸 수도 있습니다. 학급 학생 각각이 모은 쿠키의 개수를 합쳐 총 쿠키 몇 개가 모이면 아이스크림을 사준다거나 학급 파티를 한다는 등의 미션으로 아이들의 관심을 끌 수 있습니다. 이러한 쿠키는 모으는 것뿐만 아니라 쓰게 할 수도 있습니다. 쿠키를 활용해 실제 상품과 교환할 수 있는 활동까지 가능한 것이죠. 이 기능을 통해 몇몇 아이들은 "초등학교 때 하던 포도알 모으기 같아서 재미있어요.", "이왕 하는 거 한번에 쿠키를 많이 받으면 좋으니까, 과제를 잘하고 싶어져요!"와 같은 반응을 보이기도 했습니다. 쿠

키가 모이는 정도에 따라 배지를 부여할 수도 있어요. 학생들이 좋아하는 캐릭터나 선생님이 그린 그림을 배지로 만들어 학생들에게 레벨업! 되는 기분을 제공할 수 있습니다.

그림 6-4-3 **쿠키와 배지 지급**

누가기록을 통해 수업 – 평가 – 기록의 일체화까지 실현해요

교사가 학생에게 추가 과제를 제공하고, 학생들은 과제를 수행해 쿠키와 배지를 획득할 수 있다는 것만으로도 사실 필요한 기능은 대부분 갖추고 있다고 생각합니다. 하지만 학생들의 과제 수행을 평가하거나 기록하고 싶다면 조금 아쉬울 수 있겠죠. 그럴 때는 '누가기록', '체크리스트' 기능을 활용해 보세요.

교사가 과제를 올리면 이 과제를 어떤 학생들이 수행했는지, 혹은 한 학생이 어떠한 과제들을 수행했는지 한눈에 파악할 수 있습니다. 또한 아이들의 과제 수행 결과를 보고 기록해 둘 만한 일들은 그때그때 적어두고 보관할 수 있습니다. 물론 이 기록은 교사만 확인할 수 있죠. 종이나 한글 파일에 아이들에 대한 평가를 적어두었다가 보안 때문에 마음 졸일 필요가 없습니다. 새로운 창을 열어 두 번 작업할 필요도 없습니다.

여기까지만 활용해도 충분하지만 만일 유료 버전을 구매하면 'AI 쫑알이' 기능까지 사용할 수 있습니다. 이 기능은 학생들이 수행한 과제를 불러오고, 평소 학생에 대한 교사의

우리반 리포트
* 모든 누가기록/과제/체크리스트 내용은 이곳에서 클릭을 하여 내용을 수정할 수 있습니다.

그림 6-4-4 **누가기록 및 체크리스트 기능**

평가를 입력하면 생활기록부에 작성할 수 있는 표현을 생성해 줍니다. 이는 학기 말만 되면 학생들의 수업 태도, 과제 수행 사항, 학생들의 세부 능력까지 적어 줘야 하는 바쁜 선생님들에게 큰 도움이 될 수 있습니다.

교육을 배운 사람이라면, 그리고 교사라면 누구나 한 번쯤 교육과정과 수업, 평가, 그리고 기록이 일체화되어야 한다는 말을 들어보셨을 것입니다. 그리고 실제로 그렇게 하기 위해 많은 선생님이 현장에서 애쓰고 있죠. '다했니? 다했어요!'의 이 기능은 교사들의 업무 부담을 줄이고 수업 준비에 더 많은 힘을 쏟을 수 있도록 도와줍니다. 물론 이 사이트에서 기록한 것들을 엑셀 파일로 내려받을 수 있으니 기록한 후 복사 및 붙여넣기 할 시간도 줄일 수 있습니다.

'다했니? 다했어요'에는 유튜브 링크를 바로 삽입해 아이들에게 손쉽게 콘텐츠를 전달하거나 아이들 간의 상호작용을 촉진할 수 있는 기능이 부족합니다. 이는 약간의 아쉬움을 갖게 하기도 합니다. 하지만 필수적인 기능만 제공하고, 이를 단순하고 직관적으로 표현해 에듀테크 활용이 낯선 교사들과 학생들에게 "어? 이거 쉽게 이용할 수 있네."라는 생각을 심어줍니다.

2025년부터 디지털 교과서가 학교 현장에 도입되고, 더 이상 교사는 AI나 에듀테크와 떨어질 수 없는 사이가 되었습니다. 에듀테크를 사용하지 않아도 학생들의 자발적인 참여

에듀테크 활용의 매력들

와 개별화 수업을 실현할 수는 있을 것입니다. 하지만 에듀테크가 수업의 질을 향상하고, 학생들과의 상호작용을 증진하는 방법 중 하나라는 사실은 의심할 여지가 없습니다. 그리고 그것이 바로 교사가 끊임없이 에듀테크를 공부하고, 활용해야 하는 이유입니다. 우리 교실의 모습이 언젠가 학생들의 자발성과 주체성으로 가득할 수 있길, 학교에서 배우는 수업이 자신이 인생을 살아가는 데 큰 도움이 된다는 것을 모든 아이가 체감할 수 있는 날이 오길 저는 여전히 기대합니다. 그리고 이 과정에 에듀테크가 함께하길 바랍니다.

05

클래스툴로 손쉽게 스마트 수업에서 디바이스 관리하기

매홀초
이다봄

2025년 AI 디지털 교과서 도입을 위해 각 시·도 교육청에서 1인 1디바이스를 보급하고 있습니다. 디지털 디바이스의 종류는 태블릿 PC, 크롬북, 웨일북, 노트북 등 다양합니다. 교실에서 디지털 디바이스를 활용한 스마트 수업은 교사의 세심한 관리를 요구합니다. 수업 중 교사는 주로 칠판을 등지고 학생들을 마주 보는 형태가 일반적인데, 이는 학생들이 활동을 잘 이행하고 있는지 확인하기 편하기 때문입니다. 하지만 스마트 기기 활용 수업에서는 학생들이 활동을 하고 있지만, 교사의 의도대로 하고 있는지, 아니면 수업에 집중하지 않고 다른 웹사이트에 들어가 딴짓하고 있는지 확인이 어렵습니다. 이처럼 학생들이 인터넷에 연결된 디바이스를 보유한다는 것은 수업 콘텐츠 외의 다른 요소에 쉽게 끌릴 수 있다는 맹점이 있습니다. 딴짓하는 학생들을 막기 위해 스마트 기기를 활용할 때는 선생님이 학생들을 뒤에서 감시하는 감독의 형태로 서 있거나, 학생들이 제대로 하고 있는지 계속 순회를 한 경험이 한 번씩은 있을 것입니다.

수업에서 스마트 기기를 활용하는 것은 학생들의 적극적이고 능동적인 참여를 확대해 주지만, 그만큼 교사가 신경 써 관리해야 할 부분도 많아집니다. 그래서 많은 교사가 피로감을 느끼고, 스마트 기기 활용 수업을 주저하게 되는 경우가 있습니다. 저 역시 수업 중 학생들을 감시하거나 접속에 어려움을 겪는 학생들을 도우며, 다음 수업에서는 그냥 교과서로 진행해야겠다는 생각을 한 적이 있습니다.

스마트 기기 활용 수업의 단점은 학교 컴퓨터실에서도 그대로 나타납니다. 학생들은 컴퓨터 앞에 앉으면 선생님의 설명보다 모니터 화면에 더 집중하게 되고, 선생님이 눈치채지 못할 것 같으면 딴짓을 하기도 합니다. 게다가, 접속해야 하는 홈페이지에 영어가 많아 학생들이 어려움을 겪는 경우도 자주 발생합니다. 이러한 문제들은 이미 학교 컴퓨터실에서 흔히 경험할 수 있는 일들입니다.

하지만 컴퓨터실에서는 이러한 문제점들을 쉽게 해결할 수 있습니다. 교사용 PC에만 설치되어 있는 학생 관리용 프로그램인 '넷클래스'나 '하드보안관' 같은 중앙통제 프로그램이 이미 수많은 학교에서 널리 사용되기 때문이지요. 이러한 프로그램은 학생들을 모니터링하고, 교사의 설명에 집중할 때는 학생들의 PC를 잠가 다른 작업을 할 수 없게 합니다. 또한, 접속이 어려운 학생들에게는 바로가기 링크를 직접 전송해 수업이 원활하게 진행되도록 돕습니다.

스마트 기기 수업의 관리 문제를 해결할 수 있는 방법을 찾던 중, 컴퓨터실처럼 학생들을 효과적으로 제어할 수 있는 도구가 없을까 고민했습니다. 그러던 중 제 고민을 해결해 준 도구가 바로 '클래스툴'이었습니다. 클래스툴은 교사와 학생 간의 실시간 상호작용을 원활히 돕는 양방향 수업 도구이자, 선생님들의 스마트 수업에 대한 부담을 확 줄여주는 도구입니다. 마치 컴퓨터실의 제어 프로그램을 웹 페이지 형태로 구현한 것이라 생각하면 됩니다.

클래스툴은 디바이스의 종류에 구애받지 않고 인터넷 연결이 되면 교사가 중앙제어 환경을 쉽게 구축할 수 있습니다. 가장 좋은 점은 교사의 계정만 있으면 학생들이 별도의 가입 없이 클래스툴을 사용할 수 있다는 것입니다.

기존의 중앙 제어 프로그램들은 주로 학생들의 PC 사용을 통제하는 데 중점을 둡니다. 그러나 클래스툴은 단순한 제어를 넘어, 실시간으로 교사와 학생 간의 상호작용을 강화할 수 있는 다양한 기능을 제공합니다. 클래스툴에는 유용한 기능이 많지만, 선생님들의 스마트 수업 환경에서 부담을 줄여줄 핵심적인 기능을 소개하겠습니다.

딴짓하는 학생들을 제어해요

스마트 기기 활용 수업이라 해도 한 교시 내내 디바이스를 활용하지는 않습니다. 스마트 기기는 수업의 주된 요소가 아닌, 수업을 돕는 보조 도구이기 때문입니다. 수업 장면에서 학생들이 교사의 발문에 집중해야 하거나, 모둠원들끼리 의견을 나눌 때는 디바이스를 잠시 내려놓아야 합니다. 그러나 기기를 완전히 뚜껑까지 덮거나 뒤집어 놓은 게 아니라면 학생들의 시선이 스마트 기기 쪽으로 흘깃하는 모습이 포착되기도 합니다.

이럴 때는 '주의 집중' 기능을 활용해 보세요. 교사가 설정한 문구가 학생들의 스마트 화면에 표시되고, 활동 종료 버튼을 누르기 전까지는 다른 프로그램을 실행할 수 없습니다. 주의 집중 기능을 사용하면 학생들이 스마트 기기의 유혹에서 벗어나 지금 해야 할 활동에 더 집중하게 만들어 줍니다.

학생들이 실시간으로 잘 활동하고 있는지 확인하고 싶으면, 참가자 목록을 눌러 쉽게 모니터링할 수 있습니다. 참가자 정보와 화면 상태를 실시간으로 확인할 수 있어서 어려움을 겪고 있는 학생도 교사의 순회 없이 클래스툴 창을 통해 쉽게 파악할 수 있습니다.

다만 개개인의 화면을 개별적으로 확대하여 볼 수 없다는 점은 아쉽습니다. 클래스툴에서 제공하는 모니터링은 학생이 클래스툴에 접속되어 있는지, 학생이 화면을 이탈하지 않고 교사가 지정한 학습을 이행하고 있는지 정도의 확인만 할 수 있습니다.

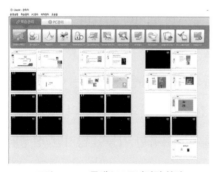

그림 6-5-1 **클래스M 모니터링 화면**

그림 6-5-2 **클래스툴 모니터링 화면**

내가 원하는 링크를 바로 보내요

스마트 기기 활용 수업에서는 제한된 수업 시간을 최대한 효율적으로 활용하는 게 핵심이므로, 수업 외적인 요소에 시간을 낭비하게 되면 교사의 피로감이 높아집니다. 예를 들어 와이파이의 연결이 불안정해서 자꾸 끊어지거나, 학생들이 링크를 접속하거나 계정을 로그인해야 하는 상황에서 시간이 소모되면 결국 선생님의 손길이 필요하게 되기 때문입니다.

다양한 에듀테크를 사용하거나 다양한 콘텐츠를 활용하는 수업에서는 학생들이 여러 웹 페이지에 접속해야 할 상황이 많아집니다. 이때 학생들의 쉬운 접속을 위해 웹 페이지 링크에 QR코드를 생성해서 스캔하게 하거나, url 단축 서비스를 사용해서 짧은 링크로 주소창에 접속하게 합니다.

초등학교 고학년 학생들을 대상으로는 QR코드와 단축 url만으로도 학생들이 접속을 쉽게 할 수 있었지만, 저학년 학생들한테는 이조차도 어려울 수 있다는 걸 알게 되었습니다. 어린 학생의 경우, 능숙한 사용자와 미숙한 사용자의 차이가 더 두드러지기 때문입니다. 원활한 수업 진행을 위해 다 같이 링크에 접속했을 때 교사의 설명이 이어지는 게 자연스러운데, 접속하지 못한 학생이 있는 경우 모두가 기다려야 하는 상황이 발생합니다. 저 또한 접속이 안 된다는 학생을 도와주는 것만으로 40분의 수업 시간이 금세 가버리는 걸 경험하고 나서 더 쉬운 방법은 없을지 고민하게 되었습니다.

이러한 고민이 있다면 클래스툴의 '웹 링크' 기능을 사용해 보세요. 클래스툴에 접속해 있는 모든 참가자에게 동일한 웹 링크를 바로 보낼 수 있습니다.

교실에서 학생들이 TV 화면으로 이미지나 영상을 시청해야 할 때, 책상 자리나 학생의 시력에 따라 TV가 잘 보이지 않는 상황이 발생하기도 합니다. 이때는 '콘텐츠 전송' 기능을 사용해 보세요. 선생님이 직접 이미지나 pdf 파일을 업로드하거나, 구글 이미지나 유튜브 동영상을 검색하여 학생들에게 보낼 수 있습니다. 교실 앞 TV 화면이 잘 보이지 않던 뒷자리 학생도 선명하게 자신의 스마트 기기로 볼 수 있습니다. 앞서 설명한 주의 집중이나 모니터링 기능을 통해 선생님이 보여주는 콘텐츠 외에 다른 걸 보고 있는지도 체크하거나 제어하면 선생님이 원하는 대로 스마트 수업의 원활한 진행이 가능하겠죠?

앞서 소개한 두 가지 기능이 학생들의 '제어'에 초점이 맞춰져 있다면, 이번에 소개할 기능은 학생들과의 '소통'에 초점이 맞춰 있습니다. 클래스툴에는 '○×', '객관식', '주관식' 기능을 통해 교사가 원하는 방식으로 응답을 수집할 수 있습니다.

이 기능을 활용해 학생들에게 퀴즈를 내면 간단한 발문으로 학생들의 수업 이해도를 빠르게 확인할 수 있어 수업 중간중간 참여를 유도하고 분위기를 전환하는 데 효과적입니다.

교사는 자신이 던지고 싶은 질문을 세 가지 스타일(○×, 객관식, 주관식)로 전송할 수 있으며, 학생들은 즉각 교사의 질문에 답할 수 있습니다. 이런 클래스툴의 이점은 단순한 퀴즈 형식을 넘어 학생들이 자기 생각을 자유롭게 표현하고 공유할 수 있는 기회를 제공합니다. 특히 토의·토론형 수업에서 학생들의 생각을 제출하도록 할 수 있습니다. ○×, 객관식 질문으로 토론 주제의 찬반이나 의견을 확인하거나, 주관식으로 응답을 수거하고 '투표하기' 기능으로 학생들이 작성한 응답 중 가장 좋은 의견을 선택할 수도 있습니다.

또한, 클래스툴에서는 참가자의 이름 공개 여부와 답변 공개 여부를 교사가 직접 선택할 수 있어 다양한 방식으로 수업을 이끌 수 있습니다. 예를 들어, 랜덤으로 선택된 학생의 답변을 공개하거나, 그에 대해 선생님이 피드백을 제공하는 방식으로 수업을 진행해 보세요. 먼저 모든 학생의 답변만 공개하고 누가 답변한 건지 모르는 상태에서 누구의 답변인지 추리해 보거나, 교사가 보았을 때 재치 있거나 의미 있는 답변이 나온 학생의 이름을

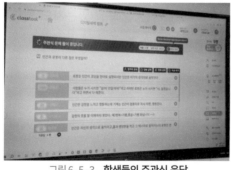

그림 6-5-3 **학생들의 주관식 응답**

그림 6-5-4 **클래스툴 주관식 응답으로 토의 의견을 정리하는 모습**

공개하는 식으로 수업을 진행할 수 있습니다. 학생들은 자신의 답이 뽑히기를 기대하며 더욱 수업에 몰입하게 되고 다음번엔 더 정성스럽게 작성하겠다는 다짐을 하게 만듭니다.

클래스툴에서 제공하는 응답 방식으로 학생들의 의견을 온라인상에서 개별적으로 모아 교사가 쉽게 확인할 수 있지만, 이는 학생들은 응답을 온라인상에서만 하게 되니 직접적인 발표 기회는 줄어드는 결과를 낳기도 합니다. 그래서 저는 항상 오프라인 수업의 장점을 살리면서 온라인 소통 도구를 활용하는 걸 고민하게 되었습니다.

그래서 저는 클래스툴을 활용할 때 피라미드 토의 방식을 자주 사용합니다. 피라미드 토의는 학생들이 여러 단계에 걸쳐 서로의 의견을 종합하고, 점점 더 중요한 의견으로 좁혀 가는 토의 방식입니다. 이 과정에서 모든 학생이 개별적으로 클래스툴에 접속하지 않고, 각 모둠에서 1명만 접속하게 한 후 모둠의 대표 의견을 정리하여 주관식 응답으로 제출하게 합니다. 이렇게 하면 모둠별로 협력 과정을 거치면서 오프라인의 장점을 살리면서도, 제출된 의견이 클래스툴을 통해 학급 전체와 실시간으로 공유되어 온라인 도구의 확산력 또한 활용할 수 있었습니다.

교사는 모둠별로 제출된 의견을 바탕으로 학급 전체가 다시 한번 함께 토의할 수 있는 시간을 갖고, 이후 '투표하기' 기능을 통해 학급의 최종 의견을 결정합니다. 이 과정에서 학생들은 협력과 소통을 경험하고, 다양한 의견이 어떻게 통합되는지 자연스럽게 익힐 수 있습니다.

더 나아가서 '선착순 Buzzer' 기능은 학생들의 수업 참여를 극대화해 주는 재미있는

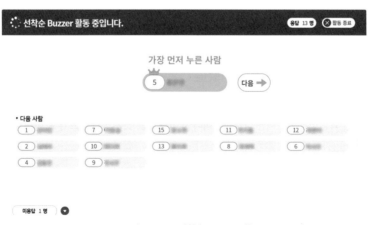

그림 6-5-5 **선착순 Buzzer 기능**

도구입니다. 선착순 Buzzer를 교사가 전송하면 학생 화면에는 버튼이 하나 생성되고, 가장 먼저 누른 학생의 이름이 교사의 화면에 나타납니다. 이는 학생들이 버튼을 가장 먼저 누르기 위해 집중하는 모습이 눈에 띄었고, 발표 기회를 얻은 학생은 자신 있게 의견을 발표했습니다. 특히 "제가 제일 먼저 눌렀어요!"라는 외침이 자주 나올 만큼 발표 경쟁이 치열했습니다. 학생들은 이 기능을 통해 발표에 대한 두려움보다는 도전 의식을 키우게 되었고, 자연스럽게 자신들의 생각을 공유하는 데 주안점을 두어 발표에 자신감을 갖게 되었습니다.

제 수업은 클래스툴을 도입하기 전과 후로 나뉩니다. 클래스툴 도입 전에는 학생들의 주의가 쉽게 분산되어, 교실을 돌아다니며 일일이 학생들을 관리해야 했습니다. 하지만 도입 후에는 수업을 훨씬 효율적으로 관리할 수 있었고, 그 결과 학생들이 수업에 집중하고 적극적으로 참여하는 모습을 볼 수 있었습니다.

2025년부터 AI 디지털 교과서 도입이 확정되면서 스마트 기기와 에듀테크의 역할이 더욱 강조되고 있습니다. 클래스툴은 이러한 변화 속에서 교사들이 효율적으로 수업을 관리할 수 있도록 돕는 도구가 될 것입니다. 특히 AI가 학습자의 데이터를 실시간으로 분석하여 맞춤형 피드백을 제공하는 시대가 오면, 클래스툴이 학생들의 학습 상태를 실시간으로 모니터링하고 개별화된 학습 경험을 제공하는 데 중요한 역할을 할 수 있습니다.

Q. 유료 버전과 무엇이 다른가요?

A. 클래스툴은 스탠다드 무료 버전과 프리미엄 개인/단체 유료 버전이 있습니다.

무료 버전이 선생님 화면 공유와 학생 화면 모니터링이 10명으로 제한이 있다면, 유료 버전은 학생 수의 제한이 없습니다. 또한 유료 버전은 ○×/객관식/주관식을 응답할 수 있는 제한 시간 설정을 다양하게 할 수 있고, AI 생활기록부를 제공하는 등의 다양한 기능이 있습니다.

하지만 학생들과 기본적인 상호작용이나 제어를 하는 것은 스탠다드 무료 버전으로도 충분하다고 생각합니다.

06

학생들의 마음을 어루만지는 사회 정서 학습 에듀테크

냉정초
이상수

디지털 교과서, VR, AI 코스웨어 등 디지털 기술들이 강조되는 교육 현장에서 함께 놓치지 말아야 하는 것이 사회·정서 및 인성 교육입니다. 학교에서는 학생들의 사회·정서 교육을 위해 다양한 교육 활동과 지원이 이루어집니다. 담임교사 역시 학기 초 학생 및 학부모 상담을 통해 학생들을 파악하고, 교실 속 생활 모습을 지속적으로 관찰하며 사회·정서적 지원 계획을 세우고 실천합니다. 예를 들어, 또래 관계 속에서 상처받고 소외되는 학생을 위해 또래 관계를 개선할 수 있는 협동 놀이와 지속적인 상담을 통해 학생이 교우관계에서 정서적으로 안정될 수 있도록 지원합니다.

하지만 20~25명의 학생을 맡고 있는 담임교사는 학생들의 지속적이고 내실 있는 사회·정서적 지원을 실천하기는 정말 어렵습니다. 교사는 수업 준비뿐만 아니라 맡고 있는 업무에 대한 공문들을 처리해야 합니다. 또, 학기 중에도 필수 연수들을 기한 내에 들어야 하는 압박과 각종 회의에 참여하며 시간을 할애하고 있습니다. 어렵게 시간을 내어 학생들 한 명씩 이야기를 나누고자 해도 수업 시간 중 문제 행동을 보이는 학생들이나 다른 학생들과 싸우고 다투는 학생들을 생활 지도하다 보면 그 시간마저 확보하기 힘듭니다.

저 역시 6학년 담임교사를 맡으며 한창 민감한 사춘기 시기의 학생들을 만나고 있었습니다. 6학년 2학기는 중학교 입학 원서 작성, 졸업식 준비 등 선생님의 업무량도 많을 뿐 아니라 수업 태도 및 학생들 간의 관계에서도 언어폭력, 따돌림 문제 등이 자주 발생하여 생활지도가 가장 힘든 시기입니다.

실제로 저희 반이었던 A 학생은 2학기에 접어들며 원래 함께했던 무리 친구들과 점차 멀어지고 혼자 지내고 있었습니다. 하지만 담임교사였던 저는 당장 발생한 학교폭력 관련 사안으로 A 학생의 상황을 알지 못했었습니다. 시간이 지난 후, A 학생이 부모에게 고민을 털어놓고, 학부모 상담을 통해 그 사실을 알았습니다. A 학생에게 담임교사로서 마음을 잘 보살펴주지 못한 것에 대해 정말 미안한 마음이 들었습니다. 그 이후, 상담을 통해 문제를 해결할 수 있었지만, 더 빨리 문제에 대해 알지 못했던 상황적, 시간적 한계가 정말 안타까웠습니다.

이런 고민을 해결하기 위해 다양한 시도를 해보았습니다. 학생들의 하루 감정을 표현할 수 있는 감정 판을 설치해 보기도 했고, 1주일마다 종이 설문조사를 통해 학생들의 고민을 듣기도 했습니다. 예전보다는 학생들의 마음을 더 잘 알 수 있었지만, 이 방법들 역시 시간이 많이 필요한 작업이었습니다.

지금은 저의 고민을 해결해 준 에듀테크를 발견하여 학생들의 마음을 쉽게 들으며 생활지도에 활용하고 있습니다. 첫 번째 에듀테크는 '심스페이스'라 불리는 'AI마음일기'입니다. 이름에서도 알 수 있듯이 학생들이 날마다 마음 상태와 일기를 작성합니다. 선생님은 학생들이 기록한 마음 상태와 일기를 분석한 결과를 살펴보며 학생들의 정서를 지원할 수 있습니다. 두 번째는 '우리 반 관계 읽기'입니다. 이 에듀테크 도구는 온라인 설문조사를 통해 학생들 사이의 관계성을 분석해 주고 결과를 토대로 선생님이 학생들마다의 특성을 분석하여 학급 경영에 활용할 수 있습니다. 지금부터 저와 학생들이 더 가까워지며 더 쉽게 사회·정서적 지원을 할 수 있었던 에듀테크 도구를 실제 교실 속 사례와 함께 소개하려고 합니다.

심스페이스 - 마음을 기록해요

선생님은 학생의 표정을 관찰하거나 상담을 통해 이야기를 들으며 학생의 마음과 생각을 알 수 있습니다. 하지만 다수의 학생이 있는 교실 특성상 학생의 마음 상태를 단번에 알아차리기란 쉽지 않습니다. 심스페이스의 '마음 기록' 기능은 학생들의 '체크인하기'를 통해 이루어집니다. 날마다 하루의 기분을 '행복, 기쁨, 슬픔, 실망' 등 수십 가지 감정 중에 선택하여 기록할 수 있습니다. 각각의 감정은 '긍정, 부정, 중립'으로 나뉘어 긍정적인 감정은

+로, 부정적인 감정은 – 점수로 매겨집니다.

학생들이 자신의 감정을 기록한 것을 보는 것만으로도 의미가 있지만 선생님이 학생들의 감정 기록을 살펴보며 적절한 사회·정서적 지원을 할 수 있습니다. 심스페이스 교사 페이지에서는 학생들이 현재 어떤 감정인지 대시보드를 통해 확인할 수 있습니다. 대시보드로 학생 개개인의 '멘탈 헬스'를 점검할 수 있고 위기 학생을 쉽게 파악할 수 있어서 선택적 상담을 계획할 수 있습니다. 또한, 우리 반의 날짜별 감정 분포표도 확인하여 그날 하루 동안 학생들의 학교생활이 어땠는지 파악하여 선생님의 수업 및 생활지도의 지표로 삼을 수도 있습니다.

저희 반에는 조용하고 자신의 속마음을 선생님에게 많이 드러내지 않는 학생이 있습니다. 겉으로는 학생들과 잘 지내며 수업 시간에도 어려움 없이 따라오는 것으로 보아 가정과 학교에서 잘 지내고 있다고 생각했습니다. 그런데 학생이 기록한 마음 상태를 확인해 보니 지속해서 부정적인 감정이 나오는 것이었습니다. 걱정스러운 마음에 학생을 따로 불러 이야기를 나누어 보았습니다. 학생은 그제야 자신의 이야기를 꺼내며 선생님에게 걱정을 털어놓았습니다. 가족 중에 수술을 받는 가족이 있는데 수술이 잘 될지 큰 걱정을 하고 있다는 것을 알게 되었습니다. 이야기를 들으며 학생의 마음에 공감해 주고 제 이야기를 덧붙이며 선생님도 함께 기도해 주겠다고 이야기해 주었습니다. 학생의 걱정이 아예 사라질 수는 없었겠지만, 선생님과 대화를 나누고 공감을 얻으면서 학생도 조그마한 힘을 얻은 느낌이었습니다.

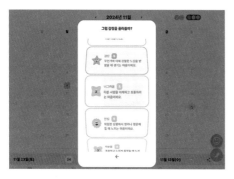

그림 6-6-1 학생들이 매일 기록하는 감정 목록

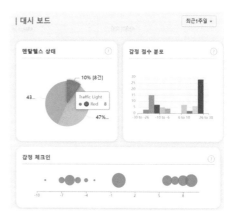

그림 6-6-2 마음 기록 대시보드

사회·정서적 지원을 위해서는 학생들의 마음을 아는 것뿐만 아니라 학생들의 '이야기'를 듣는 것이 중요합니다. 학생들이 실제로 어떤 생활을 하고 있고, 학생이 지닌 걱정과 불안이 무엇인지 알아야 합니다. 심스페이스에서는 감정을 기록하는 것뿐만 아니라 '마음 일기'를 작성할 수 있습니다. 여기서는 앞에서 기록한 감정에 대한 자신의 이야기를 해도 좋고, 그냥 일상을 기록하는 것도 좋습니다. 중요한 것은 학생들이 자신의 이야기를 표현하는 것입니다.

학생들이 날짜에 일기를 기록하고 저장하면 동시에 AI가 일기 내용을 분석합니다. 분석을 통해 학생의 생활 유형과 마음 상태를 분석해 주고 학생들이 바로 확인할 수 있습니다. 그리고 심스라는 인공지능 봇과 짧은 대화를 나눌 수도 있습니다. 학생들은 자신의 이야기를 구체적으로 적을수록 달라지는 마음 분석표를 보면서 이야기를 더 많이 적어 내기도 합니다.

또한, 학생들의 일기에 선생님이 댓글을 달 수 있다는 것도 장점입니다. 학생들은 일기에 달리는 선생님의 댓글을 기다리고 함께 소통하고 싶어 합니다. 학생들의 이야기에 선생님이 공감하는 댓글을 달면서 선생님은 학생들과 라포를 형성합니다. 저는 학생들에게

그림 6-6-3 **일기 기록 화면**

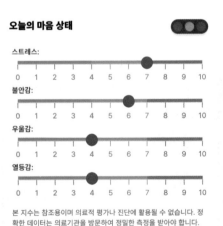

그림 6-6-4 **학생의 일기 분석 결과**

혹시 자신의 이야기를 보지 않았으면 하는 학생이 있다면 미리 말해달라고 이야기합니다. 왜냐하면 선생님이 본다는 사실 때문에 자신의 이야기를 솔직하게 적지 못하는 학생이 있을 수도 있기 때문입니다. 선생님이 보지 않고 댓글을 달지 않겠다는 약속을 합니다.

토닥토닥

친구야, 힘든 하루였구나. 이런 날은 가벼운 만화책 한 권 읽는 것도 좋을 것 같아. 상황을 잠시 잊고 웃음으로 기분 전환해보자! 🎬 😊 그리고 필요한 만큼의 애정으로 힐링해봐!

나랑 더 많은 얘기를 하고 싶으면 **여기**를 눌러줘!

그림 6-6-4 **학생의 일기 분석 결과**

저희 반에는 사춘기를 겪고 있는 학생들이 여럿 있었습니다. B 학생 역시 친구 관계에서 더 민감하게 반응하고 표정에서 불안과 짜증이 나타나 있었습니다. B 학생의 일기 내용을 보니 아침부터 부모님과의 갈등이 있어 감정이 좋지 않다는 것을 알았습니다. B 학생은 늘 일찍 오는 학생이어서 다음 날 아침에 함께 이야기를 나누었습니다. 정말 사소한 일로 어머니에게 짜증을 내었는데 어머니도 이번에는 참지 않고 큰소리를 내셨던 것이 학생에게 더 큰 스트레스로 다가왔던 것입니다. 우선 학생의 마음에 공감해 주고, 상황을 다시 한번 살펴보면 좋을 것 같다고 조언하니 학생도 스스로가 너무 예민했던 것 같다며 다음에는 자신의 감정을 조절해 봐야겠다고 말했습니다. 꼭 학교가 아니더라도 학생들의 삶에서 고민거리나 걱정이 생길 수 있습니다. 선생님에게라도 이러한 고민을 말하는 과정을 통해 학생들의 걱정이 조금이나마 사라지길 바랍니다.

✏️ 심스페이스 – 우리 반 워드클라우드

학생들이 마음과 일기를 기록하면 대시보드에 '워드클라우드'가 생성됩니다. '감정 워드클라우드'는 학생들이 선택한 마음, 감정들을 모아 빈도수에 따라 크기가 다른 감정 글자가 나타납니다. '키워드 워드클라우드'는 일기에 적혀있는 키워드의 빈도수에 따라 크기가 다른 글자 모음이 나타납니다. 대시보드 상에 있는 다른 결과들은 학생들과 공유하지

감정 워드클라우드 ⑦	키워드 워드클라우드 ⑦

그림 6-6-6 **감정 워드클라우드**

그림 6-6-7 **키워드 워드클라우드**

않지만, 이 '워드 클라우드'들은 가끔 학생들과 함께 살펴봅니다. 지금 우리 반 친구들의 마음 상태를 함께 확인하면서 우리가 서로 노력해야 하는 것들을 회의해 보고 현재 학생들의 삶에서 중요한 부분을 차지하는 것은 무엇인지 살펴보는 것입니다. 우리 반은 '친구', '감정', '행복'이 가장 큰 글자로 키워드가 생성되어 있었습니다.

저는 학생들이 친구들, 선생님과 함께하고 있는 교실에서 행복한 하루를 보내고 가는 것이 가장 중요하다고 생각합니다. 한창 친구 관계가 중요한 학생들에게 선생님이 더 관심을 가지고 학생들의 마음을 살펴줄 수 있는 '심스페이스'는 학생들이 더 행복한 학교생활을 할 수 있는 도우미가 될 수 있습니다.

 심스페이스는 유료인가요?

 심스페이스는 '유료' 에듀테크입니다. 검색창에 'AI마음일기'를 쓰고 '테바소프트' 홈페이지에서 문의하거나 아이스크림몰에서도 검색하여 구매할 수 있습니다. 결제가 완료되면 메일이나 연락처로 쿠폰 번호를 받게 되고 그것을 교사용 페이지에 등록하여 사용할 수 있습니다. 한 달 단위 기간제로 이루어지므로 결제하기 전에 원하는 사용 기간을 정확하게 정하고 문의 후 결제하길 바랍니다.

심스페이스는 스마트폰에서도 사용할 수 있나요?

심스페이스는 웹 브라우저 및 모바일 앱에서도 사용할 수 있습니다. 모바일 앱을 내려받아 선생님이 일괄적으로 만든 학생들의 계정을 이용하여 마음 기록 및 일기 작성이 가능합니다. 실제로 저희 반은 학생들과 교실에서 마음일기 작성 시간을 가질 때, 크롬북을 활용하는 학생들도 있지만 핸드폰이 편한 학생들은 앱을 이용하여 작성하고 있습니다. 그리고 주말에도 가능한 학생들은 마음일기를 작성할 수 있도록 지도합니다.

에듀테크 활용 마이블

우리 반 관계 읽기 - 나의 마음 알기

　　지금부터는 '우리 반 관계 읽기' 에듀테크를 소개하려고 합니다. 학기 초, 학생들의 성향을 알기 위해 담임교사는 학생, 학부모 상담과 함께 간단한 설문조사를 진행하기도 합니다. 학생들이 좋아하는 것이나 싫어하는 것, 고민이나 교우관계 등을 보고 학급 경영 시에 참고합니다. '우리 반 관계 읽기' 에듀테크에서 제공하는 '나의 마음 알기' 자가 진단은 쉽고 빠르게 학생들의 교우관계 성향을 파악할 수 있습니다. '개방성', '만족감', '신뢰감', '의사소통', '이해성', '친근감' 6가지 분야에서 성향을 분석할 수 있고 학급 평균도 알 수 있어 전체적인 학급 분위기를 알 수 있습니다.

　　제가 맡은 학급 학생 중에는 예전 학년부터 다른 학생들이 불편해하는 행동을 조절하지 못해 많은 비난을 받아온 C 학생이 있었습니다. 지속적인 비난을 받아온 C 학생은 자가 진단에서 친구 관계에서의 '만족감'과 교우관계에서의 믿음 정도인 '신뢰감'에서 최저 점수를 기록했습니다. C 학생의 교우관계에 대한 마음 상태를 어느 정도 알고는 있었지만 이렇게 수치화된 결과를 보니 C 학생이 교우관계에서 긍정적인 변화가 필요함을 느꼈습니다. 그래서 결과를 분석한 후, C 학생에게 학급에 필요한 사소한 일들을 공개적으로 부탁하고 칭찬해 주고 고마움을 표시하면서 다른 학생들이 C 학생을 긍정적으로 바라볼 수 있도록 만들어 주었습니다. 그리고 C 학생이 느끼는 다른 학생들의 시선을 이해하기 위해 지속적

그림 6-6-6　**감정 워드클라우드**

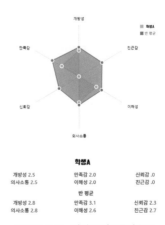

그림 6-6-7　**키워드 워드클라우드**

학생A

| 개방성 2.5 | 만족감 2.0 | 신뢰감 .0 |
| 의사소통 2.5 | 이해성 2.0 | 친근감 .0 |

반 평균

| 개방성 2.8 | 만족감 3.1 | 신뢰감 2.3 |
| 의사소통 2.8 | 이해성 2.6 | 친근감 2.7 |

인 상담을 진행하였습니다. 시간이 지나 C 학생은 다른 학생들을 위해 먼저 도움을 주기도 하고, 모둠 활동에 열심히 참여하며 친구들에게 도움을 주고자 노력하는 모습을 관찰하였습니다.

✏️ 우리 반 관계 읽기 - 내가 생각하는 친구는?

학교에서 학생들의 행복을 좌우하는 것은 무엇보다 '친구'입니다. 하루에 적게는 3~4시간, 많게는 5~6시간을 친구들과 함께하는 학생들은 친구 관계에 민감할 수밖에 없습니다. 그리고 학생들 생활지도의 큰 문제는 교우관계에서 자주 발생합니다.

'우리 반 관계 읽기'의 '내가 생각하는 친구는?' 설문조사에는 '쉬는 시간에 어울리는 친구' '나를 도와줄 것 같은 친구' '짝꿍이 되기 싫은 친구' 등 직접적인 교우관계에 대한 질문으로 이루어져 있습니다. 이를 통해 선생님은 학생들 개개인의 교우관계를 살펴볼 수 있습니다. 또한, 전체적인 교우관계 밀집도를 통해 우리 반 학생들의 사이가 얼마나 돈독한지 확인할 수 있으며, 교우관계에서 관심을 가지고 지켜보아야 할 위험군 학생들도 분류해 보여줍니다. 물론, 단편적인 설문조사 결과만으로 복잡한 교우관계를 100% 이해하기란 어려운 일이지만 이런 관계성을 나타내는 결과를 참고하여 학생들의 실제 관찰 결과를 선생님이 학급 경영에 사용하면 더 큰 효과를 나타낼 것입니다.

결과 분석 리포트에서는 그래프로 우리 반 전체 학생들이 서로 얼마나 가까운지에 대한 교우 관계성을 볼 수 있을 뿐만 아니라 학생 개개인의 관계성을 확인할 수도 있습니다. A 학생이 어떤 학생과 가까운지, 다른 학생들이 A 학생을 긍정적으로 바라보는지, 부정적으로 바라보는지를 확인할 수 있습니다. 초록색 화살표는 긍정적인 인식, 주황색 화살표는 부정적인 인식을 나타냅니다. 결과를 살펴보다 보면 결과를 예상했던 학생도 있고, 의외로 예상과는 다른 결과를 나타내는 학생들도 있습니다.

이 결과를 바탕으로 제가 제일 신경이 쓰였던 것은 많은 학생에게 부정적 인식 화살표를 받은 학생들이었습니다. 이 학생들의 결과를 어느 정도 예상을 했지만 이렇게 많은 학생의 화살표를 받을지는 몰랐습니다. 그래서 이 학생들이 학급에서 왜 부정적인 인식을 받는지 관찰 및 분석하고 학생들의 행동에 선생님이 개입하였습니다. 예를 들어, 학생들이 뛰어다니며 다른 학생들을 불편하게 하기 전에 개입하여 친구들을 불편하게 하지 않도록 지도했습니다. 그리고 잘못에 대한 선생님의 지적이 공개적으로 반복되면서 좋지 않은 인식이 자리잡혀 있는 것 같아 최대한 학생들을 따로 불러 지도하였습니다. 그 학생들을 바라보는 다른 친구들의 인식이 금방 바뀌지는 않았지만, 더 악화되는 것을 막을 수 있었습니다. 그리고 교실에 긍정적인 영향을 주고, 교실에 도움이 되는 역할을 자주 주자 학생들도 학급에 소속감을 느끼기 시작했습니다.

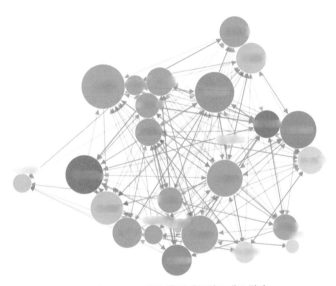

그림 6-6-10 **우리 반 관계 분석 그래프 결과**

우리 반 관계 읽기 – 롤링 페이퍼

설문조사 마지막 활동은 '롤링 페이퍼'입니다. 학생들은 자신을 제외한 모든 학생에 대한 이미지와 생각을 솔직하게 적습니다. 이때, 이모티콘과 예시 답안들이 있어 어렵지 않게 작성할 수 있습니다. 이렇게 수집된 특정 학생의 롤링 페이퍼는 학생에 대한 '키워드' 모음으로 변형되어 보여줍니다. 다른 학생들이 그 학생에게 어떤 이미지와 생각을 하고 있

그림 6-6-11 **학생 롤링 페이퍼 키워드**

는지 간단한 단어들로 보이면서 선생님도 다른 학생들의 시선을 함께 볼 수 있습니다. 또한, 특정 학생이 다른 학생들을 어떻게 생각하는지 롤링 페이퍼의 전체 내용도 결과로 확인할 수 있습니다.

우리 반에는 재미있는 말과 행동으로 학급 분위기를 즐겁게 만드는 학생이 있습니다. 이 학생의 롤링 페이퍼를 바탕으로 만들어진 키워드에는 '웃기다', '재미', '장난' 등이 있는 것을 확인할 수 있었습니다.

저는 학교에 오는 모든 학생이 행복했으면 하는 바람이 있습니다. 항상 학생들이 고민과 걱정 없이 학교를 오는 것을 즐거워하고 기대했으면 좋겠습니다. 그 중심에는 교사가 있어야 한다고 생각합니다. 교사가 학생들의 감정과 고민을 보살펴 주며 행복한 친구 관계를 위해 관심을 가지면 학생의 학교생활은 행복해집니다. 하지만 실질적으로 아직 한 명의 교사가 많은 학생을 모두 살피기란 어려운 것이 현실입니다. 그렇지만 'AI 마음 일기'를 통해 학생들의 마음을 쉽게 들으며 소통하고, '우리 반 관계 읽기'에서 분석해 주는 교우 관계성을 확인하며 적절한 상담과 사회·정서적 지원이 이루어진다면 많은 학생이 선생님을 통해 행복한 학교생활을 할 수 있을 것이라 확신합니다.

 '우리 반 관계 읽기'는 유료인가요?

 '우리 반 관계 읽기' 역시 '유료' 에듀테크입니다. 브라우저 검색창에 '우리 반 관계 읽기'를 검색하면 www.rais.co.kr에서 회원가입 후 안내에 따라 결제할 수 있습니다. 진단 횟수에 따라 요금이 다르며, 학교에서 단체로 결제하는 항목도 있으니 학년 및 학교 예산을 활용할 수도 있습니다.

- **엄태상 교사**(에듀테크스쿨 1기)
  - 전북특별자치도교육청 교사
  - 에듀테크스쿨 연구회 대표 교사
  - 2024 에듀테크소프트랩 우수 실증 사례 우수상

- **유수근 교사**(에듀테크스쿨 1기)
  - 경기도교육청 초등 교사
  - 《배움중심수업 에듀테크로 확! 잡자》 외 4권 저자
  - 2024 경기도교육청 하이러닝 수업 사례 공모전 우수상
  - 2024 경기도 AIDT 실행연수 기획위원 및 강사

- **원정민 교사**(에듀테크스쿨 1기)
  - 경기도교육청 초등 교사
  - 《열정민쌤의 완전 쉬운 에듀테크, 태블릿 활용 수업》 외 3권 저자
  - 전국 교육연수원 및 전학공 에듀테크 강의
  - 티처빌원격교육연수원 직무연수

- **김은해 교사**(에듀테크스쿨 1기)
  - 대구광역시교육청 중등 교사
  - AIEDAP 사업기획위원 및 마스터교원
  - 교육부 TOUCH 1기 우수교원
  - 국어 AI 디지털 교과서 프로토타입 현장적합성 평가

- **이세미 교사**(에듀테크스쿨 1기)
  - 대구광역시교육청 초등 교사
  - 제18회 디지털 연구대회 디지털교수학습분과 전국 2등급
  - 2024 디지털교육전환담당관 부총리 겸 교육부장관 표창(디지털 교육 혁신)

- **김혜민 교사**(에듀테크스쿨 1기)
  - 경기도교육청 초등 교사

- **이다봄 교사**(에듀테크스쿨 1기)
  - 경기도교육청 초등 교사
  - 교사가 이끄는 교실혁명 선도교사

- **권예은 교사**(에듀테크스쿨 1기)
  - 경기도교육청 특수교사
  - AIEDAP 수도권역 마스터교원
  - NWEE(네이버 웨일 교육 전문가)

- **김서진 교사**(에듀테크스쿨 1기)
  - 대구광역시교육청 초등 교사
  - 네이버 웨일 NWEE, GEG 대구 연구회 회원
  - 2024 정보창의교육 대구교육감 표창
  - 교육부 TOUCH 2기 교사

- **김재남 교사**(에듀테크스쿨 1기)
  - 서울특별시교육청 중등 교사
  - 2022 개정 교육과정 영어 독해와 작문 교과용 도서 집필
  - 서울특별시교육청 중등 영어과 AI 디지털 역량 강화 직무연수 강사
  - 서울특별시교육청 1급 정교사 자격연수 강사

- **김태현 교사**(에듀테크스쿨 1기)
  - 대구광역시교육청 초등 교사
  - 교육부 TOUCH 3기 교사

- **김나현 교사**(에듀테크스쿨 2기)
  - 경기도교육청 특수교사
  - 2024 화성오산 에듀테크 선도교원
  - 교육부 TOUCH 2기 교사

- **김유아 교사**(에듀테크스쿨 2기)
  - 경기도교육청 특수교사

- **지혜인 교사**(에듀테크스쿨 1기)
  - 부산광역시교육청 초등 교사
  - MA Education and Technology(UCL IOE)

- **제수연 교사**(에듀테크스쿨 1기)
  - 서울특별시교육청 초등 교사
  - 2024 강남서초 에듀테크 선도교사단
  - YBM, 비상, 천재교과서, 지학사 멘토

- **서혜진 교사**(에듀테크스쿨 1기)
  - 서울특별시교육청 초등 교사
  - 디지털윤리대전 대통령상 수상
  - 한국과학창의재단 SW AI 수업사례 과기정통부장관상 수상
  - 교육부 수업혁신사례연구대회 에듀테크 부문 컨설팅 위원

- **홍영서 교사**(에듀테크스쿨 1기)
  - 서울특별시교육청 초등 교사
  - 서울 교육연구정보원 인공지능 교육서비스 선도교사 및 강사
  - 서울 교육연구정보원 인공지능 교육서비스 수업자료집 개발위원
  - 교사가 이끄는 교실혁명 선도교사

- **이현지 교사**(에듀테크스쿨 2기)
  - 서울시교육청 교사
  - 서울시교육청 AI·에듀테크 선도교사단
  - 교사가 이끄는 교실혁명 선도교사

- **장성주 교사**(에듀테크스쿨 2기)
  - 경기도교육청 중등 교사
  - 교사가 이끄는 교실혁명 선도교사
  - 경기도에듀테크미래교육연구회 5기

- **홍지혁 교사**(에듀테크스쿨 2기)
  - 충청남도교육청 초등 교사
  - 2023 인공지능/마주온 활용 수업 공모전 입상
  - 2024 천안교육지원청 AIDT 강사교원
  - 2024 에듀스충남 현장지원단 강사

- **조민주 교사**(에듀테크스쿨 1기)
  - 서울특별시교육청 초등 교사
  - 2024 유네스코 ICT 교육상 수상(데이터기반 환경교육 - 학교가자닷컴)
  - 서울대학교 사범대학 AI융합교육학과 석사과정

- **허시영 교사**(에듀테크스쿨 1기)
  - 화성오산교육청 초등 교사
  - 디지털 미디어 리터러시 교육 컨텐츠 교사연구협회 회원
  - 경기도융합과학교육원 메타버스 교육 맵 제작 공모전 당선(2023)

- **한의표 교사**(에듀테크스쿨 1기)
  - 경기도교육청 초등 교사
  - 경기도교육청 1급 정교사 자격연수 강사
  - 2024 경기도 AIDT 실행연수 기획위원 및 강사
  - 전국교육자료전 1등급 외 다수 입상

- **신민경 교사**(에듀테크스쿨 2기)
  - 경기도교육청 초등 교사
  - 2023 지학사 초등수업자료 공모전 에듀테크분과 최우수상

- **정관영 교사**(에듀테크스쿨 1기)
  - 세종시교육청 초등 교사
  - AIEDAP 충청권역 마스터교원
  - Microsoft Innovative Educator Expert(2021~)

- **김채원 교사**(에듀테크스쿨 1기)
  - 강원특별자치도교육청 중등 교사

- **이상수 교사**(에듀테크스쿨 2기)
  - 경기도교육청 초등 교사
  - 2021 경기도 초등배움중심 수업활성화(에듀테크) 유공교원
  - 2024 인성교육 실천사례 연구대회(1등급/전국3등급)
  - 2023 파주 미래교육 On-마당 수업나눔 선도교사

- **홍성욱 교사**(에듀테크스쿨 1기)
  - 경기도교육청 중등 교사
  - AIEDAP 수도권역 마스터교원
  - 교사가 이끄는 교실혁명 선도교사

- **제수연 교사**(에듀테크스쿨 1기)
  - 서울시교육청 초등 교사
  - 2024 강남서초 에듀테크 선도교사단

- **이성강 교사**
  - 경기도교육청 초등 교사
  - 터치교사단 2기, 교실혁명선도교사 양성 연수 강사
  - 《교사가 이끄는 교실혁명 - AI 디지털 교과서 100% 활용하기》 저자
  - 아이스크림연수원 AI 디지털교과서 직무연수 강사

교사들의 에듀테크 활용 바이블 _ 교육의 미래를 설계하다

2025년 4월 30일 1판 1쇄 발행

저자   엄태상 교사 외 에듀테크스쿨 소속 교사 28명
발행인   정지숙

발행처   (주)잇플ITPLE
주소   서울 동대문구 답십리로 264 성신빌딩 2층
전화   0502.600.4925
팩스   0502.600.4924
홈페이지 www.itpleinfo.com
이메일   itpleinfo@naver.com
카페   http://cafe.naver.com/arduinofun

ISBN   979-11-91198-51-5   13370